中国新民主主义制度下的
劳资政策与劳资关系

李彩华 著

中国财政经济出版社

图书在版编目（CIP）数据

中国新民主主义制度下的劳资政策与劳资关系／李彩华著．
—北京：中国财政经济出版社，2009.10
ISBN 978－7－5095－1445－0

Ⅰ．中… Ⅱ．李… Ⅲ．①劳资关系－劳动政策－研究－中国－1919～1949　Ⅳ．F249.296

中国版本图书馆 CIP 数据核字（2009）第 201020 号

责任编辑：刘五书　　　　　　责任校对：玉　凤
封面设计：朱　江　　　　　　版式设计：兰　波

中国财政经济出版社出版

URL：http://www.cfeph.cn
E－mail：cfeph@cfeph.cn
（版权所有　翻印必究）

社址：北京市海淀区阜成路甲 28 号　邮政编码：100142
发行处电话：88190406　财经书店电话：64033436
北京财经印刷厂印刷　　各地新华书店经销
880×1230 毫米　32 开　9 印张　230 000 字
2009 年 10 月第 1 版　2009 年 10 月北京第 1 次印刷
定价：22.00 元
ISBN 978－7－5095－1445－0/F·1240
（图书出现印装问题，本社负责调换）
本社质量投诉电话：010－88190744

序

近几年来，中国社会的劳资矛盾比较突出，屡屡爆发群体性的劳资冲突事件。因此，怎样有效地解决劳资冲突、化解劳资矛盾，建立社会主义市场经济条件下的新型劳资关系等问题，就成为了学术界研究的热点问题。学者们多集中于对中国当前劳资关系的性质、特征、矛盾或冲突形成的原因、在劳资关系的协调中政府和工会的作用等问题的探讨和分析。事实上，目前尚处于社会主义初级阶段的中国社会的劳资矛盾状况，在很多方面与新民主主义时期的劳资关系既有历史的继承性，又有许多相似性。中国共产党处理新民主主义制度下的劳资关系问题的经验教训，对于已执政的中国共产党和人民政府处理中国现阶段紧张的劳资关系问题、构建新型劳资关系，无疑具有强烈的现实指导意义。《中国新民主主义制度下的劳资政策与劳资关系》一书，就是尝试在此方面作出开拓性的研究。

该书是作者在其博士论文基础上修改而成的。作者在入读博士一开始，作为其指导教师，我结合作者的硕士专业（中共党史专业）背景，鼓励她选择这个交叉学科领域且目前别人尚未系统研究过的专题进行研究。关于新民主主义制度下的劳资关系问题虽然有一些专著已经有所涉及，但不是专门论述，仅仅只是一带而过；论文方面也只是分段研究，且集中在个别时期；公开发表的一手资料非常少。也正是因为此，该专题的研究难度非常大。首先就是资料的搜集非常不容易，如民主革命时期有关劳资关系的资料因多方面的原因不可能在短时间内搜集到原始资料。因此，我们决定，民主革命时期的资料主要来源于现有的文献资料和《解放日报》，新中国成立以后的劳资关系资料，则以资本主义工商业比较集中的北京、上海、天津和武汉这四个城市为典型搜集原始档案资料。可是，在实际搜集四城市档案资料的过程中，因该课题有一定的政治敏感性（如要联系到"三反""五反"等政治运动），有些地方的档案馆不予开放，或开放有限，致使资料的搜集不是很全面，存在很多缺憾。

尽管存在着很多困难，作者还是做了艰苦的基础工作，扎扎实实地泡图书馆、跑档案馆，翻看所能看到的报刊资料和档案资料，并作了详细的笔记。在此基础上，作者对中国共产党和人民政府处理新民主主义经济中的劳资关系问题进行了深入的研究，试图探究在新民主主义经济产生、发展、壮大、全面胜利及其终结的各个历史阶段，中国共产党和人民政府是如何处理劳资关系问题的，劳资政策是在怎样的历史背景之下发生转变的，当时的劳资关系是怎样一种状况，劳资政策实施的效果如何，还存在哪些错误偏差，中国共产党和人民政府又是怎样进行纠正或调整的，以期总结出规律性的结论，为现阶段构建新型劳资关系提供历史的借鉴。

本书是第一部专门反映新民主主义制度下劳资关系的专著，推动了对中华人民共和国经济史、中共党史、国史的深入研究。本书对新民主主义制度下劳资关系的研究，采取了新的视角，即不是以消灭私人资本主义经济为目的，而是依据中国共产党独创的新民主主义经济理论，把私人资本主义经济作为新民主主义经济制度的基本的经济成分，并将长期在中国社会经济中存在和发展，通过公私兼顾、劳资两利促进国民经济的发展为背景，探索调节劳资矛盾、调整劳资关系的历史经验与教训。这样，既符合中国共产党在新中国成立初期提出的建立新民主主义制度下劳资两利的新型劳资关系的本意，也更能有利于发挥历史为现实服务的功能。

当然，本书对该问题的研究还是初步的。对于劳资政策与劳资关系的研究中，政策内容多，典型案例则显不足，限制了对问题研究的深入。在研究方法上，突出了历史研究方法，尚未能纯熟地运用劳动经济学的理论工具规范研究或抽象经济现象。在对比研究中，关注了西方国家劳资关系的现状，对劳工运动史关注不够。这些都有待于作者今后进一步开展研究。

作为她的导师，看到其专著即将出版，我为此而感到十分高兴，也殷切地希望作者能继续努力耕耘、努力学习，以取得更多更好的研究成果。

苏少之

2009 年 10 月于武汉

摘 要

随着私营经济的发展,劳资关系问题日益成为学术界研究的热点。学者们主要针对当前中国社会劳资关系的性质、特征,劳资矛盾和冲突形成的原因,政府和工会在劳资关系协调中的作用等问题进行了较多地论述和广泛地探讨,并介绍了国外特别是关于西方发达国家处理劳资关系方面的成功经验。在解决劳资矛盾、构建社会主义社会新型和谐劳资关系的过程中,除了关注和探讨现实问题本身以及借鉴其他发达国家处理劳资关系方面的成功做法之外,从自身历史中吸取有益的经验教训与启示也不失为一条好的路径选择。因为我们现在所处的社会主义初级阶段与新民主主义时期有许多相似之处,如都是允许多种经济成分并存,劳资矛盾尖锐,劳资纠纷频生等。因此,研究新民主主义制度下的劳资关系问题具有极强的现实借鉴和指导意义。但目前学术界却少有学者从历史的角度来系统研究新民主主义经济中的劳资关系问题。

本书以马克思主义的劳资关系理论为指导,并运用其发展了的劳资关系理论,同时吸收和借鉴西方经济学的劳资关系理论中的合理内核,试图对新民主主义经济产生、发展、壮大、全面胜利及终结的各个历史阶段的劳资关系状况进行初步地梳理,以总结出规律性结论,从而为现阶段构建和谐劳资关系提供历史的借鉴。

本书所研究的新民主主义经济中的劳资关系问题,是特指私人资本主义(私营经济或私营工商业、民族工商业)中的劳资关系

(具有阶级对立的劳方与资方的关系)。研究的上限是从1927年大革命失败以后,中国共产党人创建农村革命根据地,新民主主义经济萌生,中国共产党与革命根据地的苏维埃政府处理劳资关系的工作也随之而开始产生。下限到1956年社会主义三大改造基本完成,新民主主义经济走向终结,私人资本主义经济中的劳资关系转变为具有社会主义性质的劳动关系。

在新民主主义革命战争时期,中国共产党领导下的根据地经济是多种经济成分并存的、新民主主义性质的经济。在新民主主义政权下,劳资双方不仅存在着利益冲突,还存在着超越于其各自不同利益的共同利益,即发展生产,争取民族解放,夺取全国政权。因此,根据地政府和中国共产党要在保护工人阶级基本权益的前提下,应该也使资本家有利可图,保障其赚钱赢利的权益,以达发展生产、繁荣经济、公私兼顾、劳资两利的目的。

在创建革命根据地初期,中国共产党在处理根据地劳资关系方面虽然缺乏经验,但一些根据地领导人能从革命斗争和根据地经济发展的实际需要出发,在总结实际斗争经验的基础上制订了比较切合实际的劳资政策。但先后受到李立三、王明"左"倾路线的干扰和破坏。他们在苏区强制推行过"左"的劳资政策,结果造成苏区经济萎缩,劳资严重对立,并进而影响到了苏维埃政权的稳固。在土地革命后期,在团结全民族抗战的历史背景之下,中国共产党及时转变了策略路线。因此,在新民主主义经济发展、壮大时期,中国共产党和根据地政府在经济政策上改变了私营工商业政策,争取和团结民族资产阶级,倡导劳资合作,并实行了劳资两利的政策,从而建立起了与国统区完全不同的新的劳资关系。

新民主主义革命取得胜利后,劳资双方的共同利益就是共同建设新民主主义的政治、经济和文化。这就需要尽快地充分调动起资本家的生产经营积极性,以尽快地促进国民经济的恢复和发展。但由于新中国刚刚成立,整个社会经济处于重大改组之中,劳资纠纷层出不穷，劳资关系也比较混乱和紧张。因此，为了稳定社会秩序，避免生产陷于瘫痪，急需迅速调整和建立起新的劳资关系。新生的人民政府根据中国共产党提出的"四面八方"的新民主主义经济建设方针，经过对劳资关系的两次调整，初步建立起了"民主的、平等的、两利的、契约的、新民主主义的"新型劳资关系。人民政府对劳资争议的处理也开始走向法制化、规范化和程序化的轨道。

"五反"运动是劳资关系变化的一个大的转折点。在"五反"之前，人民政府和中国共产党的目标是建立起新民主主义的新型劳资关系，通过劳资双方在民主与平等的基础上进行协商，签订集体合同，以达劳资两利和稳定劳资关系的目的。而"五反"运动却使这种新型劳资关系发生了变化。运动中及运动结束后，私营企业（尤其是中小厂店）中的劳资关系趋于恶化，变得动荡不定。为此，中共中央即要求各地党委及工会组织迅速进行调整，要在新的条件下，经过劳资协商，签订劳资合同，建立起相对安定的正确的劳资关系，以利于生产和经营的发展。经过政府调整，私营工商业的生产经营情况从1952年下半年开始好转，部分私营企业中紧张的劳资关系因经营情况的好转而开始得到改善。但主要是一些较大的企业，而且为数不多。紧接而来在私营企业中进行的民主改革以及大规模的增产节约运动，进一步改变了私营企业中的劳资关系。

经过"五反"运动及其之后对劳资关系的调整，私营企业中紧张的劳资关系虽然得到一定程度的改善，但已无法再重新回到新民主主义劳资关系的正常轨道。随着资本主义工商业社会主义改造的进行，私营企业中的工人群众迫切要求企业实行公私合营，急于改变自己的身份；私营企业主则因陷入经营困境，为求解脱，也不得不在形势逼迫之下接受合营改造。但经过国家资本主义对私营工商业实行社会主义改造是一场深刻的社会主义革命，必将在私营工商业者中引起很大的震动。为确保社会主义改造顺利进行、维持社会生产正常发展以及稳定社会秩序,中国共产党和人民政府对劳资关系的调整是尽量维持私营企业中正常的劳资关系状况,避免劳资矛盾激化,并通过一系列由低级到高级的国家资本主义形式实现了对私营企业和资本家的双重改造,最终使私营企业中的劳资关系发生了根本变化,在全行业合营企业中产生了一种新的关系,即公私共事关系。

在新民主主义经济发展的近30年中,中国共产党和人民政府在处理新民主主义制度下的劳资关系方面积累的经验教训,如中国共产党和民主政府在调处新民主主义劳资关系中始终要居于主导地位;一切从生产出发,并按照"劳资两利"的原则来调处劳资关系,从而最终实现劳资双方的利益最大化,即双赢的目的;慎用群众运动的方式调处劳资矛盾;要依据市场经济原则来协调劳资关系等,对于解决当前中国社会的劳资关系问题仍有着强烈的借鉴和启示意义。

关键词:新民主主义;劳资政策;劳资关系;中国共产党;人民政府

Abstract

In the recent years, labor conflicts have been more prominent in China, and the current labor relations even have brought out some phenomena of " atavism. " It has become a hot academic research that how to effectively solve the labor conflicts and establish the harmonious labor relations. However, the research topics within the current society are mainly the nature of the labor relations, the causes of conflicts, the role of the government and the trade unions when they coordinate the labor relations, and other issues that draw some successful experience from the foreign countries especially from the western developed countries. It was not a lot of research on the issue of the labor relations in the new democratic economy from the historical perspective.

The reason why we need to trace forward to the new democracy is that the two periods between the primary stage of socialism which we are now living in and the era of the new democracy have many similarities, such as the varied economic sectors are allowed to coexist, the labor conflicts become more acute, and disputes frequently arise. Therefore, it's of the very highly referential significance that we study the policies and practice of the labor relations which the CPC (short for the Communist Party of China) and the democratic government deal with or readjust in the new democratic era. We try to do some research from this point in order to draw many valuable suggestions.

On the base of the Marxist theory on the labor relations, but we don't fully adhering to it. In order to summarise the regular conclusions, we use its development theory, and also absorb the rational core of the theory in the western economics on the labor relations to study the situation of the labor relations in the new‐democratic economy and the policy & practice that the CPC and the democratic government readjust.

Labor relations in the dissertation especially refer to the relations between employees and employers (with the class antagonism of labor and management relations) of the privately owned industrial and commercial enterprises in the new‐democratic economy. We study this topic from the year 1927 when the CPC created the rural revolutionary base after the Great Revolution (1924‐1927) failed. The CPC and the soviet government of the revolutionary base began to handle the labor relations. The end of research is the year 1956 when the new‐democratic economy went down to the end after the socialist transformation by which the private capitalism was eliminated. The labor relations in the privately owned industrial and commercial enterprises turned into the socialist labor relations.

During the new‐democratic revolution, the basic economy leading by the CPC was the new‐democratic economy in which the varied economic sectors were allowed to coexist. Both labor and capital was a pair of contradictions. They have the contradiction, and also had the common interest. That was to develop the ecomomy, to strive for the national liberation, and to seize the state power of China. So the CPC and the basic goverment must admit the existence of labor‐management conflicts as much as possible to ensure their interest, advocate their cooperation, and come true the healthy、harmonious relationship between workers and employers.

During the early period of establishing the revolutionary base, on the basis of the practical lessons, the CPC and the Soviet government lacked experiences in dealing with the issue on the labor relations, but some leaders formulated the feasible policies from the actual conditions. However, the great damages were successively done by the Left adventurism. The *left*do dogmatist enforced the *left* policy of the labor relations. As a result, the economy in the Soviot areas were shrinked; both labor and capital were seriously opposed.

During the later stage of the Agrarian Revolutionary War, under the historical background to unite with all the forces that resisted agaist Japan, the CPC timely changed the tactics. It must bring about the relevant changes on the policy of the labor relations. Consequently, the CPC and the basic government advocated the cooperation with each other, and implemented the policy that could benefit for both workers and capitalists. Resultly, the new type of the labor relations in the liberated areas was set up.

After the victory of the new – democratic revolution, the common interest of the labor and capital was to together construct the politics、 economy and culture of the new – democratic society. In order to resume and develop the national economy, it needed to bring the positive factors of the capitalists. However, because of the beginning of the Peoples' Republic of China, the labor relations were in chaos. So the government must as early as possible set up the new patten of the labor relations to stabilize the social order and avoid being at the standstill. According to the policy of the economic construction proposing by the CPC, the government established the new type of the labor relations which was democratic, equal, beneficial to both workers and capitalists, and contractual after several adjustments. And the government began to legally、orderly deal with the cases when they disagreed.

　　The Movement against Five Evils was a turning point of the labor relations. Before the Movement, the target of the CPC and the People's Government was to initially establish a new patten of the labor relations in the new - democratic society. According to the consultative conference, the labor and capital consulted with each other and signed the contract to stablize the labor relations and benefit to them. But the Movement against Five Evils changed it. After the Movement against Five Evils, the labor relations further deteriorated. In order to establish the relatively correct and stable labor relations, the Central Committee of the CPC demanded that the party committee at all levels and trade union readjust it rapidly under the new conditions, by the methods of consensusing between employers and employees, and signing the collective contracts. After adjustment by the government, the production in the privately owned industrial and commercial enterprises started to get better from the second half of 1952. Due to it, the labor relations begun to improve, but those just existed in the few and the larger enterprises. Because of the following democratic reforms, as well as large - scale production - saving campaign, it further changed the labor relations in the privately owned industrial and commercial enterprises.

　　After the Movement against Five Evils and adjustment the capitalist industry and commerce, the labor relations had been improved in some extent, but could no longer return to the track of the new democratic labor relations. With the socialist transformation, the masses of workers in the privately owned industrial and commercial enterprises urgently required to accomplish the joint state - private ownership, and to be eager to change their status. On the other hand, the private entrepreneurs found themselves in the financial difficulty. Then they had to accept the joint state – private ownership to escape the bad situation. To ensure the smooth progress of the socialist transformation, maintain the normal development of the social production, as well as stabilize the social order, the CPC and the People's Government adjust the labor relations as far as possible to maintain the labor relations in the privately owned industrial and commercial enterprises, and avoid the labor conflicts to intensify. As a result, the labor relations gradually transformed toward the socialist labor relations.

Finally, we draw some conclusion form above. In conclusion, we summarize experience that the CPC and the democratic government deal with the labor relations in the new – democratic system. Then we get some sophisticated experience that the western developed countries deal with the labor relations. At last, some useful suggestions are given to solve the complex labor relations at present.

During the 30 years when the new – democratic economy developed, the rich experience that the CPC and the democratic government dealed with the issue of the labour relations could make use to better resolve the current labor relations in China. In particular, when the issues were dealed with the CPC and the government must be on the guiding position, and must be from the development point of view by the principle favorable to both labor and capital to realize their profit, etc.

Key words: the New Democracy; policy of the labor relations; labor relations; CPC; the democratic government

目 录

第一章　导论 …………………………………………… (1)
　第一节　研究现状述评与选题的意义 ………………… (1)
　第二节　劳资关系含义及其相关理论 ………………… (10)
　第三节　研究路径与结构安排 ………………………… (23)

**第二章　民主革命时期新民主主义政权下的劳资政策与
　　　　　劳资关系** ……………………………………… (30)
　第一节　新民主主义经济萌芽时期处理劳资关系的
　　　　　初步探索 ……………………………………… (31)
　第二节　边区抗日政府的劳资政策与实践 …………… (49)
　第三节　解放战争时期劳资两利政策的制定与实施 … (76)
　本章小结 ………………………………………………… (88)

第三章　建国初期新民主主义新型劳资关系的建立 … (90)
　第一节　新民主主义的新型劳资关系 ………………… (91)
　第二节　进城初期的劳资关系及其调整 ……………… (94)
　第三节　合理调整工商业中的劳资关系 ……………… (109)
　本章小结 ………………………………………………… (117)

第四章　"五反"运动中及其以后的劳资关系 ………… (119)

第一节 "五反"运动中劳资关系发生转折 …………（120）
　　第二节 "五反"运动后的劳资关系状况及其调整 ……（132）
　　本章小结 …………………………………………（161）

第五章　新民主主义劳资关系的彻底终结——社会主义改造时期的劳资关系 ……………………（163）

　　第一节 过渡时期总路线公布后劳资双方的思想动态 ……………………………………………（163）
　　第二节 社会主义改造初期劳资关系的变化 ……………………………………………（186）
　　第三节 全行业公私合营发展中的劳资关系 ………（202）
　　第四节 全行业公私合营中及其以后的劳资关系 ……（217）
　　本章小结 …………………………………………（227）

结　束　语 ……………………………………………（231）

参考文献 ………………………………………………（258）

后　　记 ………………………………………………（269）

第一章

导　论

第一节　研究现状述评与选题的意义

随着私营经济的发展，劳资关系问题日益成为学术界研究的热点。学者们多集中于对当前劳资关系的性质、特征，劳资矛盾和冲突的形成原因，政府和工会在劳资关系协调中的作用等问题进行了较多论述和深入探讨，但对新民主主义经济中的劳资关系问题进行系统和深入研究者却是寥寥无几。据笔者目前掌握的资料来看，只有为数不多的学者分段研究了新民主主义经济不同发展时期（主要集中在建国初期）的劳资关系问题，主要有：史莉芳的《简述抗日战争时期中国共产党处理劳资关系的政策》（载《兰州学刊》2005年第5期）、洪明与张德鹏的《我国解放初期私营企业的劳资关系及其调整》（载《华中理工大学学报·社会科学版》1997年第1期）、甘黎黎与任军利的《建国初期中国共产党处理劳资关系政策述评》（载《求实》2007年第2期）、李彩华与苏少之的《国民经济恢复时期劳资关系的调整与经验教训》（载《中共党史研究》2007年第4期）、李方祥的《"五反"运动后国家对私营工商业劳资关系的调整及其经济影响》（载《西华大学学报·哲学社会科学版》2007年第1期）以及《"五反"运动后国家对劳资关系调整的经济史分析》（载《中国经济史研究》2008年第1期）等。

上述论文研究的侧重点各有不同:

史莉芳的《简述抗日战争时期中国共产党处理劳资关系的政策》一文,从三个方面阐述了抗日战争时期中国共产党处理劳资关系政策的基本原则、依据和基本内容,并与同时期国统区和沦陷区城市中的劳资关系状况进行了简单的对比。史莉芳认为,为了适应土地革命向抗日民族统一战线的策略转变,瓦窑堡会议后,中国共产党采取了一系列有利于推动国共合作、有利于团结全国各族人民组成广泛的抗日民族统一战线一致抗日的经济政策,具体表现在处理劳资关系的政策上就是在新民主主义条件下依据劳资两利的基本原则来处理劳资关系。其次,较为详细地评述了各边区政府根据中共中央提出的协调劳资关系的原则,制定和实施了适应自身实际情况的具体的劳资政策,并根据中共中央指示,纠正在具体执行劳资政策法令和实际处理劳资关系中存在的问题和偏差,对先前的政策法令进行清理和调整。这些政策的制定和实行,有利于促进边区经济的发展,提高边区人民的生活水平,也有利于团结各抗日阶层共同抗日,为打破日本帝国主义对边区的封锁,坚持长期抗战奠定了坚实的物质基础。最后,作者简要论述了中国共产党处理国统区和沦陷区城市中的劳资关系所采取的一系列有效措施和政策。虽然这些政策和措施在当时情况下并未完全得到贯彻实施,但却为解放战争时期中国共产党处理城市中的劳资关系提供了一定的参考价值。史莉芳认为,正是由于贯彻实施了正确的劳资政策,大大激发了广大工人群众的劳动热情,也提高了私人工商业者的政治地位和经济地位,激发了他们生产的积极性,从而使陕甘宁边区的公私企业获得了极大发展,扩大了民族统一战线的力量。

洪明与张德鹏的《我国解放初期私营企业的劳资关系及其调整》一文,选取1949新中国成立至1953年社会主义三大改造之前这一段历史时期,简要评述了中国共产党和人民政府对私营企业的劳资关系实行调整的具体措施。作者依据劳资冲突的紧张程度把

1949—1953年这一历史时期的劳资关系状况划分为三个阶段,并分析了三次劳资冲突高发期的原因。其次,简要阐述了中国共产党和人民政府在遵循《中国人民政治协商会议共同纲领》(以下简称《共同纲领》)中所规定的中华人民共和国经济建设的根本方针,以及坚持"劳资两利"的基本原则下,采取了许多有力措施来调整劳资关系:一是对劳资双方进行发展生产、"劳资两利"的政策教育;二是建立和健全调整劳资关系的具体规范;三是国家实行宏观调控,帮助私营企业走出经营困境;四是在私营企业中广泛建立起劳资协商机构(劳资协商委员会),劳资双方通过劳资协商会议以民主、平等和协商的原则来解决劳资争议问题,签订集体合同。从总体上看,在"五反"运动之前,中国共产党和人民政府对劳资关系的调整是卓有成效的,劳资争议的处理逐渐走上正常轨道。但"五反"运动以后,对于持续紧张的劳资关系状况政府并无新的有效措施,仍然强调对劳资双方进行教育和深化集体合同,因而劳资对立情绪严重,劳资冲突也未能缓和。最后,作者对解放初期私营企业劳资关调整进行了分析与评价。作者认为,政府对私营企业劳资关系的调整有三点值得肯定:一是人民政府在私营企业劳资关系的调整中居于主导地位;二是建立和调整劳资关系能从中国当时的具体国情出发;三是适时引入实践证明行之有效的劳资关系调整方式——集体谈判和签订集体合同。当然,在劳资关系的调整中也还存在三方面的问题:一是法制不健全。政府的干预不能完全取代法制,要确保劳资关系的处理通过法律程序解决,以避免随着形势和政策的转换致使劳资关系的处理呈现不稳定性。二是过分强调行政干预。在处理私营企业劳资关系时,要根据市场经济原则及时进行协调,遵循客观经济规律和价值规律。三是过多地运用群众运动的方式来调整劳资关系,而群众运动的实际效果反而易使劳资矛盾激化,使劳资关系失衡,很难把劳资关系调适到"劳资两利"的正常轨道。

甘黎黎与任军利的《建国初期中国共产党处理劳资关系政策

述评》一文,以中国共产党对建国初期(时间大致为1949年新中国成立至1952年)的劳资关系进行调整和处理为选题,首先分析了中国共产党制定劳资政策的历史背景。1949年新中国成立后,由于连年的战争,再加上自然灾害,使得国民经济严重衰退和全面萎缩。为稳定经济、稳定社会和稳定人心,中共中央在全国范围内平抑物价。经过努力,到1950年4月,全国经济状况开始好转。但为了平抑物价而实行的紧缩银根政策也导致了全国经济生活的清苦、萧条,私营工商业经营困难等不良影响。在此背景下,中国共产党提出并依据"公私兼顾,劳资两利"的指导方针对私营工商业的劳资关系进行了调整。其次,较为具体地阐述了在"公私兼顾,劳资两利"方针指导下,中国共产党制定的一系列关于正确处理劳资关系政策的具体内容:为了有利于发展生产,中国共产党和人民政府依据劳资两利的原则,既积极保障劳方的权益(如积极解决工人失业问题、积极改善工人的待遇,并先后颁布了相关的政策法令),又保障资本家的正当利益(如保护资本家所获得的正当赢利),并积极设法完善劳动争议的解决途径;在制度上,就劳动关系调整、工作条件、劳动保险、招聘职工、失业人员登记等方面颁布了一系列法律法规,初步建立起比较完善的劳资关系保障体系;在思想上,一方面教育工人群众不能只看到眼前利益提出过高的经济要求而忘记工人阶级的远大利益,另一方面积极引导资本家正确认识所获之利,同时批判和清除"左"倾错误思想(只强调对资本家进行斗争,甚至要求立即消灭资产阶级),保障劳资两利。最后,作者充分肯定这一系列政策是一个重点突出、内容完整、措施配套、适合当时中国国情、具有很强操作性的政策,在实践中也取得了很好的效果,并对现阶段中国的劳资关系的处理具有极大的现实意义。

李彩华与苏少之的《国民经济恢复时期劳资关系的调整与经验教训》一文,以中国共产党和人民政府对国民经济恢复时期的劳资关系进行三次调整为选题,分析当年调整劳资关系的利弊得失,总结历史的经验教训,为当前构建和谐的劳资关系提供借鉴作用。文章首先明确界定了新民主主义下的新型劳资关系形成的背景和特点。其次,论述了新民主主义的劳资关系从建立到发生改变所历经的三个阶段,即进城初期至1950年初(新民主主义劳资政策的宣传与法规文件的颁布时期)、1950年3月至"五反"运动之前(新民主主义新型劳资关系初步建立时期)、"五反"运动及其以后(劳资关系呈现动荡、发生转折)。最后总结经验教训,从四个方面阐述历史的启示与借鉴:其一,和谐的劳资关系是社会经济发展的前提条件之一;其二,劳资协商是解决劳资争议、构建和谐劳资关系的有效途径;其三,和谐劳资关系的建立有赖于全社会的努力,逐步建立起可以为缓冲劳资关系发挥重要作用的完善的社会保障体系;其四,中国共产党作为执政党,其执政理念对于建立良好的劳资关系具有决定性的作用。

李方祥的《"五反"运动后国家对私营工商业劳资关系的调整及其经济影响》和《"五反"运动后国家对劳资关系调整的经济史分析》两篇论文,都是研究和论述的同一问题,即"五反"运动后国家对劳资关系实行调整所产生的经济影响。作者认为,由于"五反"运动打击过猛,造成劳资关系趋于紧张。劳资矛盾主要表现在解雇纠纷和欠资纠纷,还存在劳动合同、劳动纪律、劳保福利、企业经营管理、资方侵犯工人权利等方面的问题。劳资矛盾在客观上不利于国民经济的恢复和发展,也不利于资本主义工商业发挥其积极作用。在新的矛盾的基础上,国家按照"劳资两利"原则对劳资关系及时进行了调整,完善了劳资协商会议和增产节约委员会等工人监督组织,以劳资集体合同这一固定契约的形式将劳资关系纳入到了正常轨道,并使资本主义工商业的生产和经营得以恢复和发展。通过对劳资关系的调整,加强了工人监督,资本家在企业内部的经营管理上不能独断专行,而必须遵从"劳资两利"的原则,工人的地位和工人的劳动发生了变化。加强对私营工商业的控制，有助于国家对整个经济的宏观调控。从总体上看，国家对劳资关系的一系列调整措施使资本主义工商业发生了根本的变化，使资本家基本上失去了对企业的垄断权和控制权，为国家通过参股接管企业创造了条件，也为中国共产党制定过渡时期总路线和进行资本主义工商业的社会主义改造提供了现实条件。

除此而外，由于劳资关系问题与中国共产党认识和处理私人资本主义、私营工商业、资产阶级等问题是紧密联系在一起的，因而有一些论著也涉及了中国共产党处理新民主主义经济中的劳资关系问题。在专著方面有赵德馨主编的《中华人民共和国经济史（1949—1966）》（河南人民出版社1989年版）、李占才和张黎合编的《中国新民主主义经济史》（安徽教育出版社1990年版）、杨蒲林与赵德馨合编的《毛泽东的经济思想》（湖北人民出版社1993年版）、王炳林主编的《中国共产党与私人资本主义》（北京师范大学出版社1994年版）、任杰与梁凌编著的《中国政府与私人经济》（中华工商联合出版社2000年版）、徐小洪的《冲突与协调——当代中国私营企业的劳资关系研究》（中国劳动社会保障出版社2003年版）、沙健孙主编的《中国共产党和资本主义、资产阶级》（山东人民出版社2005年版）等等。其中，李占才和张黎编著的《中国新民主主义经济史》、王炳林主编的《中国共产党与私人资本主义》以及沙健孙主编的《中国共产党和资本主义、资产阶级》这三部专著，较多地研究和涉及了中国共产党调处新民主主义经济中的劳资关系问题。

李占才和张黎编著的《中国新民主主义经济史》一书比较系统地阐述了中国新民主主义经济萌生（1927年7月—1937年初）、发展（1937年2月—1946年4月）、壮大（1946年5月—1949年9月）、在全国范围内的确立和发展（1949年10月—1952年底）以及终结（1953年初—1956年底）的历史发展轨迹，较为全面深刻地总结了中国共产党领导经济工作的成败得失。该书根据上述新民主主义经济史的五个不同时期，分章进行阐述，并以中华人民共和国的成立为标志分为上下两编。每章的主要内容包括新民主主义经济在这一时期产生、发展、壮大、终结的社会条件；中国共产党人的经济思想；中国共产党领导经济工作的实践；分析和评价中国共产党领导经济工作的成败得失，并总结出规律性的结论。该书中有关中国共产党人对私营工商业的经济思想、政策，以及中国共产党领导私营经济工作的实践部分，对于本书研究新民主主义经济中的劳资关系问题提供了比较明晰的历史线索。

王炳林主编的《中国共产党与私人资本主义》一书主要通过系统阐述中国共产党对私人资本主义的具体政策，全面研究了中国共产党对私人资本主义的认识过程、政策演变和经验教训，并集中论述了中国共产党与资产阶级的经济关系，展现了70多来（1921—1992年）中国共产党在处理私人资本主义问题上曲折复杂的走向和丰富多彩的历史画卷。

沙健孙主编的《中国共产党和资本主义、资产阶级》一书的主要内容是论述从1921年中国共产党创建始至1956年资本主义工商业社会主义改造基本完成这个时期内，中国共产党在认识和处理资本主义、资产阶级问题上的历史情况与经验教训。该书分上、下两部，上部以编年体形式记述了1921—1956年期间中国共产党在认识和处理资本主义、资产阶级问题上从幼稚到成熟的历程。下部把在研究过程中所搜集、整理的有关基本文献和基础材料按编年体形式汇编而成，为读者提供了上部有关论述的原始依据。

两书对于本书的最大启发之处在于有助于理清新民主主义经济中劳资关系政策制定的历史背景。因为中国共产党对私人资本主义问题和民族资产阶级的认识是否正确、处理是否得当，直接决定着中国共产党和（根据地）政府对劳资关系问题处理是否恰当。

此外，武力新著《中国共产党与当代中国经济发展研究（1949—2006）》（中共党史出版社2008年版）中的部分章节也涉及了中国共产党与私营经济的问题。尤其是关于私营工商业的社会主义改造问题,他提出了许多非常新颖和独到的个人见解。武力认为,"1955年底开始的私营工业的社会主义改造,对于大多数私营企业主来说,是先陷入经营困境,后接受合营改造的"。① 而且首次较为详细地分析了公私合营由一种经营形式转为改造方式的原因。他认为毛泽东和中共中央最终决定通过公私合营来消灭私人资本主义经济的原因有三:一是毛泽东和中共中央正酝酿过渡时期总路线,迫切需要寻找一种适合中国国情(主要指统一战线)并不同于苏联东欧没收方式的渐进改造方式,而公私合营恰好满足了这个要求(特别是对人的改造和利用)。二是企业内部,由于"五反"运动,资本家已不敢管理,而工人也不服从其管理(资本家又不能解雇工人),为国家参股接管企业创造了条件(可不必像过去那样,控制权取决于股份的多少)。三是从外部来看,国家已经进入大规模经济建设,原料、资金短缺和必须由国家统筹安排必不可少,公私合营,即从内部控制企业,比加工订货等从外部调控更有效,更易于将生产纳入国家计划,达到均衡生产。② 这些都是与以往其他同类研究社会主义改造问题的专著论文所从未提出过、分析过的,也给本书撰写关于社会主义改造时期劳资关系的变化提供了很好的启示。

在论文方面,一些研究中国共产党或中共第一代领导集体中的主要领袖人物(如毛泽东、刘少奇等)的经济思想(尤其是关于对私人资本主义、私营工商业、资产阶级的认识及其政策方面)的专题论文也或多或少、直接或间接地涉及了中国共产党和(根据地)政府处理劳资关系方面的政策演变与实践研究。如卓爱平与黄如军的《论建国前后党关于利用和限制资本主义的思想》(载

---

① 武力:《中国共产党与当代中国经济发展研究(1949—2006)》,中共党史出版社2008年版,第207页。
② 武力:《中国共产党与当代中国经济发展研究(1949—2006)》,中共党史出版社2008年版,第198—199页。

《理论学刊》1999年第4期)、王善中的《建国前后中国共产党对民族资产阶级的认识及其政策》(载《当代世界与社会主义》2001年第6期)、王毅武的《中国共产党对私人资本主义认识的历史考察》(载《延安大学学报》(社会科学版) 2002年第24卷第1期)、李占才的《建国初期共产党人的工商业经营管理思想》(载《首都师范大学学报(社会科学版) 2002年第5期》)、孙其明的《论建国前后党和政府对私营工商业的政策》(载《安徽史学》2003年第3期)、王世勇的《建国前后刘少奇保护和发展私营经济思想浅析》(载《北京科技大学学报(社会科学版)》2004年第1期)、高晓林的《建国前后中共对私人资本主义经济的认识和实践》(载《当代世界与社会主义》2004年第2期)、仇永民的《建国前后刘少奇利用私人资本主义的思想及其现实意义》(载《岭南学刊》2004年第5期)、诸葛达的《论毛泽东关于中国资产阶级的理论和政策》(载《浙江师范大学学报》(社会科学版) 1996年第2期)、陶用舒的《毛泽东关于中国资产阶级理论的形成和发展》(载《石油大学学报》(社会科学版) 1997年第2期)、欧阳小华与郭少华的《毛泽东对中国私人资本主义的认识轨迹探析》(载《井冈山学院学报》(哲学社科版) 2005年第26卷第2期)、王强的《建国前后毛泽东关于私人资本主义经济的思想与实践》(载《西华师范大学学报(哲社版) 2003年第6期》)、李仁卿的《论建国前后毛泽东对资本主义认识的变化及其影响》(载《毛泽东思想研究》2004年第4期)、杨奎松的《建国前后中国共产党对资产阶级政策的演变》(载《近代史研究》2006年第2期)等等不一而足,挂一漏万。

从总体上来看,上述专题论文在研究时间上主要集中于民主革命时期、新中国成立前后和过渡时期总路线提出前后这三个时期,尤其集中于新中国成立前后。在内容上主要集中于中国共产党及其领袖人物对资本主义、私营工商业和资产阶级的认识历程与政策演变,以及政策前后发生变化的原因探讨等方面。这些论文从不同侧面给予了作者有益的启迪。

总之,专门针对中国新民主主义制度下的劳资关系方面的专题研究还不是很多,现有的研究还有待于进一步系统和深入,而且在比较研究方面几乎处于空白状态,譬如对不同历史阶段的劳资关系状况进行纵向比较研究;与同时期国统区的劳资关系或与其他国家的劳资关系进行横向比较研究等。虽然进行比较研究的困难是显而易见的,但这些研究无疑会有助于我们更好地认识和恰当地处理错综复杂的劳资关系问题。而在目前阶段,中国社会进入到了一个矛盾凸显的时期,尤其是劳资冲突频发,已有学者认为目前处于转型期中国的劳资关系出现了"返祖现象",[①] 尤其是在"三资"企业和民营企业中的劳资关系似乎退回到了资本原始积累的工业革命初期,随意侵害职工的合法权益,更激化了劳资之间的矛盾和对立。怎样有效地解决劳资冲突、化解劳资矛盾,尽快地建立起适合中国国情的、和谐的劳资关系,是建立和谐社会的当务之急。而在解决劳资矛盾、构建社会主义社会新型和谐劳资关系的过程中,从自身历史中吸取有益的经验教训与启示不失为一条好的路径选择。正是有鉴于此,本书试图在此方面做点尝试,以抛砖引玉。

第二节 劳资关系含义及其相关理论

一、劳资关系的含义

现阶段,学者们对"劳资关系"一词的理解存在着争议,最

[①] 丁霞萍:《从阶级到阶层理论的当代解读——对转型期中国劳资关系"返祖现象"的评析》,《东华大学学报(社会科学版)》,2002年第2卷第3期,第50页。

大的争议就在于"劳动关系"与"劳资关系"的界定。

一种观点认为"劳资关系"就是"劳动关系","劳资关系"是国外资本主义社会劳动关系的特指。如在李薇辉、薛和生主编的《劳动经济问题研究——理论与实践》一书中,认为劳动关系是一种经济关系,是产业组织关系的核心部分。在国外也叫产业关系,又叫劳资关系或劳工关系,是就业组织中最基础的组织关系。在王君南、陈微波编著的《劳动关系与社会保障》一书中也认为,劳动关系在不同国家又被称为产业关系、劳资关系、雇佣关系、劳工关系、劳动关系和雇员关系等。王大庆与焦建国在《劳资关系理论与西方发达国家的实践》(载《经济研究参考》2003年第51期)一文中也持相同观点,认为劳资关系即劳动关系,是劳动者个人或劳动者组织如工会与雇主或雇主组织及管理当局在劳动过程中所发生的权利义务关系,包括劳动任务、劳动条件、劳动时间、劳动报酬、劳动纪律、劳动保险、生活福利等以及有关的劳动争议及其处理关系。

另一种观点认为"劳动关系"包含"劳资关系"。如在由袁方、姚力群主编的高等学校人力资源管理专业教材《劳动社会学》中认为,在中国目前阶段,如按产权制度划分,则有国有经济的劳动关系、集体经济的劳动关系、股份制经济中的劳动关系、股份合作制经济中的劳动关系、私营经济中的劳动关系、个体经济中的劳动关系和外商投资经济中的劳动关系七种劳动关系。其中,后三种劳动关系是一种雇佣性质的劳资关系,但与资本主义国家的劳资关系是有所不同的。

第三种观点认为"劳动关系"与"劳资关系"是并列对立关系,是两种经济体制下两个不同的经济概念。如周新军在《劳动关系与劳资关系:两种体制下的经济关系——中国转型期的经济关系研究》(载《现代财经》(天津财经学院学报)2001年第12期)一文中认为,劳动关系与劳资关系这两个经济概念是以公有制经济为主体，社会主义市场经济条件为特定前提条件，尤其是劳资关系，绝不是资本主义社会的劳动者与资本家的关系，而是作为生产要素的资本与劳动力而言的。在此前提下，劳动关系反映的是计划经济体制下的经济关系，而劳资关系反映的是市场经济体制下的经济关系。即我们过去一直把非公有制企业中的劳动者与企业主的关系称作劳资关系，而把公有制经济范畴的劳动者与企业的关系称作劳动关系。

"劳资关系"一词之所以存在着上述争论，一方面是由于该词本身在英语中有三组词 Industrial Relations、Labor Management Relations、Labor Relations 都可翻译为劳资关系。当然，如同中国的同义词一样，细究一下还是有些具体和细微的差别：Industrial Relations，直译为产业关系，其含义较广，是从整个社会角度进行研究，包括与工业劳动有关的各个领域，其行为者（actors）包括企业及其组织、劳动者及其组织和政府，研究对象为这三个行为者各自的行为及其关系。Labor Management Relations，翻译为劳资关系，其含义较狭窄，是从企业角度进行研究，主要为企业内的资方与劳动者间的关系，或以集体谈判制度为中心进行研究。Labor Relations，直译为劳动关系，不区分分析角度，即为泛指，包含以上两个概念的内涵与外延。

另一方面则是由于中国目前是以公有制经济为主体、各种非公有制经济蓬勃发展，即便是公有制经济也在向市场化、企业化、契约化方向发展，劳动力与资本的关系已经事实存在，雇佣关系也早已普遍存在于各种所有制企业中，而这些劳资关系又还不完全等同于资本主义国家的劳资关系。如公有制经济中的国有经济，国有经济是由国家出面代表全体人民占有生产资料，全体人民只是法律意义上的所有者，并不是生产资料的直接占有者。因此，在国有经济内部的劳动关系中，直接使用生产资料的劳动者与企业法人主体之间的关系呈现出来的依然是"被雇佣"与"雇佣"的关系，即国有企业的代表（经理阶层）有权独立行使对人、财、物的占有、支配、处置等法人权利。这就意味着经理阶层可以视需要（如优化资产组合、优化企业经营、提高经营绩效等）对职工实施解雇和招聘之用人权。同理，集体经济也是由集体经济的法人（经理阶层）代表生产资料的所有者负责资产的经营和运作，而法律意义上的劳动者集体不可能也无条件直接占有生产资料，只表明对生产资料享有最终受益权。但在具体的经营和运作过程中，企业法人拥有独立的决策权、用人权（如有权对法律意义上的所有者雇佣或不雇佣），劳动者兼具有生产资料的所有者和"被雇佣者"的双重角色。

很显然，马克思主义经典作家有关"劳资关系"的解释不能简单地照搬或套用。事实上，只要是有劳动和资本的地方，就存在着劳资关系，不论其生产资料所有制如何。因此，"劳资关系"就是"劳动关系"，"劳资关系"有时只不过是一种特指。如本书所研究的新民主主义经济下的劳资关系问题，是特指私人资本主义（私营经济或私营工商业、民族工商业）中的劳资关系（具有阶级对立的劳方与资方的关系）。

本书的研究上限是在1927年大革命失败以后，中国共产党人在探索革命道路的过程中，发动武装起义，创建农村革命根据地，在革命根据地内新民主主义经济开始萌生，中国共产党和根据地政府处理劳资关系的工作也随之开始展开。下限到1956年社会主义三大改造完成，新民主主义经济走向终结，私人资本主义经济中的劳资关系转变为具有社会主义性质的劳动关系。

二、有关劳资关系理论

虽然目前有越来越多的学者开始专注于研究当前中国劳资关系的现实问题，但劳资关系的理论研究却相对比较滞后，尚未形成比较成熟的具有中国特色的众所公认的劳资关系理论体系。因而，很多研究劳资关系理论问题的学者要么是从马克思主义经典作家那里引经据典，要么就是直接借鉴流行于西方发达国家的西方经济学的劳资关系理论。现将这些劳资关系理论作一简单介绍：

（一）马克思主义的劳资关系理论

马克思主义的劳资关系理论是对当时英国、法国、德国等西方主要资本主义国家早期劳资关系现实进行的抽象和概括。马克思、恩格斯把劳资关系看做是资本主义的基础，认为劳动和资本是两种主要的生产要素，相对于劳动，资本越来越成为稀缺资源。资本的积聚和集中成为"经济人"首选的追逐目标。整个社会经济运行形成"经济人"──→追逐资本──→剥削劳动这样一种机制。资本主义劳资关系是一种阶级利益关系，反映的是资本家和雇佣工人之间剥削和被剥削的关系，因此，其劳资关系必然是一种对立或对抗性的关系。资本主义经济的发展只能增强这种对立或对抗性，而不可能弱化或消弭这种对抗性的关系。劳资双方这种对抗的结果最终形成工人阶级和资产阶级两大直接对立的阶级。工人阶级要想改变自己的命运和处境，就必须通过暴力革命以彻底消灭雇佣劳动制和私有制。劳资关系是资本主义社会所特有的阶级利益关系。资本主义以前的社会由于都是自然经济社会，基本上无资本生存的土壤；而在资本主义以后的社会，由于雇佣劳动制度被消灭，因此，也就不存在劳资关系问题。

马克思主义劳资关系理论承担了当时的历史使命，即为工人运动服务，为工人阶级获得解放提供理论指导。但由于马克思、恩格斯生活在自由资本主义时期，其理论的局限性是显而易见的。因为自19世纪末20世纪初资本主义开始进入垄断资本主义时期后，资本主义社会发生了深刻变化。虽然马克思主义的继承者列宁继续发展了马克思主义的有关劳资关系的理论，但列宁过早逝世，垄断资本主义的特征并未充分展现出来。第二次世界大战后科学技术的日新月异的发展又引起资本主义社会生产力质的飞跃和社会结构的深层变动，再加之劳资双方经过漫长时期的博弈斗争，使得当代资本主义社会中的劳资关系出现了深刻变化，表现出了许多不同于以往传统资本资本主义社会的新特点和新问题。如员工持股、参与式管理、分享经济、利益相关者治理、劳资合作与冲突管理等一系列新现象在资本主义企业制度的框架内产生，并对资本主义制度的微观基础产生了重要影响。因此，马克思主义劳资关系理论必然要随着资本主义社会劳资关系的深刻变化而进一步得到发展。

（二）西方经济学的劳资关系理论

西方经济学的劳资关系理论认为，劳资关系有广义和狭义之分。狭义的劳资关系包括制度研究，针对的是工作场所的工作规则；还包括冲突研究，即把劳资关系看做是阶级冲突的一个方面。广义的劳资关系是指工作中人们的行为和互动关系，研究的是个人、群体、组织以及机构是如何作出规范劳资双方雇佣关系决定的，其内容包括工人及工会、雇主协会以及规范劳资双方关系制度的研究，对公共政策和法律框架如何影响雇佣劳资关系作用的研究，对雇主与工会的权力关系以及相关的政治、经济和社会因素的研究等。

劳资关系是因为企业中的雇佣关系而产生的，因为没有雇主与雇工的参与，就不可能有雇主与雇工的这种关系，因此，企业提供了劳资关系产生和存在的土壤。劳资关系强调和解的过程，靠这种和解，使参与的双方相互适应、相互合作与相互协调。每一个劳资关系系统都形成了管理企业的规则，同时通过集体的讨价还价而制定的这些规则在劳资双方之间形成以维护和谐关系为主要目的的工作共同体。政府则借助于法律、规则、协定和奖惩制度对劳资关系起着定位和导向的作用。同时，政府也强调习惯、风俗、传统和政策的执行，以及通过行政和司法机构的干涉来调节劳资关系。

在劳资关系体系中存在着技术子系统、经济子系统和政治子系统三个子系统。技术子系统由生产技术、现代化水平、资本结构等因素构成，如技术密集型行业和劳动密集型行业的劳资关系是不同的。现代化技术的运用对工人技能的要求提高了，减少了手工劳动；与此同时，工人越来越多地掌握了与其技术水平相适应工作的控制能力。技能和教育培训投入日益增加，工人对报酬的期望也逐渐上升。经济子系统即经济体制和市场结构，由企业组织制度和经营状况、劳动力的组成状况以及市场上劳动力供求状况等要素构成，如市场竞争加剧，公司的获利不确定，必然影响工人的报酬、福利和就业。政治子系统由国家政策、劳动法律、劳资双方权力地位、协议与谈判规则等因素构成，其核心是权力结构，如在市场经济发展的初始阶段，工人和雇主对各自目标的强烈要求更多地表现为矛盾和冲突，进入现代市场经济阶段以后，政府在决定劳资关系的发展时起着越来越大的作用。

　　研究劳资关系的根本目的在于寻找到一条能促使雇工和雇主之间形成健康、和谐关系的途径。由于一个国家的劳资关系状况是与其政治管理紧密相连的，一个劳工组织的目的既是经济的，也是政治的。因此，一些西方研究劳资关系的学者把改善劳资关系的目标确定为改善企业组织和政治管理框架中工人的经济条件，可以通过采取国家控制产业以规范生产管理，以及授予工人企业产权等办法来调节和改善劳资关系。通过这种方式以期达到以下七个具体的目标：第一，确保雇主和雇工双方的利益，使双方彼此增进了解；第二，避免劳资冲突，劳资双方建立起和谐的关系；第三，减少高强度劳动，减少经常性的旷工以提高生产水平；第四，雇佣双方共同决定工资水平，改进工作条件，工人得到他们应该得到的实惠，以减少罢工；第五，劳资合作关系不仅仅是为了享受所得，也为了充分实现每个劳动者的潜能，因此必须有参与公共决策的空间，建立企业民主；第六，提供公共产品的部门应由国家来控制；第七，通过劳资关系的改善，建立起符合社会共同需要的健康的社会秩序。

　　依据学者们的理论观点和政策主张以及实践模式的不同，西方经济学的劳资关系理论分为五大学派。

1. 新古典学派。该学派又称为新自由派或新保守派。此学派主要关注经济效率的最大化，认为市场力量不仅能使企业追求效率最大化，而且也能确保雇员得到公平合理的待遇。该学派认为，劳资关系是具有经济理性的劳资双方之间的自由和平等的交换关系。从长期看，供求双方是平衡的，供给和需求的力量保证了任何一方都不会相对处于劣势。如果市场运行和管理方的策略不受任何其他因素的干扰，那么劳资双方都会各自履行自己的权利和义务，从而实现管理效率和生产效率的最大化。由于劳动力市场机制可以保证劳资双方利益的实现，所以双方的冲突就显得微不足道。雇员不满，可以自由辞职，寻找新的工作；资方不满，也可以自由地替换工人。因此，工会的作用就不大，甚至认为工会的作用是负面的，因为他们认为工会形成了垄断制度，干扰了管理方和雇员个人之间的直接联系，阻碍了原本可以自由流动的劳动力市场关系，破坏了市场力量的平衡，使管理方处于劣势地位。在政府劳资关系政策方面，该派主张减少政府的收支规模，强调减少管理者和技术工人的税收，减少限制管理权力的法律和法规，认为理想的劳动法应该使工人难以组织工会，或者即便有工会，其权力也应该很小，这样劳动和资源的配置才会更加灵活，也才能提高劳动生产率。美国的劳资关系模式是奉行这种学派的典型代表。

2. 管理主义学派。该学派主要由组织行为学者和人力资源管理专家组成。他们认为，员工与企业的根本利益是一致的，劳资关系发生冲突的原因在于雇员认为自己始终处于被管理的从属地位，管理与服从的关系是员工产生不满的根源。假如企业能够采取"高认同感"的管理策略，就可以避免劳资之间的冲突，并且还会使双方保持和谐的关系。这种"高认同感"的管理策略为高工资高福利、岗位轮换制度和工作设计等。假如这些管理策略能得以彻底实施，那么生产效率就会得到提高。该学派对工会的存在与否持模糊态度。一方面认为由于工会的存在威胁到资方的管理权力,并给劳资关系带来不确定性,所以应该尽量避免建立工会;另一方面又认为,在已建立工会的企业,管理方应该同工会领导人建立合作关系,并不断强调只有愿意与管理方合作的工会才有可能在未来存在。该学派还认为,政府不应该直接干预经济,但支持政府间接地介入,增加对人力资源培训和开发的支持力度。在劳资关系和人力资源管理方面,该派主张采用新的和更加弹性化的工作组织形式,更加强调员工和管理方的相互信任和合作,尤其赞赏高绩效模式中的"高度认同"的内涵,包括工作设计改革、雇员参与改革以及积极的雇佣政策,认为工会只有以一种认同的"伙伴角色"来代替传统的"对立角色",才能更好地发挥作用。从20世纪70年代后期起,日本的劳资关系模式成为该学派主张的典范。

3. 正统多元论学派。该学派认为,雇员对公平和公正待遇的关心,与管理方对经济效率的关心是冲突的。在劳动力市场上,雇员面对"机会稀缺",大多处于不利地位,而工会和集体谈判制度有助于弥补这种不平衡,使雇员能够与雇主处于平等地位,因此工会和集体谈判是有积极作用的。该学派的核心假设是:通过劳动法和集体谈判确保公平与效率的和谐发展是建立最有效的劳资关系的途径。这也是第二次世界大战后许多国家所奉行的劳资关系制度。该学派强调弱势群体的工会化,强调更为集中的、在产业层次上的集体谈判,反对因任何偏见替代罢工工人,提出用工人代表制度等形式来保证劳动标准的推行,如建立工人与管理方共同组成的委员会;在公司董事会中要有工人代表;建立工人委员会;工人代表可以分享企业信息、参与协商以及联合决策等。该学派支持政府在经济结构调整和教育培训方面发挥更加积极的作用,主张在雇员、雇主、省级或国家级政府三方组成的经济管理体系中,三方都有权对与劳资关系有关的公共问题施加影响,平等地制定决策。德国是实施这一学派政策最为典型的国家,德国模式也是该学派最为推崇的现实模式。

4. 自由改革主义学派。该学派更具有批判精神，积极主张变革，并认为劳资关系是一种不均衡的关系，管理方凭借其特殊权力处于主导地位。现存的劳动法和就业法不能为工人提供足够的权力保护，因为公正、平等地对待工人，往往不符合管理方的利益，为了确保工人获得公正平等的待遇，必须要加大政府对经济的干预。该学派最大的特点就是提出了"结构不公平"理论，该理论把经济部门划分为"核心"和"周边"两个部门。"核心"部门是指规模较大、资本密集，并且在市场上居于主导地位的厂商；"周边"部门则是规模较小、劳动密集，并且竞争性更强的市场上的厂商。核心部门由于经济实力强，更能消化和转移附加成本，能够为雇员提供更优厚的劳动条件，采用更先进的管理方式。而周边部门的工作岗位相对不稳定，容易受到裁员政策的影响。该学派还把两部门的划分进一步扩大到单个雇主或产业的分析上。该学派批判当前的劳资关系体系，甚至对工会也表示不满，认为在当前体系下，那些在周边部门工作的雇员是最需要工会帮助的，而那里的工会却又是最无效的。在核心部门的企业，工会作用的发挥也很有限。工会难以战胜拥有强大权力的资方，无法为其成员提供有效的保护。近几年来，该学派特别注意到在经济全球化的影响下，雇主对工资和福利不满时，常采取关闭工厂等手段，或者向海外人工成本较低的地区转移投资。瑞典是自由改革主义学派观点最具有代表性的国家。

5. 激进学派。该学派主要由西方马克思主义者组成，其思想理念源自于马克思主义关于资本主义劳资关系的理论。该派十分关注劳资关系中双方的冲突以及对冲突过程的控制。他们认为，在经济中代表工人的劳动利益与代表企业所有者和管理者的资本利益是完全对立的。资本希望用尽可能少的成本获得尽可能多的收益，而工人由于机会有限，处于一种内在的劣势地位。因此，这种对立关系在劳资关系中比在其他地方都表现得更加明显。冲突不仅表现为双方在工作场所的工资收入、工作保障等具体问题的分歧，而且还扩展到"劳动"和"资本"之间的宏观经济中的冲突。该学派认为，和谐的劳资关系是不可能的。因为管理方精心设计安排工作岗位，达到降低成本和增加产出的目的。这种剥削方法使企业在产品、服务内容和技术水平一定的情况下，可以获得更多的利润。管理方通过监督和强迫相结合的办法控制工人的行为。该派认为，只要资本主义经济体系不发生变化，工会的作用就非常有限。尽管工会可能会使工人的待遇得到某些改善，但是这些改善是微不足道的。在中小企业，工会所争取到的让步会受到更多的竞争约束的限制。大企业虽然受到的约束限制较少，但是会采用关闭工厂、重新进行组织设计等措施来对付工会。在技术变革和国际竞争不断加剧的今天，工会显得越来越力不从心，因为国际竞争总是更多地依赖人均劳动成本的优势，而非人均劳动生产率的优势。因此，要使工会真正发挥作用，必须提高工人对自身劳动权和报酬索取权的认识，了解劳资关系对立的本质，进而开展广泛的与资本"斗争"的运动，向资本的主导权进行挑战。

三、本书研究的理论基础

建立在科学唯物史观和阶级分析方法论基础上的马克思主义的劳资关系理论深刻揭示出了资本主义社会劳资关系的根本对立的本质，为工人阶级反抗资产阶级的剥削和压迫提供理论指导。但正如前文所述，马克思主义的劳资关系理论强调劳资双方的直接对立与斗争。事实上，劳资双方是一对矛盾共同体，既是对立的，存在着利益冲突和矛盾，但又存在着共同利益。特别是在资本主义生产关系还能促进社会生产力大发展，还不能人为地提早消灭它时，劳资双方除了有利益冲突外，还存在着共同利益。这就必须在承认劳资矛盾存在的前提下，尽可能地确保劳资双方利益，积极实行劳资合作,并努力促使劳资之间形成一种健康、和谐的关系。

1840—1949年间的中国是一个半殖民地半封建的社会,相较于本国封建主义和外国资本—帝国主义而言,民族资本主义是一种比较进步的生产关系。在当时的中国,不是多了一个民族资本主义,而是多了一个本国封建主义和外国资本—帝国主义。拿民族资本主义的某种发展去代替外国资本—帝国主义和本国封建主义的压迫,不但是一个进步,而且是一个不可避免的过程。1931年"九·一八事变"之后,在日本帝国主义的疯狂侵略下,中国更有沦为日本独占殖民地的危险。在此特定条件下,劳资双方虽有各自不同的特殊利益,但又存在着高于它们各自不同利益之上的共同利益,即发展生产,打败日本帝国主义,共同建设新民主主义的政治、经济和文化。因此,劳资双方各自不同的利益必须服从于其共同利益。当然,劳资双方的利益是有冲突的现实并不会被其共同利益而抹杀和遮掩,必须适当地解决这些矛盾和冲突,使之不发展到超过共同利益之上。解决的最好方法就是在承认阶级矛盾和阶级斗争存在的前提下,实行互助互让的政策,调节彼此间的矛盾。具体来说,就是通过实行劳资两利政策来调节劳资矛盾。即一方面资本家要保障工人的基本权益,并适当地改善工人待遇,另一方面认可资方在生产经营中依据其生产资料所有权占有剩余价值的正当性,从而实现双方的最大利益。

对此,毛泽东在《矛盾论》等文中多次指出:劳资之间,从两阶级发生的时候起,就是互相矛盾的,存在着利益冲突,否认和抹杀这种矛盾和冲突是虚伪和错误的。然而,这种矛盾和冲突,"在整个新民主主义的阶段上,不会也不应该使之发展到超过共同要求之上。……可以获得调节。"[1] 也就是说,在新民主主义的国家制度下(在当前中国社会中也如此),劳资间的斗争是有限度

---

[1] 《毛泽东选集》第3卷,人民出版社1991年版,第1056页。

的，可以采取调节劳资间利害关系的政策。通过适当地调节，劳资双方应当而且可以进行合作。

中国共产党提倡劳资合作是对马克思主义劳资关系理论的创造性发展。"这一点（指提倡劳资合作——作者注）马克思从未说过的。列宁说过一次，但也是为了谴责这种行为。在一些较老的资本主义国家中，这样的合作对工人的利益是一种背叛，而在像中国这样的半殖民地国家，工人和本国的资本家在反对外国垄断资本方面却有着共同的利益"。① 因此，在劳资双方存在着共同利益的情况下，提倡劳资合作既不是对工人阶级利益的背叛（反而有利于工人阶级），也不是要排斥或否认劳资间的阶级斗争。"只是要求停止那些不利于劳资双方共同利益实现的阶级斗争，而保存那些有利于合作、有利于实现共同利益的有限度的斗争"。②

以毛泽东为代表的中国共产党人在中国革命和建设实践中，既继承了马克思主义的劳资关系理论（承认劳资间存在着矛盾和冲突），又不完全拘泥于经典理论，而是有所发展（劳资间的斗争是有限度的，提倡劳资合作）。

西方经济学的劳资关系理论虽然最终是为资产阶级稳固其政治统治而服务的，但其研究的有些方面是马克思主义的劳资关系理论所未曾关注或论述到的，撇开意识形态之争，应该说其中包含有合理内核，这些合理内核对于研究中国社会的劳资关系是有积极借鉴意义和参考价值的。这些合理内核主要有这样几个方面：强调确保雇主和雇工双方的利益；力图避免劳资冲突，积极促使劳资双方建立起和谐的关系；减少罢工或经常性的旷工以避免对生产造成影响和损失。劳资合作关系不仅仅是为了享受所得，也为了充分实现每

---

① 斯特朗：《斯特朗文集》（3），新华出版社 1988 年版，第 268 页。
② 王占阳：《毛泽东论新民主主义社会的阶级合作》，《理论探讨》2004 年第 6 期，第 16 页。

个劳动者的潜能,因此必须有参与公共决策的空间,建立企业民主;提供公共产品的部门应由国家来控制;通过劳资关系的改善,建立起符合社会共同需要的健康的社会秩序。有些研究者还指出,由于劳资关系是一种不均衡的关系,劳方相对于资方而言,总是处于弱势的不利地位,而政府和工会的强力介入以及集体谈判制度则有助于弥补这种不平衡,为工人提供足够的权力保护,使劳资双方大致处于平等地位。因此强调政府对劳资关系进行干预,肯定工会和集体谈判对调节劳资关系的积极作用。

因此,本书研究的理论基础是以马克思主义的劳资关系理论为指导,但又不完全拘泥于此,运用其发展了的劳资关系理论,同时吸收和借鉴西方经济学的劳资关系理论中的上述合理内核,对新民主主义经济中的劳资关系状况、中国共产党和民主政府处理和调整劳资关系的政策演变与实践等方面进行研究,以期能总结出规律性的结论。

第三节 研究路径与结构安排

本书以马克思主义理论为指导,在整理分析档案资料与借鉴前人研究成果的基础上,综合运用劳动经济学、历史学、政治学等多学科的知识与研究方法,尝试对中国新民主主义制度下的劳资关系问题进行专题研究,试图探究在新民主主义经济产生、发展、壮大、全面胜利及终结的各个历史阶段,中国共产党和人民政府是如何处理劳资关系问题的,劳资政策是在怎样的历史背景之下发生转变的,政策实施效果如何,有哪些成功的经验和存在的错误偏差,这些错误偏差又是怎样得到纠正和调整的,从而总结出规律性结论,为现阶段构建和谐的劳资关系提供历史的借鉴。

具体来说，本书注重经济学尤其是劳动经济学的基本理论与历史学研究方法。在运用劳动经济学理论方面，以马克思主义的劳动经济学为指导，并尝试借鉴西方经济学中的合理内核对新民主主义经济下的劳资关系问题进行研究。在运用历史学研究方法方面，按照历史发展逻辑分析中国新民主主义制度下的劳资政策演变的历史轨迹，并运用档案史学方法挖掘劳资纠纷具体案例的史料。为了能更深入地研究劳资关系问题，本书还采用了比较研究方法和个案与整体分析相结合的研究方法。采用比较研究方法是本书的创新之处之一，本书主要是进行纵向比较（不同历史阶段的劳资政策与劳资关系状况的比较），在比较分析的基础上借鉴成功经验、吸取失败教训，从而为更圆满地解决现阶段的劳资矛盾提供一种可行的思路。采取个案与整体分析相结合，就是在进行整体分析的同时，以具体个案佐证和支持材料，以更好地说明论述主题，力图做到史论结合，论从史出。

本书的资料搜集大致来源于三个方面：一是前人关于劳资关系问题已有的研究成果。二是来源于现有的公开出版的有关劳资关系问题的文献资料，如《中共中央文件选集》系列，《建国以来文献选编》系列，毛泽东、刘少奇等中共领袖人物的选集、经济年谱等。三是来源于报刊和档案资料，也就是没经过整理甚至从未公开过的资料。

本书在档案资料分析和前人研究成果的基础上，尝试对新民主主义制度下的的劳资政策与劳资关系问题进行跨学科的专题研究，既拓展了经济史、中共党史等相关学科的研究范围，又可促进多学科的交叉研究领域的发展。与此同时，通过对相关资料的爬梳与整理分析，为我们现阶段缓解紧张的劳资关系提供有益的鉴戒。

由于"1949年中华人民共和国成立之前，新民主主义经济只局限在中国的局部或大部地区"，[①] 因此，1949年中华人民共和国

---

① 李占才、张黎：《中国新民主主义经济史》，安徽教育出版社1990年版，（引言部分）第3页。

成立之前劳资关系研究的地域范围和对象，主要是在中国共产党所开辟的农村革命根据地内的私营工商业中的劳资关系。在研究时限上起于1927年7月，止于1949年9月，并综合考虑到新民主主义经济史和新民主主义革命史的习惯分期，把这一段时期大致划分为三个阶段，分别为土地革命时期（1927年7月—1937年7月，新民主主义经济萌芽时期）、抗日战争时期（1937年7月—1945年9月，新民主主义经济的发展时期）和解放战争时期（1945年9月—1949年9月，新民主主义经济的壮大时期）。其中土地革命时期，按照革命发展的阶段性，又将其划分为三个小阶段：革命根据地初创时期（1927年7月—1931年11月）、土地革命后期（1931年11月—1934年10月）、长征和策略路线转变时期（1934年10月—1937年7月）。

1949年前后至1952年底，新民主主义经济在全国范围内得到确立并获得了长足发展。在这一时期，由于"五反"运动是劳资关系变化的一个大的转折点。因此，以"五反"运动为分界点，分为两章来分别阐述建国初期（1949年前后至"五反"运动之前）和"五反"运动中及之后的劳资关系状况及其变化。

1953年初至1956年底，是新民主主义经济的终结和社会主义改造时期。在这一时期，经过"五反"运动及其之后对劳资关系的调整，私营企业中紧张的劳资关系虽然得到一定程度的改善，但已无法再重新回到新民主主义劳资关系的正常轨道。随着国家对资本主义工商业社会主义改造的进行，新民主主义经济走向终结，资本主义工商企业中的劳资关系也逐渐转变为社会主义性质的劳动关系。

有鉴于此，本书的正文结构安排为五章和一个结束语。各章的主要内容如下：

第一章"导论"。此章根据现有的资料文献，界定了本书的研究对象"劳资关系"的含义。确定了本书研究的上下限。对已有的相关文献资料进行了简要述评与梳理。简要说明了本书的研究方法和资料搜集的来源及基本情况。阐述了本书在理论上的创新与实际应用价值。最后，就本书的篇章结构的安排作一说明。

第二章资料"民主革命时期新民主主义政权下的劳资政策与劳资关系"。此章在搜集现有资料（主要是《解放日报》）、中国共产党的文献资料（主要是《中共中央文件选集》系列）以及中共领袖的选集（主要是《毛泽东选集》1—4卷）等资料的基础上，分阶段地阐述了中国共产党和根据地政府在革命战争时期处理劳资关系问题的政策演变与实践探索。

在创建革命根据地初期，中国共产党在处理根据地劳资关系方面虽然缺乏经验，但一些根据地领导人能从革命斗争和根据地经济发展的实际需要出发，在总结实际斗争经验的基础上制订了比较切合实际的劳资政策。但这几个劳动法执行范围不大、时间不长，就受到李立三"左"倾路线的干扰，尤其是王明"左"倾路线的破坏。李立三、王明在苏区推行过了"左"的劳资政策，结果造成苏区经济萎缩，劳资严重对立，并进而影响到了苏维埃政权的稳固。

在土地革命后期，在团结全民族抗战的历史背景之下，中国共产党及时转变了策略路线。因此，在新民主主义经济发展、壮大时期，中国共产党和根据地政府在经济政策上改变了私营工商业政策，争取和团结民族资产阶级，倡导劳资合作，并实行了劳资两利的政策，从而建立起了与国统区完全不同的新的劳资关系。

从总体上来看，在新民主主义革命战争时期，中国共产党和根据地政府为达到发展生产，争取民族独立和夺取全国政权，共同建设新民主主义的政治、经济和文化的目的，倡导劳资合作，实行劳资两利政策，从而较为成功地处理了根据地的劳资关系问题。

第三章"建国初期新民主主义新型劳资关系的建立"。此章在搜集现有的报刊资料如《工人日报》、建国以来文献资料选编以及中华人民共和国经济档案资料选编等资料的基础上,阐述了建国初期中国共产党和人民政府对劳资关系的调整政策与实践。新民主主义革命取得胜利后,在新民主主义的社会中,中国共产党和人民政府的目标是初步建立起"民主的、平等的、两利的、契约的、新民主主义的"新型劳资关系,彻底改变旧有的劳资关系状况。人民政府根据中国共产党提出的"四面八方"的新民主主义经济建设方针,经过对劳资关系的几次调整,初步建立起了这种新型的劳资关系。

第四章"'五反'运动中及之后的劳资关系发生转折"。此章在搜集现有的报刊资料如《工人日报》、建国以来文献资料选编、中华人民共和国经济档案资料选编以及档案资料的基础上,阐述了"五反"运动中及之后的劳资关系变化。"五反"运动是劳资关系变化的一个大的转折点。"五反"运动期间及其之后一段时间里,劳资关系极度紧张和不正常。运动结束后,中共中央即要求各地党委及工会组织迅速进行调整,要在新的条件下,经过劳资协商,签订劳资合同,建立起相对安定的正确的劳资关系,以利于生产和经营的发展。经过政府调整,私营工商业的生产经营情况从1952年下半年开始好转,部分私营企业中紧张的劳资关系因经营情况的好转而开始得到改善。但主要是一些较大的企业,而且为数不多。"五反"之后,劳资关系进一步恶化,动荡不定。紧接而来在私营企业中进行的民主改革以及大规模的增产节约运动,进一步改变了私营企业中的劳资关系。实际上,"五反"以后,资本家除了接受社会主义改造外,别无他途。

第五章"新民主主义劳资关系的彻底终结——社会主义改造时期的劳资关系"。此章主要是利用档案资料,尤其以上海市档案馆的相关资料为主,阐述了社会主义改造时期不同阶段的劳资关系状况与变化。经过"五反"运动及其之后对劳资关系的调整,私营企业中紧张的劳资关系虽然得到一定程度的改善,但已无法再重新回到新民主主义劳资关系的正常轨道。随着资本主义工商业社会主义改造的进行，私营企业中的工人群众迫切要求企业实行公私合营，改变自己的身份；私营企业主则因陷入经营困境，为求解脱，也不得不在形势逼迫之下接受合营改造。但经过国家资本主义对私营工商业实行社会主义改造是一场深刻的社会主义革命，必将在私营工商业者中引起很大的震动。因此，能否处理好此阶段的劳资关系，直接关系到社会主义改造能否顺利进行、社会生产能否维持正常发展以及社会秩序的稳定。为此，中国共产党和人民政府对劳资关系的调整是尽量维持私营企业中正常的劳资关系状况，避免劳资矛盾激化，并通过一系列由低级到高级的国家资本主义形式实现了对私营企业和资本家的双重改造，最终使私营企业中的劳资关系发生了根本变化。在全行业公私合营后，企业内部的劳资争议基本消失，而代之以新的公私共事关系。

最后是结束语。在结束语中，初步总结了中国共产党和人民政府在处理新民主主义制度下的劳资关系方面积累的经验教训，主要为七点：一是中国共产党和民主政府在调处新民主主义劳资关系中居于主导地位；二是一切从生产出发是新民主主义劳资政策的根本着眼点；三是"劳资两利"是新民主主义劳资政策的基本原则；四是新民主主义制度下的民主政府提倡劳资合作；五是处理劳资争议有待于法制化和规范化；六是慎用群众运动的方式调处劳资矛盾；七是要依据市场经济原则来协调劳资关系。

从资本主义生产关系产生之日起，劳资矛盾和劳资斗争始终贯穿于西方资本主义国家发展的各个历史阶段。通过长达几个世纪的博弈和适时调整，西方国家劳资关系的运行机制和基本格局基本适应了以商品经济为主要内容的现代生产力社会化、市场化、民主化发展的要求，而且逐步形成了一整套比较完善的制度和比较规范的体系，从而使这些国家的劳资关系从利益冲突型转变为利益协调型，为社会的经济发展进步和国家政局的和谐稳定创造了良好的条件。特别是其健全完善的劳动法律体系、成熟完善的劳资关系协调机制、独立又强大的工会组织以及追求公平的利益平衡系统使西方资本主义国家能随时而有效地处理劳资纠纷，平衡劳资双方利益。这些对于解决我国当前阶段劳资关系中存在的问题，具有重要的参考价值和借鉴意义。

通过历史分析和比较研究，对于处理当前中国劳资关系问题可以提供如下七点启示：一是和谐的劳资关系是社会和谐、经济发展的基石；二是坚持按照"劳资两利"原则来协调劳资关系；三是政府应在劳资关系的协调中发挥主导作用；四是应充分发挥工会在协调劳资关系中的主体作用；五是健全和完善既适应市场经济体制又符合中国国情的劳资关系协调机制；六是健全和完善劳动法律体系，加强劳动执法力度和监察力度；七是注重运用中国传统文化调节劳资关系。

第二章

民主革命时期新民主主义政权下的劳资政策与劳资关系

在新民主主义政权下,革命根据地内的国民经济是多种经济成分并存,"由国营事业、合作社事业和私人事业这三方面组成的"。① 其中,国营事业只限于可能的和必要的一部分;合作社事业处于极速地发展过程中;私人经济则是占着绝对的优势,并且在相当长的时间内也必然还是优势。由于私人经济的发展,是国家利益和人民利益所需要的,因此,"对于私人经济,只要不出于政府法律范围之外,不但不加阻止,而且加以提倡和奖励"。② 当然,在私营工商业中,工人阶级的利益同资产阶级的利益是有冲突的。"但是民族资产阶级如果参加反对帝国主义的统一战线,那末,工人阶级和民族资产阶级就有了共同的利害关系"。③

在劳资双方有着共同利害关系的情况下,劳资间的各自不同利益必须服从于其共同利益,理应为了共同利益而实行劳资合作。因此,新民主主义的人民共和国的劳动法既保护工人阶级的利益,也并不反对民族资本家发财,不反对民族资本主义的发展。为此,根据地民主政府提倡劳资合作,实行劳资两利的政策。即一方面资本家要保障工人的基本权益,并适当地改善工人待遇,以调动工人的

---

① 《毛泽东选集》第 1 卷,人民出版社 1991 年版,第 133 页。
② 《毛泽东选集》第 1 卷,人民出版社 1991 年版,第 133 页。
③ 《毛泽东选集》第 1 卷,人民出版社 1991 年版,第 159 页。

生产积极性；另一方面也认可资方在生产经营中依据其生产资料所有权占有剩余价值的正当性，从而实现双方的最大利益。

第一节 新民主主义经济萌芽时期 处理劳资关系的初步探索

1927年大革命失败以后，残酷的斗争现实迫使中国共产党从实践上走上了创建农村革命根据地、武装夺取政权的革命道路。随着工农革命政权的建立，在革命根据地内出现了崭新的生产关系。中国共产党的劳动政策就是通过调整劳动关系来维护新型的生产关系，维护劳动者的基本利益，从而使中国共产党所领导的新民主主义革命得到广大工农劳动群众的支持。但却先后遭到李立三、王明"左"倾错误路线的干扰和破坏。在整个土地革命时期，中国共产党在处理根据地的劳资关系方面采取了过"左"的政策，致使革命根据地内的劳资关系严重对立，根据地的私营工商业几乎被破坏殆尽。虽然随后中国共产党和苏维埃政府采取了一些措施进行纠"左"，但由于"左"的指导思想未能得到彻底纠正，加之第五次反"围剿"失败，根据地丧失，这些措施大多未能在实践中贯彻落实。

一、革命根据地初创时期的探索

在创建革命根据地初期，中国共产党在处理根据地劳资关系方面虽然缺乏经验，但一些根据地领导人能从革命斗争和根据地经济发展的实际需要出发，在总结实际斗争经验的基础上制订了比较切合实际的劳资政策，这主要反映在1929年至1930年间闽西共产党和苏区政府制定的几个劳动法中。

（一）早期劳动法的基本内容

赣南闽西根据地开辟初期，根据地政府前后共制订了三个劳动法。1929年10月，中共上杭县委执行委员会通过了上杭县第一次工农兵代表会议的提案，其中有《劳动问题》的劳动法案，总计九条，这是最早的一个劳动法。该劳动法规定：第一，工人应增加工资在工会通过，得县政府批准执行；第二，店东不得无故辞退工人否则除将全年薪金发给外另以路途远近酌发川资；第三，取消工人过用店东之款；第四，老板不得打骂工人；第五，失业之工人由政府设法救济；第六，工人有集会、结社、言论、出版、罢工的绝对自由权，如有破坏工人组织或禁止罢工者杀；第七，学徒期限最多二年，在徒期间应有相当工资，学徒不为老板司皂（即师傅——作者注）私人做事；第八，女工与男工工作平等者，工资亦一律平等；第九，工人学徒牧童有病时，由东家发给医药费。

1930年2月，福建永定县第二次工农兵代表大会通过了一个《保护劳动法》。这个劳动法与上杭县的劳动法相比，在文字上有所修改，在内容上有所充实。一些文字上的修改反映了政策水平的提高。例如上杭县劳动法在提出工人的政治权利时规定，如有破坏工人组织或禁止罢工者杀；永定县劳动法则改为，如有破坏工会或禁止罢工者严办。上杭县劳动法笼统地提出工人应增加工资，永定县劳动法则改为各业工会得依照物价比例及劳动情况，提出加薪、减时、改良待遇，但须由县政府、总工会批准。有些条文不仅限于文字的修改，在要求上也有所提高。例如上杭县劳动法只提出工人学徒牧童有病时由东家发给医药费，永定县劳动法则在医药费之外增加了照发工资的要求。同工同酬的原则由男工女工扩大到青工。在内容上增加了四条，有两条是为对付老板停工歇业而制订的，规定老板不得无故歇业，致工人失业，如有藉故无故歇业者，须将存货盘算，归工人经营分期算还资本，不得取利；老板如因亏本倒闭者，须经工会审查。另外两则提高了对老板师父的要求。如老板师父须给相当时间给工人学徒读书；工人开会及例假，纪念的休业期间，老板须照发工资。

1930年3月，闽西第一次工农兵代表大会宣言及决议案中又规定了新的劳动法。这个新劳动法比上杭、永定两县劳动法更加完备，共有九章。新劳动法第一章为总纲，以下各章按工厂工人、商店工人、工场作坊工人、自由手工业工人、运输工人、女工、青工和失业工人救济等作了较为具体的规定。

在总纲中，增加了"取消工头制度，不准工头剋扣工人工资"和"工人有监督资本之权"两项内容。

对不同类型工人作的不同规定中，与以前的劳动法相比较，首先是在调处劳资问题方面增加了工会的权力。如工厂工人条例中规定工人工资按照生活程度增加，多少由工会自定；工资要按期发给，期限由工会自定；厂主不得无故开除工人，开除工人要经工会同意；工人疾病死伤，其医药费、抚恤费由厂主供给，多少由工会决定。这样做既树立了工会的权威，又防止了工人和老板厂主之间的扯皮。

其次，针对不同类型工人的特点提出了不同的要求。如规定工厂工人每日工作不得超过八小时，但对商店工人、工场作坊工人和运输工人就没有此项规定，这就使这些类型的工人可以按照实际情况作合理的规定。又如规定工场工人要有一定的牙制（可能为牙祭即改善伙食，——作者注），也是从工场作坊的实际情形出发的，因为工场作坊的工人一般是由老板管饭的。

从总体上看，上述三个劳动法的内容对厂主、师父和老板的经济要求有逐渐提高的趋势，但还比较切合实际。这些法令条文的规定表明工农民主政府是真正代表工人阶级利益的，不仅为工人阶级的根本利益而斗争，也为改善工人阶级当前的生活水平、工作条件和福利待遇而斗争。

（二）具体实施情况

由于中国共产党人缺乏实际处理劳资关系问题的实践经验，在政策的制订上难免存在着许多不完善的地方,在实际执行政策的过程中出现了一些问题。

首先是在处理工农关系方面发生了问题。这主要是由于在提高工人工资上没有适当地控制幅度,而私营工商业者则把工资上涨转嫁到了物价上,造成工业品涨价,农产品跌价,从而影响到了工农关系。根据当时赣西南根据地搜集到的资料,"凡属农村暴动胜利,建立了政权的地方,谷价、油价以及一切农产物都大大减价,商业品则渐次提高起来,甚至比以前涨了一倍,农产品则低了一倍。"① 具体情况见表2-1。② 工农业产品剪刀差价问题给苏区工作带来很大困难。首先,工农业产品的不等价交换使农民很吃亏,进而影响了农民的生产积极性。如表2-1所示,赣西南根据地在革命前一斤盐为500文,一担谷15000文,而在革命后(1930年),一担谷和一斤盐的价格已相差不大(实际价格都是边洋6角,此表中的价格是折算之后的数字,按6串(贯)合1元计算,可能存在一定的误差),致使"常发生农民有田不愿耕种的现象"。③ 又如闽西根据地的龙岩地区,该地区农村劳动力不足,每到了收获季节需雇人来帮助割禾,但由于农业工人工资规定过高(农民请一个工人割禾,每个工收割湿谷2石,可做米1石,但每个工人的工资加上饭食则要付出米5斗6升),超出农民承受能力。结果,有个别地区竟然出现农民情愿把田禾抛弃不收的现象。

其次,农民手里没有多少余款,购买力低下,不仅造成市场冷落、土产滞销,而且还影响到工业和手工业的发展,工人和手工业

---

① 《赣西南特委刘士奇给中央的报告》,1930年10月。转引自革命根据地财政经济史编写组:《革命根据地财政经济史长编:土地革命时期》(上),(送审稿),1978年,第640页。

② 此表转引自赵效民主编:《中国革命根据地经济史(1927—1937)》,广东人民出版社1983年,第193页。

③ 《赣西南特委报告》(1930年10月25日),转引自赵效民主编:《中国革命根据地经济史(1927—1937)》,广东人民出版社1983年,第195页。

工人失业日益增多。

表 2-1　　　　赣西南根据地革命前后物价对比表

物品		单位	价格（文）		物价指数	
			革命前（1928—1929年）	革命后（1930年）	革命前	革命后
工业品	盐	每斤	500	1200	100	240
	洋油	每瓶	12000	30000—36000	100	250—300
	竹布	每尺	1200	2400	100	200
	洋火	每盒	10	20	100	200
农产品	谷	每担	15000	1800	100	12
	米	每担	30000	9000—12000	100	30—40
	茶油	每斤	800—1000	500	100	62.5—50
	猪肉	每斤	3600	360—400	100	10—11.1
	木	一两码	14500	10000	100	69
	纸	每刀	6000	相差不远	100	100

造成工农业产品剪刀差价的原因是多方面的，如由于国民党对苏区实行军事上的"围剿"和经济上的封锁政策，致使根据地出产的农产品（主要是粮食）运不出去，而靠外边供应的工业品又运不进来。农民为了获得急需的日用工业消费品，只好贱卖粮食。一些不法商人则趁机进行投机活动，不仅压低粮食和其他农产品的价格，而且抬高工业品的销售价格。历史原因也是导致工农业产品剪刀差价的因素之一。在旧中国，由于外国资本帝国主义和官僚买办资产阶级对广大农民群众的剥削和掠夺，造成"工业品特贵，农产品特贱"的工农业产品不等价交换的现象。除了这些原因之

外,"工人工资提高,商人便在物价中取偿"① 也是原因之一。

为此,闽西特委在《关于剪刀问题》的通告中提出了两个措施来缩小工农业产品剪刀差价的问题。措施之一就是控制提高农村工人工资的幅度,"农村工人工资不可提得太高,有的可以不提,但不可跌价(收获工价原有涨跌者例外)此点应向工农解释,使工人明了米价跌落已使工资提高……更使农民明白工农彼此帮助,工价不可跌落之意义。"② 措施之二就是控制城市工人提高工资的幅度。"城内及市场工人工资(如店员等)也不可提得太高,致物价飞腾,间接剥削农民,同时规定加薪须得政府同意。"③ 通告还要求积极教育工人,要使工人明白工农业产品剪刀差价会造成农民怠工、农业衰落,更会使商场冷落、工人失业的严重后果,还要使工人明白目前工价不能过于提高,工人只有努力从革命实际中去领导农民斗争,取得农民对工人阶级领导的信任,才能保障工农团结和巩固。

另一个比较突出的问题就是手工业领域的师徒关系问题。在革命前,据赣西1929年9月调查:学徒是没有工钱的,还要帮助师父做一切什务,而且每年的节气还要送节礼;间或也有60文1天至80文1天的,其余的工钱完全被师父剥削去了;即便出了师也还要帮工,每天只得全工钱的一半或全工资的2/3。为了保护学徒的利益,根据地初期颁布的劳动法都规定了限制师父过度侵占学徒

---

① 闽西特委通告:《关于剪刀问题》,1929年9月30日。转引自革命根据地财政经济史编写组:《革命根据地财政经济史长编:土地革命时期》(上),(送审稿),1978年,第639页。

② 闽西特委通告:《关于剪刀问题》,1929年9月30日。转引自革命根据地财政经济史编写组:《革命根据地财政经济史长编:土地革命时期》(上),(送审稿),1978年,第639页。

③ 闽西特委通告:《关于剪刀问题》,1929年9月30日。转引自革命根据地财政经济史编写组:《革命根据地财政经济史长编:土地革命时期》(上),(送审稿),1978年,第639页。

利益的条文。但是在实际执行中却产生了过火的偏向，从而打击了师父带徒弟的积极性。如 1930 年 7 月，在《赣西南（给中央的综合性）报告》中就指出：学徒的生活在革命后得到了改良，过去学徒不得工资，学徒的工资都被师父扣去了，还要替师父做家常事情。现在学徒也得工资，不过在学徒所得的工资中，以一部分给师父，但年年跌减，并且不为师父做家常事情。因此，师父不愿带徒弟了，即便带徒弟也不尽心教育徒弟。

上述问题在 1929 年下半年至 1930 年初，在执行劳动法的过程中就已经暴露出来了，也开始着手纠正已注意到的这些问题。但由于当时还缺乏经验，未能得到较为合理地解决。

二、立三路线对劳资政策的干扰

1930 年 6 月，立三路线在中共中央取得了统治地位。李立三主张实行过"左"的劳动政策，贯彻实行一些不适时宜的过"左"政策。如 1930 年 5 月，他在上海主持制定了一个《劳动暂行法》，从 6 月后即由他的代表贯彻到根据地。同年 9 月，又对闽西"三月劳动法"（1930 年 3 月制定）进行修改，颁布了《修正劳动法令》（又称"九月劳动法"）。在这两个劳动法中，不仅未能解决初期劳动法执行过程中的已认识到的一些劳资问题，反而还提出了脱离实际的过高要求，实行名为监督资本实为剥夺资本家实权的过"左"政策。

拿"三月劳动法"和"九月劳动法"进行比较，就可以看出劳资政策的过左倾向。如"三月劳动法"在工厂工人条文中没有规定"工厂须津贴工人午膳"，"九月劳动法"则增补了这一条。对于工场作坊工人，"九月劳动法"提出了更高的要求。"三月劳动法"规定"工人因病回家要给以川资"，"九月劳动法"加上要给"医药费，并不得赶扣工资"；"三月劳动法"规定"东家因亏本倒闭，须照发两个月工资"，"九月劳动法"则要求发"3 个月工资";"三月劳动法"规定"东家无故停工半年以上者,其工具由工人没收使用","九月劳动法"则把停工半年以上的时间限制取消了,即只要东家无故停工,工人就可以没收其工具。此外,"九月劳动法"还增加了两条规定:"刨烟、理发、做纸工人,不是在东家处吃饭者,并由东家贴午饭一餐";"工人被盖均由东家供给"。对于女工,"九月劳动法"也增加了两条,"女工在月经期内,5天不做工工资照给";"女工带有小孩者,其小孩由东家娘负责照顾"。对于青工,"九月劳动法"要求"学徒、牧童东家每年至少要有两套衣服发给";"14岁至16岁的青工工作不得超过6小时"。

"九月劳动法"最突出的特点就是把工人监督专门列了一章,规定了4条:工人有监督资本之权,店东不得乱用或移挪资本;工人促店东办货,禁止商人怠工;工人监督生产;工人监督店东司阜(即师傅)不得乱造谣言及阴谋破坏革命。这里所说的监督资本和监督生产,其具体内容为8条措施:不许老板滥支资本,老板要支钱须经过工友同意;反对老板家属带店,不劳动老板开除出店;限制老板工资,按月支取;如老板顽固舞弊者,可以把他扣留起来;工友有妥协者亦将同业换店;工友如有侵吞资本者,亦扣留起来;财政账目应经工友管理;反对老板怠工,故意不办货者,亦经苏维埃批准,没收归工友采办。这就是说监督资本和监督生产完全成为工人管理资本和管理生产,这种做法则使得私人资本难以存在和维持下去。

执行这种过"左"劳动法的结果,老板负担不了,只有停业或抽款逃跑。如据工人在座谈会上反映:苏维埃政权对资本家很严格,要他们保证工人的一切权利,规定童工4小时,少年工6小时,大队赤卫员8小时,每年还要发给工人两件衣服、一顶斗笠、一把手电、一支红缨枪、一把马刀和红领带、无沿五角帽等,月工资童工给6块大洋,后来由于国民党的经济封锁,棉纱运不进来,加上工人忙于搞宣传、扩大红军、做草鞋、站岗放哨、慰问红属占去了不少时间，做工时间并不多，结果资本家赚不了钱，就抽款逃跑了。① 另据老工人回忆：当时规定工作 8 小时，青工 6 小时（不要给老板带小孩、烧火做饭、挑水等），初次超过规定时间，按工资比率来增加工资，几次超过，还要抓老板公审，由工人检察员去检查，工会要工人学习、开会，工资照付，结果老板负担不起，只有停业。②

三、土地革命后期过"左"劳动法的制订与实施

（一）在苏区推行过"左"的劳资政策

立三路线在中共中央的统治时间不长，1930 年 9 月 24 日至 28 日在上海召开扩大的中共中央三中全会，会议纠正了以李立三为代表的"左"倾错误。会议结束后，1930 年 11 月，中共中央即派人到福建纠正立三路线，其他革命根据地随后也开始纠正过"左"的劳动政策。但是时隔不久，1931 年 1 月 7 日，中共六届四中全会召开，开始了以王明为代表的"左"倾教条主义在中共中央领导机关内长达 4 年的统治。而王明一派人认为立三路线的错误不是"左"倾，而是右倾。因此，他们不但没有批判李立三的"左"倾错误，反而批评了立三路线的所谓"右倾"。结果不仅不能克服立三路线的过"左"思想和过"左"的劳动政策，反而在新的形态下继续恢复和发展了立三路线的过"左"思想和过"左"的劳动政策。这集中体现在 1931 年 11 月由中央工农民主政府颁布的《中华苏维埃共和国劳动法》（简称为《"一苏大"劳动法》）中。主要表现在如下几个方面：

---

① 转引自革命根据地财政经济史编写组：《革命根据地财政经济史长编：土地革命时期》（上），（送审稿），1978 年，第 654 页。

② 转引自革命根据地财政经济史编写组：《革命根据地财政经济史长编：土地革命时期》（上），（送审稿），1978 年，第 654 页。

1. 劳资双方的政治地位不平等。"在苏维埃政权之下,一切资本家,地主及剥削者皆无选举权与被选举权"。① 1931年11月中华苏维埃第一次全国代表大会通过的《宪法大纲》也规定,只有军阀、官僚、地主、豪绅、资本家、富农、僧侣及一切剥削人的人和反革命分子是没有选派代表参加政权和政治上自由的权利的。资本家作为剥削者而被排除在苏维埃共和国公民之外,不享有选举权和被选举权,更不可能有参与决定国家和地方的政治事务的权力。而工人阶级在苏维埃内掌握政权,有权讨论和决定一切国家的和地方的政治事务。这样一种不平等的关系,造成在处理劳资关系方面片面从工人阶级利益出发,丝毫不考虑资本家能否承受,能否赚钱赢利。如在劳动合同期满以前,不与雇主商量,工会有单方面取消劳动合同的权利,强迫雇主雇佣工人,不经工会审查和允许,不许私人老板随意开除工人和关门倒闭,依法关门倒闭者,要给工人发3个月工资等等。

2. 过高的劳动条件和工资福利待遇。不顾资方或雇主的生产经营具体情况,片面强调改善工人阶级的生活状况,要求过高的劳动条件和工资福利待遇。如在工作时间上不问企业的工作关系,机械地规定成年工人每天不得超过8小时,青工不得超过6小时,童工不得超过4小时。休息时间过多,规定工人每周经常须有继续不断的42小时的连续休息;在任何企业内的工人继续工作到6个月以上者至少须有2个星期的例假;在危害工人身体健康工业中工作的工人,每年至少须有4个星期的例假;休假期间工资照发。另外,按照《"一苏大"劳动法》的规定,还有名目繁多的节假日。如1月1日的新年、1月21日的列宁逝世纪念日、2月7日的军阀屠杀京汉铁路工人纪念日、3月18日的巴黎公社纪念日、5月1日

---

① 中央档案馆编:《中共中央文件选集》第7册,中共中央党校出版社1983年版,第30页。

的国际劳动纪念日、5月30日的五卅惨案反帝纪念日、11月7日的苏联无产阶级革命纪念日和中华苏维埃共和国成立纪念日和12月11日的广州暴动纪念日,在这些纪念日和节日,须一律停止工作,而且规定在休息日和纪念日前一天工作时间至多不超过6小时。如果经由劳动监察机关的许可,工人在休息日或纪念日做工作,应发双薪。

王明等人认为苏维埃政府下工农利益的取得,在农民是得着了土地,工人就是劳动保护法,其中工资的规定是最主要的。因此,在工资待遇的规定上提出许多脱离当时客观实际情况的要求。如规定任何工人的工资不得少于由劳动部所规定的真实的最低工资额,各种工业部门的最低工资额,至少每3个月由劳动部审查一次。最低工资额是根据社会生活情形和工人家庭必须费用作标准,由政府随时颁布,社会生活增高,最低工资也随着增高。

在劳动保护和工人福利方面,脱离实际,片面提出过高要求。如规定无论何种企业,必须发给工人为工作的专门衣服;严格禁止克扣工资,工人参加政治活动期间,无论时间之久暂,都不得克扣工资,工人参加红军而失去工作的,须先发给他3个月平均工资;由雇主除应付工资之外,还要支付全部工资额的10%—15%的数目,以作为社会保险的基金;免费给工人及其家庭建寄宿舍,未建的,每月由工厂津贴相当的房金;工人及其家属享受免费的医药帮助等。

根据《"一苏大"劳动法》的精神,各根据地都通过了相类似的劳动法令决议案。如1932年江西省工农第一次代表大会通过了《实行劳动法令的决议案》,决议案规定:钨矿、煤矿、石灰窑等类工人的工作时间,不得超过7小时;手工业工人、矿工等除星期日的休息外,星期六只做半日工作;目前无论男女工人最低真实工资为大洋7元,零工和雇农短工、苦力、独立劳动者每日工资最低为大洋1毫半,伙食由雇主供给;女工产前产后8星期休息,除工资照给外,对于抚养婴儿的补助金应由雇主给以恰当的津贴;对于刨烟工人、矿工、窑工、纸工、铁工、铸铜工、机器工等每年由雇主做工衣两套给工人穿,工作工具完全要资本家供给;苦力工人可负重量,长途不得超过60斤,在30里之内不得超过70斤,如超过重量者,除原有工资外,应另加工资;对于失业工人应开始责令资本家每月照劳动法规定出纳失业保险金,暂委托职工会管理以保障工人将来失业之救济。有的地方还规定:伙食的质量,零工每天至少吃3顿,至少有一顿荤菜,食米或面。长工每月最少3次以上肉食,每次不得少过6两肉。在栽禾与割禾及摘果子时,每日应吃饭3顿和2次点心;雇工如担任妨碍身体健康的工作(如挑大粪、出牛粪等),雇主应供给特殊的食品(鸡蛋、猪肉等);农业工人与牧童在工作中所需用的衣服用具(如蓑衣、斗笠、湿鞋、雨伞、草帽等),由雇主供给;如果向例由雇主发给工人平常的衣服及脸巾、鞋袜、剃头钱、黄烟钱等,仍然向例发给,数量在合同上规定;工人的衣服被帐,应由雇主设法洗洁及补整。

当资本家达不到上述过高要求时,工人阶级就进行罢工斗争,甚至组织总同盟罢工。如瑞金县木船工人因要求改变以前工资计算方法,增加工资,改良待遇,与老板作斗争。工人在提出条件后,资本家坚不接受,工人即宣布实行罢工。

3. 严格限制资本家的剥削,仅依靠武力与行政的手段来处理劳资间的斗争。在企图过早地在中国消灭资本主义的"左"倾思想指导下,中华苏维埃第一次全国代表大会通过的《宪法大纲》指出,工农专政的目的就是"有系统地制止资本主义的发展"。[①]为使"劳苦群众脱离资本主义的剥削",严格限制资本家对于工人的剥削,苏维埃政权"限制资本主义的发展",如在税收方面对工商企业主征收较重的税,甚至提出对其征税"要特别重些"。对资

---

① 中共中央书记处编:《六大以来》(上),人民出版社1981年版,第170页。

本家的企业及手工业由工人监督生产委员会及工厂委员会实行监督生产。名义上是监督资本家生产，实际上剥夺了资本家的经营管理实权。对中外一切资本家的怠工和破坏的阴谋实行严厉镇压，对资本家"怠工破坏苏维埃法律或参加反革命的活动，故意破坏或停止生产，则必须立刻没收他的企业，按照具体条件交给工人劳动合作社或苏维埃政府管理"。① "任何违反苏维埃政府法令的资本家，立刻要受到严厉的处罚，一直到没收他们的财产"。② 甚至使用强迫命令，逮捕，禁闭，枪决等武力的流血的斗争方式来严厉处罚不遵守苏维埃法令的资本家。而对于"违反苏维埃政府法令的资本家"界定不甚明确，在斗争中容易扩大打击面。如把不能满足工人阶级提出的过高经济要求的资本家都算做是违法的资本家，甚至认为"无商不奸"，对苏区内所有商人资本家进行严厉斗争，随意没收商店、焚烧账簿，禁止白区商人到根据地做生意等。

（二）实行过"左"劳资政策的严重后果

强行在实践中机械执行过"左"的劳资政策，脱离了根据地的实际经济情况，超过了私人工商业的经济负担能力，其结果是必然打击和破坏了私人工商业，资本家无利可图，无法维持，或抽款逃跑，或关门倒闭，从而造成苏区经济的萎缩和衰落，也造成工人失业，劳资关系紧张。如宁都夏布厂就是一例。1931年这个生产夏布的工厂有50部机子，七八十个工人，专门生产夏布。这个厂到1932年生产下降，规模缩小，原因是夏布销不出去，当时工农兵政府对资本家的政策是：准其生产，但要增加工人工资，不准随便解雇工人（雇不雇工资照发），保险局还要资方给工人增加20%的工资。生产缩减了，但还要增加工资，因此无法维持。以至到

---

① 中央档案馆编：《中共中央文件选集》第7册，中共中央党校出版社1983年版，第483页。

② 中央档案馆编：《中共中央文件选集》第8册，中共中央党校出版社1985年版，第8页。

1933年老板怕政府杀他，跑到翠微峰躲起来了。① 又如福建汀州京果店学徒每月工资高达19元，结果使老板负担不起，以致关门。② 张闻天在《五一节与劳动法执行的检阅》中也举了一个典型的例子：汀州市恩格斯路恒丰荣烟店共有资本毛洋4000角，工会曾介绍两个半工人去做工，其中刨烟工人李振光，从头年11月8日起至次年4月20日止，每月工资大洋20元，年关双薪20元，鞋袜费大洋5元，特别要求大洋3元，总计老板共须付洋1458毛。而这个工人因为别的原因并没有在店内做过一天工。③ 在苏区，这样的例子还很多。许多老板还被要求添加许多花样，如工人是少先队员则老板必须发雨衣、梭标、制服、套鞋等等，过年除旧历年关双薪外，还有过年费等，结果老板当然不能负担，只有倒闭他的企业。

由于苏区颁布的劳动法对雇佣辅助劳动力的中农、贫农、小船主、小手工业者与雇佣工人的资本家和富农不加区别，如师傅与学徒帮工之间的关系，师傅本身是劳动者，参加劳动，对学徒帮工有一定的剥削，甚至是超经济的剥削（这是应该反对的）；学徒与师傅之间存在着一定的人身依附关系，但师傅和学徒、帮工之间主要的还是教学手艺的师徒关系，学徒和帮工的无偿劳动大部分属于学费的性质，不能算作剥削。但"一苏大"劳动法却把这种师徒关系同资本家和工人之间的剥削关系混淆起来，采取同样的政策，如普遍机械规定成年工人8小时，青工6小时，童工4小时，若多做时间，工资加倍，星期日不做工，工资照给，若要做时，经过劳动

---

① 革命根据地财政经济史编写组：《革命根据地财政经济史长编：土地革命时期》（上），（送审稿）1978年，第661页。

② 革命根据地财政经济史编写组：《革命根据地财政经济史长编：土地革命时期》（上），（送审稿）1978年，第784页。

③ 《张闻天选集》编辑组：《张闻天文集》第1卷，中共党史资料出版社1990年版，第335页。

部及工会同意工资加倍，工人吸烟、穿草鞋、剃头等都要由师傅发给，不得苛扣工资；工人有病，要师傅诊治，药费、工资应由师傅发给；工人去当红军，应要师傅发 3 个月平均工资；工人参加机关工作，要师傅发给 1 个月平均工资；无故不得开除工人，若要开除工人，经过劳动部及工会同意，发给 3 个月平均工资；工资一般为每月 40 毛至 90 毛。在这些苛刻条件下，沿门卖工的师傅就不再愿意带学徒了。而青工学徒由于过早地得到了工资并与师傅平等（如废除了旧的师徒关系，禁止师傅老板打骂侮辱青工学徒，学徒也不再帮师傅老板做任何家务事情），但学徒们不但不去花工夫学手艺，反而自夸自大，把师傅老板低一层地看待，摆起师傅老板的架子来。结果造成了师徒严重对立，师傅不愿带徒传艺，学徒也不肯虚心向师傅学手艺，从而最终阻碍了苏区手工业的发展。

同时，农业工人工资过高，超过贫下中农的负担能力，雇不起工人进行辅助劳动，农民的利益受到损害，引起农民不满，工农矛盾增加，进而影响到工农联盟的巩固，最终也影响到根据地政权的巩固。如在赣东北的横峰县乡下有个 16 岁的雇农，由工会青工部领导，同雇主订立了劳动合同，规定每日工作 6 小时，不担 40 斤以上的担子，工钱从 8 元增加到 16 元。而这个"老板"却是贫农。另外有个 15 岁的牧童，每日工作 4 小时，工资由 4 元增加到 10 元，挑担子不得超过 30 斤，而"老板"也是贫农。还有一个牧童过去没有工资，现在拿 15 元。① 农业工人工资规定如此之高，贫下中农在农忙时节需要雇人却雇不起人，结果造成丰收之年得不到丰收。

另外，由于敌人实行严密的经济封锁，过"左"的商业政策又造成赤白贸易中断，导致根据地许多产品运不出去，而根据地急

---

① 《张闻天选集》编辑组：《张闻天文集》第 1 卷，中共党史资料出版社 1990 年版，第 332 页。

需的日常必需品和工业品又运不进来，结果致使某些生产品的过剩与跌价，造成输入品的昂贵。这自然影响到了根据地内农民的生活水平和相关工人的贫困与失业，使他们的生活恶化，"这种情形的继续，对于工农联合的巩固是不利的"。①

（三）初步认识到错误，设法努力纠"左"

过"左"的劳动法在执行过程中因脱离实际而受到根据地一些领导人和普通工人群众的抵制和批评。如毛泽东在1932年8月召开的宁都会议上就指出，实行例假、发双薪等不符合农村和小县城的实际情况。在苏区有些手工业，因连年战争已经破坏不少，手工业工人也失了业，而雇农分了田，因此，例假增薪，8小时制是行不通的。据江西省工农民主政府提供的材料，直到1932年11月，万太、永丰、公略、赣县、兴国和胜利等县大部分或全部没有按照劳动法的规定，订立集体合同和劳动合同；寻邬、永丰、公略、赣县、兴国和胜利等县多数没有或完全没有执行成年8小时、青工6小时、童工4小时工作制。②汀州一部分工人和木船工人因为感觉到过去所订立的合同的某些条文"难于实行（如在店员中、木船工人中机械规定八小时工作时的分配，机械的规定星期日休息）……许多工人对于工资等等的要求上觉得现在企业是不能负担了"，③所以，过去所订劳动合同好些并未实行。甚至连王明路线的积极推行者也认识到，机械执行过"左"的劳动法，"对于苏维埃政权与工人阶级本身都有害处没有好处"，④并对此提出了尖

---

① 《张闻天选集》编辑组：《张闻天文集》第1卷，中共党史资料出版社1990年版，第341页。

② 《红色中华》第42期（1932年11月28日），转引自赵效民主编：《中国革命根据地经济史（1927—1937）》，广东人民出版社1983年版，第269页。

③ 中共中央文献编辑委员会编：《陈云文选》（1926—1949），人民出版社1984年版，第11页。

④ 《张闻天选集》编辑组：《张闻天文集》第1卷，中共党史资料出版社1990年版，第334页。

锐批评。

  1. 在处理劳资矛盾时，应该学习使用多种办法，不能仅单纯依靠武力与行政强制手段来处理劳资间的斗争。陈云、张闻天等人对劳动法贯彻执行后所发生的问题作了深入调查，以大量的事实批判了过"左"的劳动政策给苏区经济造成的极大破坏，指出在处理劳资矛盾方面，应该学习使用各种斗争的方法来处理劳资纠纷，不要仅仅单纯依靠武力与行政强制的手段，而应学会同资本家进行各种"妥协"，不要随便使用总同盟罢工的方式和策略。因为劳资双方的"斗争是在苏维埃政权之下，总同盟罢工，对于苏维埃政权整个的利益是有害的"。① "不但妨碍商品流通，妨碍红军的作战行动，而且会被资本家利用来反对工人的斗争，对苏维埃政权实行经济怠工"。② 要尽量使用调解和仲裁的办法，共产党和苏维埃政府在调解与仲裁时，不能仅仅简单地采用武力强迫的办法向资本家施压，强迫其执行工人的要求。同时，还应该教育和说服工人改变过高的要求，甚至在必要的时候，应该对资本家实行让步。

  2. 要适当修改和灵活运用"一苏大"劳动法的某些条文。如根据企业的大小、特点、工作关系和特殊情形，灵活地改变工人的工作时间。根据每个企业的一般要求标准，订立切合实际的具有伸缩性的劳动合同。对那些脱离实际、过高的、企业无法承担的要求必须立刻进行修改。工人阶级对于资本家的经济斗争要适度、合理，不能"不问企业能力的适当与否"，向资本家随心所欲地提出过高的经济要求，避免"极端危险的工团主义"倾向。陈云、张闻天等人认为，工会要实事求是地领导工人与资本家作合理的斗争，而不能不顾具体条件提出过高的、企业不能负担的工资要求和

---

  ① 《张闻天选集》编辑组：《张闻天文集》第 1 卷，中共党史资料出版社 1990 年版，第 351 页。

  ② 中共中央文献编辑委员会编：《陈云文选》（1926—1949），人民出版社 1984 年版，第 11 页。

福利政策。即使这些过高的要求依靠于武力的与行政的手段强迫资本家实行,实行的结果则是"部分工厂企业的倒闭,与对于苏维埃经济的不良影响,以及由此而产生的工人群众的部分失业"。①这种片面维护工人阶级利益的做法表面上看似乎是维护了工人阶级的利益,其实不然,实际上只是为了一部分工人的眼前利益,而牺牲整个工人阶级的利益,以狭隘的行会的工团主义的利益代替了整个工人阶级的利益,因而是非常有害的。

3. 要纠正过去错误的工人监督生产的办法。对资本家企业的生产实行工人监督是为了防止资本家利用他的企业进行各种破坏革命的活动。但是,"过去把现金完全集中于工人管理,不让资本家有丝毫权柄来支配现金这是错误的,正确的监督生产方法,应该时刻计算企业的生产上、贸易上、经济上的情形,监督生产上的提高,要求资本家在一定期内报告营业与经济情况,不让其故意将现款收藏停办货物,不让资本家故意浪费,破坏生产,登记进出的现款和货物"。②

为了缓和根据地过于紧张的劳资关系,活跃苏区经济,改善农工生活,中国共产党和苏区政府采取了一些措施来纠正以往过"左"的劳资政策。这主要体现在:1933年5月,中国店员手艺工人工会全国代表大会通过的《苏区店员手艺工人在经济斗争中的任务》;同年10月,苏维埃临时中央政府重新颁布修改过的《中华苏维埃共和国劳动法》(简称《"二苏大"劳动法》)。但由于"左"的指导思想未能得到彻底纠正,加之第五次反"围剿"失败,根据地丧失,上述纠"左"努力和新颁布的劳动法大多未能在实践中贯彻落实。

---

① 《张闻天选集》编辑组:《张闻天文集》第1卷,中共党史资料出版社1990年版,第351页。

② 福建、江西、湖南省工商行政管理局史料编写组:《中华苏维埃共和国的工商行政管理:工商行政管理史料》,工商出版社1987年版,第134页。

第二节 边区抗日政府的劳资政策与实践

在"九·一八"事变,特别是华北事变发生后,中日民族矛盾上升为主要矛盾,国内阶级矛盾下降到次要地位。这种矛盾地位的转换,促使中国国内阶级关系发生急剧变化。在团结全民族抗战的历史背景之下,中国共产党和边区抗日政府及时转变策略路线。在经济政策上改变了私营工商业政策、争取和团结民族资产阶级、实行维护劳资双方正当权益的两重性的劳资政策,以发展根据地经济,增强抗战力量,改善抗日民众生活。政策实施的结果是抗日根据地经济很快得到发展,并基本上实现了劳资两利。

一、劳资政策发生转变的依据

(一)中国共产党的策略路线发生转变

1931年"九·一八"事变以后,中日民族矛盾逐渐上升成为社会主要矛盾。在亡国灭种的危机下,中国社会阶级发生了深刻的变动。"目前中国不仅是小资产阶级被不愿做亡国奴的呼声惊醒,被民族革命战斗的战鼓所激动,都投入反日反蒋的革命洪流中来,甚至一部分民族资产阶级及一些国民党的军官政客也鉴于'满洲国'、'共存共荣'的借镜而混入反日反蒋的革命旋涡中来",[①] 即不仅小资产阶级要求抗日,而且民族资产阶级的政治态度也发生了改变,有了参加抗日的可能性,甚至国民党和地主买办资产阶级的

---

① 中央档案馆编:《中共中央文件选集》第9册,中共中央党校出版社1986年版,第509页。

营垒内部也开始发生分化。在这种变化了的新的社会基础之上,在国内阶级关系急剧发生变化的政治形势下,中国共产党必须及时制定正确的策略路线,以便团结、动员和组织全国人民起来挽救中华民族的危亡。

但遗憾的是,受王明"左"倾错误路线统治的中共中央并未能抓住时机,反而错误估计了形势,错误分析了"九一八"事变的性质。因此,虽然中国共产党早在1933年1月发表了《工农红军革命军事委员会为反对日本帝国主义侵入华北愿在三个条件下与全国各军队共同抗日宣言》,表示愿意和国民党中要求抗日的军队订立抗日协定。其后,又多次发表愿意与一切要求抗日的个人、团体和政治派别团结起来、一致抗日的主张,但是其在工作指导方针上存在着严重的缺点和错误。主要表现在两个方面:一是没有把斗争的主要锋芒指向日本帝国主义,主张全面出击,"反对一切帝国主义";没有提出"收复失地"、"反对日本帝国主义灭亡中国"的实际口号,而提出群众不能理解的"武装保卫苏联"的口号。二是只限于发表联合一切抗日力量的一般声明和号召,缺乏具体的行动,未能把一般声明和号召具体贯彻到共产党的各项具体政策和各种具体斗争中去。这一时期,中央苏区的反"围剿"遭受了严重挫折,严峻的现实迫使中共中央及其主要领导人重新估计形势,提出切合实际的方针路线。1935年遵义会议的召开,结束了以王明为代表的"左"倾教条主义在中共中央的统治,中国共产党的各项政策才又逐步走上了马克思主义的正确轨道。

因此,1935年1月,中共中央在《关于地方工作的指示》中批评了"左"的关门主义倾向和以往对于富农、商人等的刻板的办法,要求对中间阶级采取许多的灵活的办法。同年10月,在《中央为目前讨蒋的秘密指示信》中进一步指出:共产党现在如果不见到中国这样新的阶级变动,不认识新的革命力量,不会使用这些新的力量,那么中国革命的胜利是不可能的。因此,中国共产党的"总的策略方针是进行广泛的统一战线,这就是说党要联合一切抗日讨蒋的力量来打倒日本帝国主义消灭蒋介石"。[①] 即在"华北事变"之后,中国共产党把建立抗日民族统一战线作为了实现民族民主革命战略任务的一条根本策略路线。12月,中共中央政治局在陕北瓦窑堡会议上通过了《关于目前政治形势与党的任务决议》,正式决定了建立抗日民族统一战线的策略。会后,毛泽东根据中央决议的精神,在共产党的活动分子会议上,作了《论反对日本帝国主义的策略》的报告,对"左"倾关门主义进行了深刻地批判,全面系统地分析了建立抗日民族统一战线的问题,为中国共产党的抗日民族统一战线的策略奠定了理论基础。

随后,中国共产党又以民族利益为重,1937年2月10日发出《中共中央给国民党三中全会电》,提出了"联蒋抗日"的五项要求和四项保证,正式表明中国共产党的策略路线发生根本转变。即把"八七"会议所确定的实行土地革命和武装推翻国民党政府的路线,改变为建立抗日民族统一战线与国民党政府合作抗日的策略路线。

中国共产党的策略路线既然已经发生转变,其各项政策也随之要作相应的调整和转变。因此,中国共产党的经济政策和劳资政策必须与其抗日民族统一战线的策略路线相适应。

(二) 政策转变的阶级理论依据

早在1922年,中共二大就明确指出了中国资产阶级是革命力量之一,但还未对资产阶级的分层进行正确分析。中共"三大"和"四大"期间,中国共产党对资产阶级的构成才作出了较为正确的分析,把其分为两部分,一部分是大资产阶级(又称官僚资产阶级或买办资产阶级),另一部分是民族资产阶级;前者是革命

[①] 中央档案馆编:《中共中央文件选集》第9册,中共中央党校出版社1986年版,第510页。

的敌人,而后者却是革命的力量。1925年12月,毛泽东在《中国社会各阶级的分析》一文中,进一步对中国的资产阶级进行了正确而深刻的分析,提出了要对民族资产阶级实行又联合又斗争的策略。但是,这些正确认识并未在中国共产党内形成为主流认识。随着"四·一二"和"七·一五"反革命政变的相继发生,大革命失败,中共中央主要领导人就抛弃了以往对资产阶级的正确认识,认定整个民族资产阶级已经叛变革命,而且是中国革命取得胜利的最危险的敌人。虽然中国共产党的"八七"紧急会议旗帜鲜明地清算了大革命后期以陈独秀为代表的右倾机会主义错误,但当时在共产党中央领导机关占据了统治地位的"左"倾盲动主义者们却认为中国革命的性质是"已经必然要超越民权主义的范围而急剧进展;中国革命的进程,必然要彻底解决民权主义任务而急转直下地进入社会主义的道路","中国民族资产阶级完完全全投降了外国资本","已经成了绝对的反革命势力",建立了"与军阀地主的联盟",① 因此,工人阶级就不能不领导着农民根本推翻中国的资产阶级。基于此种错误认识,会议主张采取"没收中外大资本家的大工厂、大商店、银行、矿山、铁路"、"工厂归工人管"、"如果小厂主怠工闭厂,便也没收他的工厂"、"歼灭一切工贼反革命"、"征发有产阶级的财产"等一系列"歼灭"政策。②

1928年6月,中共六大结束了瞿秋白"左"倾盲动主义的错误,并肯定中国革命依然处于资产阶级民主革命阶段,但仍然认定民族资产阶级是"阻碍革命胜利的最危险的敌人之一",资产阶级民主革命"只有反对中国民族资产阶级,方才能够进行到底"。③

---

① 中央档案馆编:《中共中央文件选集》第3册,中共中央党校出版社1989年版,第365—370页。
② 中央档案馆编:《中共中央文件选集》第3册,中共中央党校出版社1989年版,第454页、462页。
③ 《六大以来》上,人民出版社1980年版,第3页。

大会还认为，"国民党的各派完全是反动的"，"都是反革命的派别"，① 应当一致加以打击。中共中央多次复述共产国际的指示，反复强调"在革命与反革命极端化的形势中，不能容许有许多第三党的企图与存在的"，所以，"要反对胡适，第三党，取消派，社会民主党，不仅是在这些有形的组织上去反对，同时也要防止那些第三个党派意识的发展"。② 即把民族资产阶级和中间党派视为敌人，拒绝与之实行任何的联合。随着李立三、王明的相继上台，不仅混淆了民主革命和社会主义革命的界限，而且长期把民族资产阶级完全排斥在根据地政权之外，错误地把民族资产阶级和中间党派视为"最危险的敌人"。

由于"左"倾政策在实践过程中造成了严重的危害，一部分实际从事根据地建设的中共领导人对过"左"的政策提出了批评和抵制，并开始着手调整对资产阶级的政策，开始放弃"中间派别"是最危险的敌人的口号，主张不分政治倾向、派别，一致对日作战。这些都标志着中国共产党对民族资产阶级的政治策略开始发生了变化。而以毛泽东为代表的中国共产党人，在总结大革命和土地革命斗争的经验教训基础上，逐渐形成了成熟而正确的关于民族资产阶级的理论。

1. 进一步明确区分了带买办性的大资产阶级和民族资产阶级的政治差别。大革命时期，以毛泽东为代表的一部分中共党人虽已初步认识到了大资产阶级和民族资产阶级的区别，但尚未成为中共党内的主流认识，所做区分也比较粗浅与简单。而且在大革命失败后，中共党内领导人立即抛弃了对民族资产阶级的正确认识，把民族资产阶级与大资产阶级混淆起来，甚至把其视为中国革命最危险

---

① 中央档案馆编：《中共中央文件选集》第4册，中共中央党校出版社1989年版，第324—325页。
② 中央档案馆编：《中共中央文件选集》第6册，中共中央党校出版社1989年版，第365、378页。

的敌人。在土地革命后期开始改变了认识,并随着抗战形势的发展和中国共产党的理论水平的提高,又有了深入一步的分析。

1940年3月,毛泽东在《目前抗日统一战线中的策略问题》一文中深刻总结了打退国民党顽固派掀起第一次反共高潮的经验,详细分析了各阶级对待抗日的态度,把大资产阶级与民族资产阶级作了区分,并进一步把亲日派大资产阶级与欧美派大资产阶级,大地主与中小地主以及开明绅士区别开来;对民族资产阶级和开明绅士的抗日积极性作了充分肯定,对大资产阶级的两面性也作了具体分析。依据这些新认识,毛泽东对曾在1939年10月至1940年9月期间撰写的《〈共产党人〉发刊词》和《中国革命和中国共产党》等文进行了修改,正确指出:中国的资产阶级分为带买办性的大资产阶级和民族资产阶级的两部分,且二者有区别。大买办资产阶级分属于各个不同的帝国主义,直接为帝国主义国家的资本家服务并为他们所豢养,历来是中国革命的对象;但在特殊时期如革命主要是反对某一个帝国主义的时候,属于别的帝国主义的买办资产阶级也有可能在一定程度上和一定时间内参加到当前的反帝统一战线中来;依据大资产阶级在抗战中的所作所为,把其进一步区分为顽固派(欧美派大资产阶级)和投降派(亲日派大资产阶级),并采取不同的政策,对于大资产阶级的投降派当做敌人坚决打倒,对大资产阶级的顽固派则采取革命的两面政策来对待:一方面联合他们继续抗日,另一方面则对他们的破坏团结和抗日的反共反人民的本性作坚决的斗争。民族资产阶级不但同大地主大资产阶级的投降派有区别,而且同大地主大资产阶级的顽固派也有区别,是革命较好的同盟者。

2. 明确指出民族资产阶级虽然在政治上具有动摇性和妥协性,但由于他们受帝国主义的压迫和封建主义的束缚,肯定他们是反帝反封建革命的同盟者,是中国革命的动力之一,不是革命的对象。

在这种正确理论认识的基础上,团结民族资产阶级和保护他们所代表的私人资本主义经济就成为中国共产党的一项基本战略性政策。

(三) 政策转变的经济理论依据

同时,新民主主义经济理论的日趋成熟,也使中国共产党对政策的调整由策略考虑的层面深入到经济分析的层面。

根据地大都处于偏僻的农村,经济是极其落后的,基本上没有什么机器工业,人民大多以务农为生,工业生产主要是手工作坊,商人数量也为数不多,而且资本额都很少,雇主本人大多都亲自参加劳动。如早在井冈山革命根据地初创时期,毛泽东对兴国进行实地调查统计,当地商店共计46家,其中本钱50元以上者只有12家;在寻邬城,手工业共有13个行业,80余家,主要是屠房、酒店、黄烟店、裁缝店、伞店、木器店、豆腐店、理发店、打铁店、爆竹店、首饰店、打洋铁店、修钟表店等,大多资本很少,除4家外,绝大多数只十几元、几十元的本钱;就雇工来看最多不超出4个,而老板本人几乎都是参加劳动的手工业者。而长期驻扎在大城市中的中共中央领导对于上述情况却不甚知之,从而也就不可能从发展根据地经济的实际需要出发,而只能是主观臆想、机械照搬大革命时期城市工运中劳资斗争的方法与经验,照搬当时的苏联劳动法,颁布完全脱离根据地实际经济情况的过"左"的经济政策和劳动政策,并强制执行。结果使得根据地经济尤其是私营资本主义经济的发展雪上加霜。

而中日战争不是别的战争,是经济发达、力量强大的日本帝国主义与经济落后、力量弱小的中华民族之间的一场战争,是一场持久战。要取得这场战争的胜利,除了要建立起广泛的民族统一战线之外,更需要强大的经济力量支持。因为"战争不但是军事和政治的竞赛,还是经济的竞赛"。[①] 很显然,根据地落后的经济状况无法支持长期抗战。而且各抗日根据地基本上处于敌人严密的封锁

---

① 《毛泽东选集》第3卷,人民出版社1991年版,第1024页。

与分割包围中,严禁一切必需品进入根据地。日伪军又不断地对根据地实行野蛮残酷的"清乡"、"扫荡"和"三光"政策,进一步破坏根据地经济,使根据地经济陷于枯竭。战争在不断扩大之中,且日益频繁,要支撑持久抗战,要使根据地得到巩固,要改善抗日民众生活,惟一的出路就是大力发展抗日根据地经济。而进行根据地的经济建设,首先需要大量资本。各抗日根据地政府却又苦于没有足够的资本来发展经济,从现实性和可能性来看,不能不利用私人资本来发展根据地的经济,不能不大力发展根据地的私人资本主义经济。因此,应该采取种种办法保护和鼓励私人资本家到根据地投资,发展工商业。正如毛泽东在《〈农村调查〉的序言和跋》一文中分析指出:"国营经济和合作社经济是应该发展的,但在目前的农村根据地内,主要的经济成分,还不是国营的,而是私营的,而是让自由资本主义经济得着发展的机会,用以反对日本帝国主义和半封建制度。这是目前中国的最革命的政策,反对和阻碍这个政策的施行,无疑义地是错误的"。①

但中国共产党内始终有一部分人不能正确和理性地认识资本主义,对发展私人资本主义经济持怀疑态度。这是由于多方面的原因造成的。早期的中国共产党人对资本主义罪恶的一面印象深刻,不能理性和深刻地认识到在经济文化落后的中国,私人资本主义还有促进生产力大发展的先进性的一面。而中国共产党人的最终目的也在于推翻资产阶级政权、消灭剥削和压迫工人阶级的资本家私有制。与此同时,共产国际在指导中国大革命的过程中,虽然指明了中国革命前途的非资本主义化,认识到中国革命在最初的阶段上不会剥夺资本主义的发展,中国革命在经济方面的非资本主义性质,也不应该立刻就把资本主义排斥于一切社会关系之外。但又强调指出:革命民主专政机关"要利用争得的经济地位,逐渐造成一些

---

① 《毛泽东选集》第3卷,人民出版社1991年版,第793页。

前提和优势,去一贯到底地发展非资本主义(社会主义)形式的生产"。① 而处于幼年时期的中国共产党还不甚明了民主主义革命和社会主义革命的联系与区别,容易混淆两个阶段的革命,总想"毕其功于一役",急于在中国消灭还有历史进步作用的私人资本主义。因此,在土地革命前中期,中国共产党在资本主义和资产阶级问题上推行了过"左"的政策。这样做的结果,"在政治上是把应当争取的民族资产阶级不加以争取,使之继续留在反革命营垒之内,从而壮大了反革命的力量,缩小了革命力量,孤立了自己;在经济上是对应当利用的资本主义经济不加以利用,而把它们消灭或在事实上使之无法生存和发展,从而造成了根据地工商业的萧条,商品供应的匮乏,内外交流的阻滞。"② 由于"左"倾政策的执行在实践中造成了这样严重的后果,严峻的现实迫使中国共产党开始对资本主义和资产阶级的政策作出某些调整,初步认识到了在民主革命时期私人资本主义对革命的发展是有积极作用的。但是,这种转变还只仅限于根据地内部,还只是少数人的认识,还仍然受到"左"倾思想的影响。

直到 1935 年遵义会议之后,以毛泽东为代表的中国共产党人对私人资本主义问题的认识与处理才逐步走上了马克思主义的正确轨道。毛泽东在《论反对日本帝国主义的策略》、《论联合政府》、《新民主主义论》等一系列论著中,深刻阐发了在生产力极其落后的中国,发展私人资本主义经济的迫切性和必要性。他指出,私人资本主义工商业的发展是国家的利益和人民的利益所需要的,是"有利于中国人民"的。③ 因为私人资本主义相比较于封建主义和

---

① 中央档案馆编:《中共中央文件选集》第 6 册,中共中央党校出版社 1983 年版,第 128 页。

② 沙健孙主编:《中国共产党和资本主义、资产阶级》(上),山东人民出版社 2005 年版,第 290 页。

③ 《毛泽东选集》第 1 卷,人民出版社 1991 年版,第 159 页。

外国帝国主义而言，是一种比较进步的生产关系。毛泽东在《论联合政府》一文中解释中国共产党提倡发展资本主义的原因时，进一步详细阐述说："拿资本主义的某种发展去代替外国帝国主义和本国封建主义的压迫，不但是一个进步，而且是一个不可避免的过程。它不但有利于资产阶级，同时也有利于无产阶级，或者说更有利于无产阶级。现在的中国是多了一个外国的帝国主义和一个本国的封建主义，而不是多了一个本国的资本主义，相反地，我们的资本主义是太少了"。① 也就是说，在经济文化十分落后的半殖民地半封建的中国，阻碍社会生产力发展的因素不是一般的私人资本主义，而是外国帝国主义和本国封建主义。为了反对帝国主义和封建主义的压迫，为了促进落后中国的经济发展，中国还必须利用一切于国计民生有利而不是有害的城乡资本主义因素，团结民族资产阶级，共同奋斗。

更为重要的是，毛泽东把对私人资本主义的认识与对中国革命的性质、任务和前途等分析紧密联系起来，更深刻地阐述了在新民主主义制度下发展私人资本主义经济的合理性和必要性。虽然在此之前，"左"倾冒险主义者也承认中国革命的资产阶级性质，因此在口头上也承认私人资本在当时存在的合理性和必要性。然而他们也就只是口头承认即止。他们总是混淆民主革命和社会主义革命的界限，总想把民主革命缩得短之又短，总想尽快消灭私人资本主义。因此，在土地革命时期，"三次'左倾'路线在法令上允许私人资本存在和发展不过是一种空洞的愿望，而摧残和打击私人资本则是实际的结果"。② 而毛泽东则不仅从革命的性质、动力和前途的角度，还从中国革命的长期性来分析私人资本主义存在和发展的

---

① 《毛泽东选集》第 3 卷，人民出版社 1991 年版，第 1060 页。
② 革命根据地财政经济史编写组：《革命根据地财政经济史长编：土地革命时期》（上），（送审稿）1978 年，第 659 页。

合理性和必要性。他指出:"中国革命的现实阶段依然是资产阶级民主主义性质的革命","革命的任务是反帝反封建,并不是反资本主义","人民共和国在资产阶级民主革命的时代并不废除非帝国主义的、非封建主义的私有财产,并不没收民族资产阶级的工商业,而且还鼓励这些工商业的发展。"①"革命的动力,基本上依然是工人、农民和城市小资产阶级,现在则可能增加一个民族资产阶级","在将来,民主主义的革命必然要转变为社会主义革命",②转变的时间是相当长的,必须具备政治上经济上一切应有的条件。也就是说,在新民主主义革命时期,革命的性质是资产阶级性质的民主革命,由此决定的革命任务是反帝反封建,不反对资本主义的存在和发展;民族资产阶级是民主革命的动力之一,既然是革命动力,就应该团结民族资产阶级和保护他们所代表的私人资本主义经济;只有在民主革命取得完全胜利之后,并具备了成熟的条件之后,民主革命才能向社会主义革命转变。

除此而外,以毛泽东为代表的中国共产党人还逐渐认识到要实现自己的最高纲领,即把中国推进到社会主义社会和共产主义社会去,还必须经过一个长时期的新民主主义。在这个新民主主义阶段,"发展新式资本主义是新民主主义经济的全部方向和内容,也将是社会主义的前提"。③ 毛泽东严厉批评了那种妄图在极其落后的殖民地半殖民地半封建社会的废墟之上直接建立起社会主义社会来的空想,明确指出,在中国要有一个新民主主义的联合统一的国家,在新民主主义的国家制度下,除了要发展国家自己的经济、劳动人民的个体经济和合作社经济之外,一定要让私人资本主义经济在不能操纵国民生计的范围内获得发展的便利,才能有益于中国社

---

① 《毛泽东选集》第 1 卷,人民出版社 1991 年版,第 159 页。
② 《毛泽东选集》第 1 卷,人民出版社 1991 年版,第 160 页。
③ 《张闻天选集》编写组:《张闻天文集》第 3 卷,中共党史出版社 1994 年版,第 184 页。

会的向前发展,才能促进社会生产力的发展与积累,才能为将来过渡到社会主义社会创造条件。

因此,"承认资本主义生产方式是中国现时比较进步的生产方式,而资产阶级、特别是小资产阶级与民族资产阶级,是中国现时比较进步的社会成分与政治力量。……小资产阶级,民族资产阶级与富农,不但有抗日要求,而且有民主要求。故党的政策,不是削弱资本主义与资产阶级,不是削弱富农阶级与富农生产,而是在适当的改善工人生活条件之下,同时奖励资本主义生产与联合资产阶级,奖励富农生产与联合富农"。①

二、实行维护劳资双方正当权益的两重性的劳资政策

基于新的正确认识和转变了的私营工商业政策以及关于民族资产阶级的新政策,中国共产党和边区政府在各抗日根据地实行维护劳资双方正当权益的两重性的劳资政策。具体内容如下:

(一)确保工人阶级基本的生活条件和工作条件,维护女工和学徒的权益

中国的工人阶级历来身受封建势力的压迫和资本主义的剥削,缺乏起码的生活和安全卫生保障,社会地位低下,被人瞧不起。比如在私营煤矿业中,挖煤工被人叫做"炭黑子",只要稍不如窑主的意,"淡月"就不要,所得工资也拿不回来,还要承受诸如"倒咀窝"(窑主规定工人要挖出一定数量的煤,少了要加倍扣除)、"刮了"(一筐子煤不够规定数目,就完全不算)、"窑头炭"(工人每天要无代价的给窑头挖些煤)、"牛皮纸"、祭窑等花样繁多的剥削工人的无理制度;还有些窑主利用工人没工夫到别的地方买东西,就趁机在窑上作高价买卖,进一步剥削工人。

---

① 中央档案馆编:《中共中央文件选集》第12册,中共中央党校出版社1991年版,第11页。

在抗日根据地，为了保护工人阶级利益，各边区政府和工会领导工人不仅把那些不合理的剥削制度取消了，而且还颁布了施政纲领和有关行业的劳动法令和暂行条例，规定了工人的劳动时间、工资和各项基本权利，并特别规定了女工、青工和学徒等一些弱势群体的权利。如陕甘宁边区政府颁布的施政纲领规定：工人每天实际工作8小时，14岁至18岁的青工6小时；雇主不得要求工人作额外工作，如确因工作过忙，要求加班，须事先得到工人同意；工人休假以星期日及政府通知之纪念日为标准。工人工资不得低于最低工资率，最低工资率以所在地生活状态为标准，由工会、雇主、工人共同议定；工人工资或津贴以当地十足通用货币付给，不得拖欠。孕妇哺乳妇禁止做夜间工作；凡工作特别劳苦、或笨重、或有害于工人身体健康以及需要在地下工作者，均不得雇佣妇女和未满18岁者；女工生产前后给假两个月，工资照发，小产者以病假论；哺乳妇女在工作时间内普通停工休息时间外，每隔3小时应有20分钟哺乳时间，此项休息时间计入工作时间内；学徒除得津贴外，雇主应供给被褥、衣服和鞋袜等用物；严禁对学徒虐待或任意打骂。各企业各机关必须采用适当的设备，以消灭或减轻工人之危险及预防危险之事件发生，并保持工作内之卫生。

工人有自由组织工会和参加各种文化教育的权利。雇主不得无故开除工人，如因无故开除工人时，须经工会同意，并给予退工津贴及路费。工人因工得病或受伤，医药费由雇方供给，休假期间工资照发，并保留其原有工作地位；工人因工致残，全部或部分失去劳动能力者，雇方给残废津贴，其津贴数目，以残废部分之轻重为标准，最少不得低于半年之平均工资；工人因病死亡家庭无力葬埋，雇方须负责葬埋费，并须调查死亡者家庭状况，酌量给以抚恤金；工人因工受伤死亡者，雇主应给工人两年平均工资，抚恤其遗属。

晋绥边区政府1941年8月1日颁布的《晋西北矿厂劳动暂行条例》，规定了矿工的基本权利，如：矿方不得打骂虐待矿工，不得无故拖欠和扣押工资；矿方售卖于矿工的日常必需用品，应以不赔本为原则，不得藉以取利；矿方应注意保障矿工生命安全，矿工因工致病、受伤、致残或致死，矿方均要视其情况给予相应的抚恤等等。总之，工人的基本权益得到了边区政府颁布的各项法规的保护。

（二）提高资本家的政治地位，并确保其生命财产权

在土地革命后期，中国共产党开始纠正过"左"的劳资政策，不再把根据地内的工商业资本家当作革命对象而剥夺其公民权，首先在政治上保障他们的人权和公民权利，给予选举权与被选举权。如1936年1月，《西北苏维埃选举法》中规定："雇佣劳动在十人以下，资本在五千元以下之工商业主亦有选举权。"① 1937年5月，《陕甘宁边区选举条例》中进一步规定："凡居住陕甘宁边区区域的人民，在选举之日，年满十六岁的，无男女、宗教、民族、财产、文化的区别，都有选举权和被选举权。"② 这样，凡是居住在陕甘宁边区的所有民族资本家（犯罪者除外），都享有了选举权和被选举权。而且"一切抗日的地主资本家都有和工人农民一样的人身权利、政治权利和财产权利，……"。③ 如中国共产党在抗日根据地普遍建立的"三三制"统一战线政权，给中间派三分之一的位置，专为吸引那些不积极反共的小资产阶级、民族资产阶级和开明绅士的代表参加。由此，民族资本家的政治地位得到了极大提高。

与此同时，还确保资本家阶级的生命财产安全，对资本家经营的工商企业给予了法律上的保护。在民族资产阶级参加到反对日本帝国主义的统一战线以后，劳资双方"就有了共同的利害关系"。因而，1935年2月，苏维埃人民共和国宣布：到苏维埃人民共和国领土内投资开设工厂与商店的民族工商业资本家的生命财产安全

---

① 《红色中华》第250期，1936年1月16日，第1版。
② 《新中华报》第359期，1937年5月23日，第3版。
③ 《毛泽东选集》第3卷，人民出版社1991年版，第793页。

受到保护，尽可能的减低税租，以发展中国经济。"任何民族资本家，只要他不赞助帝国主义和中国卖国贼，我们就要保护他"。① 1940年8月，中共晋察冀边委颁布的施政纲领规定："保障一切抗日人民的财产所有权，人民除每年缴纳一次统一累进税，及对外贸易时之出入口税外，任何机关团体不得另以任何名目勒索或罚款；……"。② 1940年1月，在《中央关于建立与巩固华中根据地的指示》中也明确规定："应承认地主、富农、雇主、商人的财产权及公民权，不能随便的没收逮捕处罚（真正的汉奸除外）。"③ 1942年5月30日的《解放日报》社论也指出："不管是资本家、地主、富农，他们参加生产，我们都要一视同仁，切实保护他们的人权财权；……"。除此而外，对于资本家经营的工商业，"只要他不违犯政府法令及劳动政策，政府应予以协助，并对其企业的发展予以法律上的保障"。④ 在具体的劳资斗争中，"可以而且应该采取不故意加紧反对资本家的方式，如不提出打倒资本家的口号，避免一些不必要的特别是影响抗日军事的罢工、怠工及冲突，用政府颁布法律命令等方式来满足工人的要求，从各方面采取办法来实现工人要求等"。⑤ 从而纠正了土地革命时期那种动不动就对资本家工厂商店实行罚款或没收的过"左"的处理办法。

（三）实行既保护工人利益又使资本家有利可图的两重性的劳动政策

"人民共和国的劳动法保护工人的利益，却并不反对民族资本

---

① 《毛泽东选集》第1卷，人民出版社1991年版，第159页。
② 中央档案馆编：《中共中央文件选集》第11册，中共中央党校出版社1986年版，第473页。
③ 中央档案馆编：《中共中央文件选集》第11册，中共中央党校出版社1986年版，第531页。
④ 《解放日报》，1944年7月30日，第1版。
⑤ 中共中央文献编辑委员会：《刘少奇选集》（上卷），人民出版社1981年版，第53页。

家发财……"。① 在劳动政策方面,实行的"是适当地改善工人生活和不妨碍资本主义经济正当发展的两重性的政策"。② 具体来说,一方面资本家不能剥削工人太厉害,也不能压迫工人,要保障工人的基本劳动条件和基本生活待遇,必须改良工人生活。因为如果不能给工人阶级生活状况、政治地位立即的、必要的改善和提高,则无法发动千百万工人群众积极参加斗争,无法获得当前的民族解放战争的胜利。因此,应根据各地不同的生活条件,要求私营厂主酌量增加工资,减少工作时间,注意工厂卫生和使工人们有参加文化娱乐的机会等,以发动工人的抗日积极性。为此,在私营工商业中组织成立工会,在劳资纠纷中,工会和边区政府积极维护工人阶级的应得利益。

例如关中分区的衣食村的煤矿,早在民国以前就被小规模地开采着。挖炭工人每天劳动时间长达19个小时,工作又是那样笨重,整天生活在暗无天日、毫无安全卫生设备的井下,工人的疾病死亡率很高,但直到1940年才建立起工会组织。工会成立后,在照顾双方利益的前提下,经过同东家交涉,东家已对工人生活作了如下改进:一是减低东家驮炭的特权,过去每驮出6元,今年(指1942年)则少出2元;二是规定东家每日向工人公布账目一次,并确定东家不能将油、棉花等高价卖给工人;三是增加抚恤费,过去死一个工人,矿上共同向死者带三天账,下雨停工也算,现在规定死难1人给1400元;四是外来工人若无工做,工会当负责找。东家对工人不得打骂,也不得无故开除。这样一来,工人的死亡率减少了。③ 又如西川私营盐业的劳资关系,1940年春开始组织工会,根据政府的劳动政策,经过与资方数度商洽,1941年6月改

---

① 《毛泽东选集》第1卷,人民出版社1991年版,第159页。
② 《毛泽东选集》第3卷,人民出版社1991年版,第793页。
③ 陕甘宁边区财政经济史编写组、陕西省档案馆合编:《抗日战争时期陕甘宁边区财政经济史料摘编:第三编 工业交通》,陕西人民出版社1981年版,第660—662页。

对半分为四六分，工人生活改善了，每天三顿两稀一干，还可以吃肉。工人劳动地位有了保障，每年端午节掌柜请伙计吃饭"说话"（告诉续雇或解雇），7月15日便实行，今年（指1942年）一般保障了工人有工作，掌柜随意解雇的事情已经没有了。①

然而，对工人阶级生活状况的必要改善和提高不能不顾实际情况，毫无限度。抗日战争时期，在保障工人阶级的基本待遇和基本劳动条件的前提下，中国共产党明确提出加薪减时、提高工人福利待遇要有限度，力避过"左"的要求。1940年11月，在《中央关于建立与巩固华中根据地的指示》中明文规定：根据地各种政策应该以统一战线原则为标准，以发动基本工农群众的积极性为轴心。因此，减租减息、适当改善工人生活和提高工农群众的政治权利是必要的。在反对只照顾统一战线，而完全不触犯旧日的地主阶级统治秩序的右倾错误的同时，应注意防止过"左"的倾向。因为过分强调改善工人生活，会使工商业关门，生产缩小，工人失业，甚至引起工农对立。因此改良工人生活切忌过左，"加薪减时均不应过多。在中国目前的情况下，八小时工作制还难于普遍推行，在某些生产部门内还允许实行十小时工作制。其他生产部门，则应随情形规定时间。……至于乡村工人生活和待遇的改良，更不应提得过高……"。②

为了鼓励资本家到抗日根据地来投资和扩展根据地经济，增强抗战力量，宣布"取消对资本家、富农经营生产事业的各种限制"，③ 保证私人资本主义工商业在合理经营下的正当的赢利，"使资本家也有利可图。"为确保资本家获得正当赢利、正常进行生

---

① 陕甘宁边区财政经济史编写组、陕西省档案馆合编：《抗日战争时期陕甘宁边区财政经济史料摘编：第三编 工业交通》，陕西人民出版社1981年版，第675—676页。
② 《毛泽东选集》第2卷，人民出版社1991年版，第766页。
③ 国家工商行政管理局史料小组主编：《陕甘宁边区的工商行政管理》，工商出版社1986年版，第200页。

产,一方面教育工人要照顾到资本家的利益,照顾到抗战的需要,努力生产。工人要提高劳动热情,在订立契约后,必须遵守劳动纪律,不迟到、不早退,好好劳动,对于工厂的机器和原料等东西应该爱惜等。如1941年9月,晋冀鲁豫边区政府颁布的施政纲领就规定:"劳工应遵守劳动纪律,自动增加生产,职工会除保护劳工利益外,应从政治上教育工人,提高生产热忱。"① 边区工厂职工还订立了劳动公约以自律:提高质量,改进技术,节省原料,减低成本。服从领导,严守纪律,互相学习,发扬创造。先公后私,舍己为人,节约储蓄,建立家务。拥护政府,遵守法令,发展经济,巩固边区。②

另一方面,各边区政府还采取了一些办法来鼓励和帮助私营工商业的发展。各边区政府对创办和经营私营工厂的先进模范代表进行褒奖。如陕甘宁边区政府第九十六次政务会议通过了"褒奖米脂民生纸厂经理艾斌卿为民营工业模范"的决定。③ 三边专署奖励吴旗县蔡丰老先生创办药社织布工厂。吴旗县县委书记王明远亲自率领全县干部,在锣鼓声中为他送匾,并奖给奖状、奖章、花格毛毯和一身毛呢衣服。王明远在送匾会上,号召全县干部学习蔡老先生刻苦为民的精神。④ 边区政府对私营工商业提供低息贷款以解决资金不足,帮助发展生产。如陕甘宁"边区政府经过银行历年对工业有很大数目的投资和贷款。……政府不但发展公营工业,对于私营工业、家庭纺织业也采取贷款投资、订货收购产品等办法帮助其发展",边区政府对当地的私营工业投资贷款230万元(边币,

---

① 山西、山东、河北、河南省工商行政管理局合编:《晋冀鲁豫地区革命根据地的工商行政管理》,工商出版社1987年版,第563页。
② 《解放日报》,1944年7月30日,第2版。
③ 陕甘宁边区财政经济史编写组、陕西省档案馆合编:《抗日战争时期陕甘宁边区财政经济史料摘编:第三编 工业交通》,陕西人民出版社1981年版,第645页。
④ 《解放日报》,1945年3月23日,第2版。

折合法币约170万元），又投资130担小米，10000斤羊毛。贷款利息为7%。① 冀南银行六分行，在1942年一年内贷款数额就达100.9万元（边币），其中私人工业贷款24万元，私营商业贷款25万元。② 私营工业若存在技术困难，"各工业机关及各工厂应给予帮助，并派出一定技术人员指导民营工业的发展"。③ 在税收问题上，"对于一切有益于国民经济的工商业征收营业税，必须以不妨碍其发展为限度"。④ 有的根据地为鼓励私人经济的发展甚至规定免征营业税；对必需的工业原料的入境免税或减税。如陕甘宁边区政府对"经营工业、运输业，三年免征营业税"。⑤ 晋察冀边区"实行有免征点和累进最高率的统一累进税（以粮租钱三种形式缴纳），整理出口税或田赋，废除其他一切捐税，非经边区参议会通过，政府不得增加任何捐税"。⑥ 对"投资人如遇天灾或遭意外致损失生命或财产，妨害继续经营时，得呈请该管县市政府转呈边区政府酌量救济之"。⑦ 为确保中小私营工商业者的利益，实行自由贸易，反对垄断统制。如陕甘宁边区"严禁高利贷的剥削，严禁操纵市价、垄断投机"。⑧

（四）对劳资关系实行调节政策，初步规范处理劳资纠纷

劳资双方是一对矛盾共同体，既是对立的，存在着利益冲突和

---

① 陕甘宁边区财政经济史编写组、陕西省档案馆合编：《抗日战争时期陕甘宁边区财政经济史料摘编：第三编 工业交通》，陕西人民出版社1981年版，第644页。
② 李占才、张黎：《中国新民主主义经济史》，安徽教育出版社1990年版，第234页。
③ 《解放日报》，1944年7月30日，第1版。
④ 《毛泽东选集》第4卷，人民出版社1991年版，第1269页。
⑤ 《解放日报》，1945年4月7日，第2版。
⑥ 中央档案馆编：《中共中央文件选集》第11册，中共中央党校出版社1986年版，第473页。
⑦ 《解放日报》，1945年4月7日，第2版。
⑧ 陕甘宁边区财政经济史编写组、陕西省档案馆编：《抗日战争时期陕甘宁边区财政经济史料摘编：第三编工业交通》，陕西人民出版社1981年版，第672页。

矛盾，但又存在着共同利益。早在1935年12月，毛泽东在《论反对日本帝国主义的策略》一文中就明确指出："工人阶级的利益同民族资产阶级的利益也是有冲突的。""但是民族资产阶级如果参加反对帝国主义的统一战线，那末，工人阶级和民族资产阶级就有了共同的利害关系"。① 毛泽东在《矛盾论》中再次指出：劳资之间，从两阶级发生的时候起，就是互相矛盾的，存在着利益冲突，否认和抹杀这种矛盾和冲突是虚伪和错误的。然而，这种矛盾和冲突，"在整个新民主主义的阶段上，不会也不应该使之发展到超过共同要求之上。……可以获得调节"。② 也就是说，在新民主主义的国家制度下，工人阶级和资产阶级之间是有利益冲突的，否认劳资矛盾与劳资冲突是完全错误的。但在劳资之间还存在有高于各自不同利益之上的共同利益。为了这个共同利益，劳资间的不同利益必须服从于其共同利益，并且必须采用适当的办法来解决劳资矛盾和冲突，把矛盾和冲突限制在有利于发展共同利益的范围之内。这个适当的办法就是采取互助互让的政策，以调节劳资间的利害关系。通过调节劳资矛盾，使其各得其所，共同努力完成新民主主义的政治、经济和文化的各项建设。

具体来说，就是运用毛泽东一贯主张的劳资两利原则来调节劳资矛盾。新民主主义政权下的民主政府以及工会一方面要保护工人利益，使工人有工做，有饭吃，并根据战时的不同情况，实行8小时至10小时的工作制以及适当的工资福利待遇、失业救济和社会保险，保障工人阶级的基本权利；另一方面，要大力发展实业，不妨碍资本主义经济的正当发展，劳资间在订立契约后，工人必须遵守劳动纪律，容忍一定程度的剥削，使资本家有利可图，使企业能够正常地运转下去。因为只顾工人阶级的"一利"而不顾资本家

---

① 《毛泽东选集》第1卷，人民出版社1991年版，第159页。
② 《毛泽东选集》第3卷，人民出版社1991年版，第1056页。

之利，要求过高的工资福利待遇，超过资本家承受能力，使之无利可图、赚不到钱，不仅连简单再生产都无法运转下去，企业商店就会倒闭歇业，工人也就失业了，更谈不上需要更多资本积累的扩大再生产。如在土地革命前中期，在苏区由于执行片面维护工人阶级利益而完全不顾资本家正当营利的过"左"的劳资政策，结果是打击和破坏了私人工商业，资本家赚不了钱，无法维持，或抽款逃跑，或关门倒闭，造成苏区经济的萎缩和衰落；也造成工人失业，生活贫困，劳资关系紧张。但是，只要有利可图，资本的本性就会趋利而来。如在井冈山革命根据地初创时期，由于实行保护工商业利益的正确政策，白区商人到苏区做生意有利可赚，纷纷设法越过白军的层层严密封锁与红军做生意，极大地活跃了根据地经济。当然，也不能只顾资方"一利"而不顾工人阶级的利益，要坚决反对资方唯利是图，对工人阶级实行超经济剥削与非法压迫。为此，工会应依据中国共产党和边区政府颁布的劳动政策与相关法规，秉着劳资两利原则，以团结抗战为大局，围绕发展抗日根据地经济这个中心，在劳资双方中进行沟通和协调，恰当地兼顾到双方的利益，使劳资双方在扩大共识，缩小差异的基础上签订劳动合同，以捍卫工人阶级的基本权益。

  陕甘宁边区早期实行一种仲介制度，就是在政府的公证、监督和管理之下，协调劳资双方之间的关系；并在政府仲介之下，劳资双方订立劳动契约，根据各地不同的生活条件，酌量增加工资，减少工作时间，改良工人生活待遇。1942年，陕甘宁边区政府重新修订的《陕甘宁边区劳动保护条例（草案）》则明确规定：雇主与工人都得依据政府劳动法令，在自愿的基础上订立集体合同和劳动合同。各企业商店与被雇人之间，因各种劳动条件之问题发生争执和冲突时，各级政府得到当事人双方同意时，将进行调解及仲裁，但在发生重大争议时，得不经同意进行仲裁。凡违反劳动保护条例及集体合同之一切条件均归法院审理。

晋绥边区的招贤铁工会和煤矿工会，依据边区相关劳动法令，分别与招贤各砂厂主人的派出代表和各矿窑厂主在1942年12月制定了《招贤翻砂厂劳动合同》（重定版）、《矿工（煤矿）劳动合同》等具体的劳动合同。这些劳动合同都是由各厂厂主与工会负责人一起预先拟定，通过厂主及工人同意以后，才具体执行。劳动合同一般都明确规定了劳资双方的条件（如工人应享有的权益，诸如劳动时间、报酬待遇、伤病抚恤等；资方的要求，诸如要求工人爱惜工具、节省原料、遵守劳动纪律、完成劳动任务等），要求双方严格遵守，任何一方不得违反或随意废除。如有违反合同决议，由劳资双方召开大会处理之。这样，通过订立集体合同或劳动合同，劳资双方利益得到了相关劳动法和具体合同的保护，不受人为地随意侵犯；发生劳资纠纷，也得到了规范处理，避免了混乱现象。

（五）从多方面加强对工人阶级的教育，使工人阶级明白眼前利益必须服从永久的全部利益

张闻天在中共中央瓦窑堡政治局会议上强调："在工人中，要纠正过分的要求。问题不是靠要求提得高，而是要组织力量及进行教育。……要提高工人阶级的觉悟。对于工人阶级的部分利益妨碍工人阶级整体利益的现象，需要斗争。"① 1940年12月，《中央关于各抗日根据地劳动政策的初步指示》中也明确指出：根据地的劳动政策，应当以支持长期战争，争取抗战胜利为原则，否则既不能保存工人已得利益，更不能彻底解放工人阶级，因此工人阶级眼前利益必须服从于永久的全部利益。1941年3月，中共中央颁布的《劳动政策提纲（草案）》也指出：在目前的职工运动中，仍然存在着苏维埃区域过去"左"倾错误政策的残余。为纠正这一错误，中国工人阶级不应该只看到自己的利益，而是要服从于民族抗

---

① 《张闻天选集》，人民出版社1985年版，第70页。

战的胜利和新民主主义政治的建成。因而抗日根据地的劳资政策不是仅仅照顾到工人狭隘的行会利益，而要照顾到各阶级和整个抗战利益。

除加强对工人阶级教育之外，还应对领导职工运动的工会干部加强教育。因为工会干部具体领导工人运动，代表工人与资方进行交涉，争取工人阶级利益，但有些工会干部受到狭隘行会主义、经济主义思想的影响，在领导职工运动中，仅从工人阶级单方面的利益出发，只顾工人的眼前狭隘利益，企图急切改善工人待遇而提出一些过分要求，不管工厂本身是否可能解决，结果妨碍了劳资政策的正确贯彻执行，阻碍了根据地经济的发展。对此，应给以适当批评和纠正。教育工会在领导职工运动中要避免与各阶级形成尖锐的对抗，而要协调各阶级关系，既照顾到工人利益，又照顾到统一战线各阶级的利益；工会干部应教育引导工人阶级认识到：只有经济发展了，才能从根本上保障工人阶级的合法权益。

由于执行了比较正确的私营工商业政策和劳资政策，抗日根据地经济很快得到发展，基本上实现了劳资两利。从资方来看，私营工商业得到很大程度的发展，以陕甘宁边区的织布业为例，1939年，私营工厂只有6家，工徒154人，织机52架，年产大布3690匹。到1943年有了惊人发展，私营纺织厂有50家，工徒310人，织机150架，产布12000大匹。① 私营商业以延安地区为例，1937年私商户数只有102户，1939年增加到412户，1943年则发展到641户。② 从劳方来看，工人阶级的生活待遇与抗战前相比都有了提高。以晋绥边区为例，工资比战前提高了（见表2-1），还买了土地（见表2-2），很多人娶上了老婆，有新衣裳穿。

---

① 陕甘宁边区财政经济史编写组、陕西省档案馆合编：《抗日战争时期陕甘宁边区财政经济史料摘编：第三编 工业交通》，陕西人民出版社1981年版，第647页。

② 国家工商行政管理局史料小组主编：《陕甘宁边区的工商行政管理》，工商出版社1986年版，第182、184页。

表 2-2　　　　　晋绥边区工人工资变化比较①

地区	临南	离石	保德	临县	静乐
1939 年工资	1.8 升	2 升	4 斤 4 两	2.5 升	1.5 升
1945 年工资	3.3 升	3.3 升	7 斤半	3.6 升	2.5 升

说明：表中均以小米计算。静乐是以敌人占领时和 1945 年比较。

更有甚者，还有一些工人由于经济生活上升，有了积蓄，集股合作开了矿窑。工人的政治地位和社会地位也得到了提高，有当区长的，当村长的，有自己的工会组织，能参加各级议会，能参加讨论边区政府的大事情（表 2-3）。

表 2-3　　　　　晋绥边区工人买地变化比较②

地区	河曲	离石	招贤	东坡
工人数目	木匠（吕师）1 人	屈尚保 1 人	557 人	7 人
1939 年土地数	3.3 亩	0	0	0
1945 年土地数	19.5 亩	27 亩	957 亩	165 亩

三、在政策执行过程中纠正"左"的偏向，建立起比较和谐的劳资关系

但是，由于受过去苏维埃时代的劳动政策与狭隘的行会主义思想所影响，尤其是受到过去在国民党区域工人与资本家尖锐对立的斗争方式的影响；对于统一战线和新民主主义制度的各种政策的本

---

① 晋绥边区财政经济史编写组、山西省档案馆合编：《晋绥边区财政经济史资料选编》（工业编），山西人民出版社 1986 年版，第 375 页。
② 晋绥边区财政经济史编写组、山西省档案馆合编：《晋绥边区财政经济史资料选编》（工业编），山西人民出版社 1986 年版，第 376 页。

质了解不足；对敌后战时及各根据地的具体情况缺乏深刻了解；某些下级中共党员干部"小资产阶级的疯狂性，容易走得过左"，①导致在具体执行劳动政策的实践过程中，还是发生了过"左"的倾向。《中央关于各抗日根据地劳动政策的初步指示》中列举如下：一是提出不适合于根据地现时条件的过高要求，如过高增加工资，改善待遇条件过多，如要雇主供给衣服鞋袜，要同雇主吃同等伙食，工人参加会议除工资照给外，还要雇主供给饭钱，要求分得40％红利，及监督审查赢利数目，过高规定伤亡恤金，及强调实行8小时工作制等。二是实行不正确的斗争方式，如工会决定要求条件即强迫雇主实行，甚至实行联合请愿示威与罢工的尖锐斗争形式，强迫雇主雇用失业工人等。三是不尊重政府法令，如自由打汉奸，没收汉奸财产分配给失业工人，甚至工会代替政府直接处理汉奸案件。结果造成工农对立，工人与雇主严重对抗，以致吓走地主、商人，妨碍根据地工农商业的发展。

为了纠正上述倾向，1940年12月中共中央书记处指出："劳动政策力避过左，目前只做轻微改良……"。② 在处理具体的劳资关系时，"必须从劳资双方均能获益为原则，去适当改善工人生活，照顾各阶层利益的观点出发，坚决克服狭隘的行会利益的思想"。③ 如在工时问题上，一切公私工厂作坊的工人"目前决不宜实行八小时工作制"，应坚决实行十小时工作制和半月一次的大礼拜日；工会开会及开短期训练班，应在例假休息时间举行，不能占用生产时间。在工资问题上，"应以现在生活水准能够维持生活为

---

① 中央档案馆编：《中共中央文件选集》第11册，中共中央党校出版社1986年版，第531页。
② 中央档案馆编：《中共中央文件选集》第11册，中共中央党校出版社1986年版，第560页。
③ 中央档案馆编：《中共中央文件选集》第12册，中共中央党校出版社1986年版，第68页。

原则,以当地政府颁布的劳动法令为根据订立合同,不宜有过高和过苛的要求,并且工资以不高于公营工厂工资待遇的总和为原则",① 而公营工业工人除工资外,一般待遇不能超过当地生活水准;工人伤亡恤金不超过抗日阵亡将士的恤金。在劳资合同问题上,在劳资合同有效期内,强调劳资双方都要遵守,不得随意破坏。一方面雇主必须履行劳动合同义务,不得无故违约解雇工人;另一方面,工会不能强迫雇主雇佣失业工人,强迫雇主履行过高的条件;工人必须遵守劳动纪律和劳动合同,遵守工作时间及工作质量,提高技术,降低成本,培养积极劳动的新态度,确保厂方能维持生产,获得发展。

通过适时地调整劳资政策,极大地提高了劳资双方努力生产的热情,有力地促进了各根据地经济的发展,增加了工农群众的收入,改善了人民的生活。同时,也更加有利于团结各阶层共同抗日,劳资关系比较和谐,根据地许多新创设的私营工厂,一开始就以新的劳资关系面貌出现。如万合工厂资方负责人正确认识到:现阶段的资方不应该与旧的商人一样,只为自己打算,而应站在发展边区经济的立场上来办工厂,要公私兼顾,照顾老百姓的利益,特别要照顾工人的利益,不断地改善工人的待遇和生活。其具体做法是让工人入股,实行分红工资,还对工人进行文化教育工作,每天至少有一小时的学习,由厂方指定文化高的人担任教员,并由厂方供给课本、笔墨和纸张。② 工人的生活待遇为厂内每日提供三餐,夜工下班后,还吃一次油茶。五天吃一次面,逢节可吃到肉菜。工作时间每天十小时。工作之余,每天有一小时半的文化娱乐课,教他们认字、唱歌或讲述时事,有时由技师给他们讲纺织的方法

---

① 中央档案馆编:《中共中央文件选集》第11册,中共中央党校出版社1986年版,第558页。
② 《解放日报》,1944年12月12日,第2版。

等。① 又如由米脂士绅艾斌卿先生所创办的民生纸厂，自1939年数千元资本，两个工人做起，至1945年已拥有51093银币的资金，股东300余户。该厂之所以能够如此发展，得益于边区政府对民营工业的扶植和经营得法。在管理上，该厂全体员工，上自经理，下至学徒，全吃一灶饭。无论何人，均须遵守厂规，出门请假，每天完成一定工作任务。该厂实行分红制，所以人人负责，互相监督。其分红办法是股东和工人各得40%，公积金（厂方）和劳积金（工人）各占8%，公益金占4%。分红之外，该厂还设立奖金，每半年一次进行奖励。工人劳动积极性大为提高，积极工作并从事业余劳动，在生产中降低成本，爱惜劳动工具，使该厂迅速得到发展。② 再如绥德市庆合织布厂于1943年成立，资方对工厂的工人学徒较好，有特殊困难可以预支工资。去年（指1945年）有个工人结婚，预借20万元，借时米价12000元，月终时涨至16000元，厂方乃以16000元计算扣了工资。过节和城里唱旧戏时放假，有几个山西工人过旧历年不回家在厂吃饭，不算伙食费。工人学徒生产积极性较高，偷原料、织坏布的现象很少，夏秋季每日工作时间约9个半至10个小时，冬春季9个小时。职员是分红制，虽有大体上的分工（如出纳会计等），但厂内什么事情都做，如帮助倒线线、煮饭等等，总之，职员工作都很积极。③ 这种新型的劳资关系是前所未有的，当时的国统区更不可能有。

---

① 《解放日报》，1944年4月2日，第2版。
② 《解放日报》，1945年8月31日，第2版。
③ 陕甘宁边区财政经济史编写组、陕西省档案馆合编：《抗日战争时期陕甘宁边区财政经济史料摘编：第三编 工业交通》，陕西人民出版社1981年版，第658页。

第三节 解放战争时期劳资两利政策的制定与实施

解放战争时期,随着解放战争的胜利推进,新民主主义经济也逐渐从局部地区向全国推进。中国共产党基于对民族资产阶级革命性的正确分析和对民族资本主义的正确认识,在广大解放区和新解放的城市,对私营工商业的发展继续采取保护和鼓励政策,把实现劳资两利当作新民主主义国民经济的指导方针之一,并倡导实行劳资合作。但由于多方面的原因,中国共产党和解放区政府的劳资两利政策未能得到很好地贯彻落实,主要是发生了过"左"的错误倾向。对此,解放区政府再三强调要按劳资两利政策调整劳资关系,并反复告诫要警惕不能重犯中国共产党在1931年至1934年期间所犯过的错误。经过全党努力,到1948年春,"左"的偏向大体上纠正过来了。在纠正"左"的偏向后,广大解放区和新解放城市的私营工商业得到了迅速恢复和发展,在劳资纠纷的处理上也基本上能贯彻劳资两利政策。

一、劳资两利政策的制定与初步实施

"中国新民主主义的革命要胜利,没有一个包括全民族绝大多数人口的最广泛的统一战线,是不可能的"。① 这是中国共产党领导革命斗争二十多年来取得的主要的和基本的经验之一。因为中国是一个"两头小、中间大"的社会,处于被统治地位的无产阶级和当权的大地主大资产阶级都只占人口的少数并尖锐对立,而农

---

① 《毛泽东选集》第4卷,人民出版社1991年版,第1257页。

民、城市小资产阶级和民族资产阶级等中间阶级占了中国人口的绝大多数。革命力量和反革命力量长期处于敌强我弱的状态，处于中间地位的阶级在中国革命中起着举足轻重的作用。无产阶级能否领导新民主主义革命取得胜利，关键在于能否处理好同这些中间阶级的关系，尤其是要处理好同民族资产阶级的关系，与他们建立起统一战线并保持良好关系。

抗日战争胜利后，中国共产党正确分析了民族资产阶级的革命倾向性，指出他们中除了极少数右翼分子存在着反动的政治倾向外，绝大多数是可以参加新民主主义革命或保持中立的，因而在人民统一战线中还是要极力争取这一部分人。1948年3月，毛泽东在为中共中央起草的《关于民族资产阶级和开明绅士问题》的党内指示中对民族资产阶级进行了深入分析，指出：民族资产阶级是一个在政治上非常软弱的动摇的阶级，但是他们中间的大多数，由于受到帝国主义、封建主义和官僚资本主义的迫害和限制，他们是可以参加人民民主革命，或对革命保持中立。明确肯定他们是人民大众的一部分，但不是主体，也不是决定革命性质的力量。在解放战争时期，尤其是在转入战略反攻以后，民族资产阶级的多数由于不满美国独占中国市场和国民党蒋介石实行独裁专制统治而增长了对美蒋的仇恨，他们中间的左翼分子依附于共产党，右翼分子则依附于国民党，其中间派则在国共两党之间采取犹豫和观望的态度。"这种情况，使得我们有必要和可能争取其大多数，孤立其少数"。[①] 为了达到在政治上争取和团结民族资产阶级，和他们建立起广泛的人民民主统一战线这个目的，就必须对这个阶级的经济地位"慎重地加以处理，必须在原则上采取一律保护的政策。否则，我们便要在政治上犯错误。"[②]

[①] 《毛泽东选集》第4卷，人民出版社1991年版，第1289页。
[②] 《毛泽东选集》第4卷，人民出版社1991年版，第1289页。

解放战争时期，以毛泽东为代表的中国共产党人，总结二十多年来领导新民主主义革命斗争的实践经验，进一步完善了新民主主义革命理论，其重大成果之一就是正确认识到了："新民主主义革命所要消灭的对象，只是封建主义和垄断资本主义，只是地主阶级和官僚资产阶级（大资产阶级），而不是一般地消灭资本主义，不是消灭上层小资产阶级和中等资产阶级。"① 而且中国共产党人还正确认识到：旧中国半殖民地和半封建社会性质在经济上的落后表现就是现代性的工业产值只占国民经济总产值的10%左右，中国的私人资本主义工业则占了这仅有的现代工业中的第二位，是一个不可忽视的力量。在经济极其落后的中国，私人资本主义不仅是一种先进的生产方式，而且是新中国的经济构成之一，在整个国民经济中，是不可缺少的一部分。因此，"在革命胜利以后一个相当长的时期内，还需要尽可能地利用城乡资本主义的积极性，以利于国民经济的向前发展"。② 既然私人资本主义不是新民主主义革命要消灭的对象，而且我们在革命胜利以后还要利用其促进生产力发展的积极作用，那么，保护和鼓励私人资本主义的发展就必然成为中国共产党的基本政策之一。1947年12月25日至27日，毛泽东在陕北米脂县杨家沟召开的会议上所作的报告中阐述的新民主主义革命的三大经济纲领之一，就是保护民族工商业。并第一次正式提出"新民主主义国民经济的指导方针，必须紧紧地追随着发展生产、繁荣经济、公私兼顾、劳资两利这个总目标"。③ 把实现劳资两利当作新民主主义国民经济的指导方针之一。

同时，为了进一步繁荣解放区经济，发展生产，改善工农群众的生活水平，为全国革命胜利奠定强大的坚实的物质基础，并为在

---

① 《毛泽东选集》第4卷，人民出版社1991年版，第1254页。
② 《毛泽东选集》第4卷，人民出版社1991年版，第1431页。
③ 《毛泽东选集》第4卷，人民出版社1991年版，第1256页。

革命胜利后，为建设新民主主义社会，发展工业生产，实现国家的工业化，解放区政府也必须对民族资本主义工商业的发展继续采取保护和鼓励政策，切实贯彻实行劳资两利的政策，"才能与外国和本国的垄断资本作斗争，使解放区工商业的发展立于不败之地"①。

以毛泽东为代表的中国共产党人还创造性地提出要实行劳资合作。1946年3月，中共中央明确指出："解放区劳资关系必须取合作方针，以达发展生产、繁荣经济之目的，无论公营私营，都是如此。"② 1946年秋，刘少奇在与安娜·路易斯·斯特朗的谈话中，进一步对劳资合作进行了阐发，他指出，"在一定条件下，我们甚至提倡劳资合作。这一点马克思是从未说过的。列宁说过一次，但也是为了谴责这种行为。在一些较老的资本主义国家，这样的合作对工人的利益是一种背叛，而在像中国这样的半殖民地国家，工人和本国的资本家在反对外国垄断资本方面却有着共同的利益。在我国的民族工业中，工人应该增加生产，资本家应该改善工人的条件。只有这样，我国的民族工业才能够在同外国的竞争中生存……"。③

在正确方针指导下，各解放区公私、劳资双方共同积极努力恢复工商业，增加生产，调整劳资关系，加强劳资团结。如东北解放区采取劳资两利，合理分红的办法，先在哈尔滨市两家最大的私营企业老巴夺烟厂和同记商场进行试行，然后推广到全区。其主要内容由劳资双方在当地民主政府的积极帮助下民主协商，签订"劳资合作契约书"或"劳资合作合同"，规定工厂由劳资双方合作经

---

① 《解放战争时期土地改革文件选辑》，中共中央党校出版社1981年版，第20页。

② 中央档案馆编：《中共中央文件选集》第13册，中共中央党校出版社1987年版，第381页。

③ 斯特朗：《斯特朗文集》（3），新华出版社1988年版，第268页。

营,年终获得盈利,劳资按比例分红,分红标准以"公私兼顾、劳资两利"为原则,或对半分,或四六或三七不等。实行分红制后,一方面工人店员的生活得到改善,刺激了劳方的劳动热情,积极关心企业经营;另一方面,资方也获得较大于分红前的利益。分红制得到劳资双方的拥护,双方均感满意,工商业也更趋发展和繁荣,生出一番新气象。①

又如晋绥边区的离石二区窑头沟煤窑,过去劳资间存在着对立现象,原因是工会干部领导工人要求增资时,不和厂方商量,闹得双方关系不好,厂方对工人生活关心不够,工人也就不好好生产,有些砍手故意不出大块炭(碎炭要少卖钱),拉手不爱护工具,出炭时把筐子往地下一扔,筐子就破了,出一筐炭顶多八九十斤。后来经过工会干部进行检讨后,有了事召集劳资双方共同商量,双方关系就慢慢闹好了。厂方对工人生活也很关心,米价涨了就增加工人工资,从中阳逃难来的煤工张德才,全家五口人,因生活困难过不了年,厂方预借给4000元工资;吉虎大无住处,向厂方借钱买下一眼窑;煤窑上马架坏了,厂方担心出危险,花了三石多米换了个新的。由于厂方对工人关心,工人们的生产积极性也大大提高了,过去每人一天出11筐炭,现在出12筐炭,每筐增至100斤,计算起来每个工人多出220斤炭,30个工人(砍手和拉手)每天多出灰6600斤,估计今年(指1946年)10个月内可多出100万斤炭。但在某些窑上,未能很好地执行劳资合作发展生产的方针,窑主们只顾自己多赚钱,不是拖欠工人工资,就是"大斗小秤"的进行敲诈(老百姓买炭用大斗大秤,给工人卖米用小升小秤),该增工资时不增加工人的工资。如离石锄家山煤窑旧窑主韩德一,3个月内就克扣工人工资17万块钱,引起劳资纠纷。这就要教育

---

① 哈尔滨、沈阳市工商行政管理局合编:《东北解放区的工商行政管理》,工商出版社1988年版,第125—129页。

窑主认识到只有关心工人生活，提高工人生产积极性，才能赚钱多得利益。也有个别窑上因工资增加得太多了，对窑主利益照顾不够，如中阳南梁煤窑，8个月内窑主还没赚到钱，这就要教育工人，适当地减些工资，以照顾窑主利益，避免煤窑垮了，劳资双方都没利。①

二、在贯彻实施政策过程中及时纠偏

但是由于没有相应的专门性的政策法规确保不侵犯私营工商业的利益；中国共产党对大革命和土地革命时期的工人运动中存在的"左"倾错误没有进行彻底清算，受到过去工运中"左"倾思想的影响；许多中共党员来自农村，容易受到民粹主义思想的影响，总想跳跃资本主义阶段，不能正确认识到私人资本主义经济的发展是一个进步，是有益于中国社会向前发展的，急于过早地在中国消灭资本主义；在新形势下，一些中共党员干部和部队机关后勤人员素质不高，掌握政策的水平有限，对城市政策的重要性认识不足，仍然用过去的农村观点和游击战争的观点来看待城市；对自发的、过火的群众运动缺乏正确的领导和指引，助长了尾巴主义倾向；加之战争频繁，解放区政府关于保护私营工商业和确保资方有利可图的政策得不到很好地贯彻落实等等原因，在土改高潮的实际斗争中，在人民解放军占领的一些中小城市进行的职工运动中，仍然发生了"左"的偏向，侵犯了民族资产阶级的利益。如对资本主义剥削与封建主义剥削界定不清，没收地主富农兼营的工商业；对民族资本和官僚资本界定不清，把一部分民族资本当做官僚资本加以没收；对工商业征税过高；片面强调工人眼前福利，无限制地增加工资；甚至在新解放城市乱拿乱抢物资、破坏机器设备；任意处理劳资纠

---

① 晋绥边区财政经济史编写组、山西省档案馆合编：《晋绥边区财政经济史资料选编》（工业编），山西人民出版社1986年版，第723—724页。

纷,使解放区和新解放城市的劳资关系未能得到很好地处理。针对这些情况,中共中央迅速采取措施加以纠正。

(一)起草和下发相关具体文件,着力纠正农村土改运动中和中小城市职工运动中已出现的侵犯私营工商业利益的"左"的偏向

中共中央于1946年5月4日发出《关于清算减租及土地问题的指示》(即《五四指示》),又于1947年10月10日批准公布《中国土地法大纲》。在这两个文件中,明确规定了在农村土改中对待封建地主与对待工商业资产阶级应该有原则区别;不能把农村中清算封建地主的办法,错误地运用到城市中来清算工厂商店;必须保护私营工商业者的财产所有权,严禁随意侵犯等。1948年2月15日,毛泽东在为中共中央起草的《关于目前党的政策中的几个重要问题》的党内指示中指出:在新解放区土改中严格注意保护工商业。2月27日,毛泽东又在起草的另一个党内指示《关于工商业政策》中强调要求各地党委必须从领导方针和领导方法两方面认真地进行检查和纠正违反党中央的工商业政策的错误。在领导方针上,应当预先防止将农村中斗争地主富农、消灭封建势力的办法错误地应用于城市,将消灭地主富农封建剥削和保护地主富农经营的工商业严格地加以区别,将发展生产、繁荣经济、公私兼顾、劳资两利的正确方针同片面的、狭隘的、实际上破坏工商业的、损害人民革命事业的所谓拥护工人福利的救济方针严格地加以区别。应当向工会同志和工人群众进行教育,使他们懂得,决不可只看到眼前的片面的福利而忘记了工人阶级的远大利益。应当引导工人和资本家在当地政府领导下,共同组织生产管理委员会,尽一切努力降低成本,增加生产,便利推销,达到公私兼顾、劳资两利、支援战争的目的。在领导方法上,中央局、分局应当充分运用电报、电话、车骑通讯、口头谈话等方法与下面密切联系,利用报纸作为组织和领导工作的极为

重要的工具。上级要随时掌握下面的工作进度，交流经验，随时纠正错误，经常注意明确划清许做和不许做的事情的界限，随时提醒下面，尽量少犯错误。中央局、各分局的领导人如任弼时、习仲勋、邓小平等也作了类似相关的讲话和报告，以指导各解放区的具体工作，积极努力纠"左"。

（二）强调要按劳资两利原则调整劳资关系，既确实保证工人阶级的适当生活水平，又保护私营工商业的正当利润

早在1946年5月，毛泽东在中共中央会议上的发言中就明确讲道："解放区的工厂，不论公营的、私营的，利润必须比国民党区域高才行，否则，解放区外面的资本家不来。只管工人眼前的、片面的利益，不顾资本家乃至公营工厂的死活，那是自杀"。① 在按照劳资两利原则来调整劳资关系时，鉴于在职工运动中过分注重提高工人待遇，毛泽东、朱德、任弼时等中共领导人多次指出现阶段工人生活条件不可提出过高的要求，反复告诫要警惕不能重犯中国共产党在1931年至1934年期间所犯过的错误。1949年7月23日，朱德在全国工会工作会议上的讲话中就明确指出："工人阶级的利益，并不等于无限制地增加工资、无限制地改善生活"。② 在战争时期，工人店员只要能勉强生活，就要拼命做事，"为了自己的长远的利益，忍受一定限度的剥削"，③ 使私人企业能够进行生产，并适当地发展生产，以繁荣解放区的经济，支援前线的胜利。为此，要教育工人明确认识到恢复和努力发展生产是争取解放战争胜利的最首要任务，工人店员要努力生产和工作，而破坏或降低生产，是危害解放区、危害战争胜利、危害新民主主义社会的建设，

---

① 中共中央文献研究室编：《毛泽东年谱（1893—1949）》下卷，中央文献出版社2002年版，第79页。
② 中共中央文献编辑委员会：《朱德选集》，人民出版社1983年版，第264页。
③ 中央档案馆编：《中共中央文件选集》第14册，中共中央党校出版社1987年版，第31页。

其可怕程度与日本侵略者的"三光政策"是一样的。除此之外，还要适当规定工商业税和征收办法，至少应该使一般工商业者在纳税以后仍然有利可图；调整公私营企业之间的关系，公营经济应扶助一切有益于国民经济的私营经济，实现公私兼顾、公私两利之目的。

（三）针对各解放区解决私营企业中劳资纠纷的混乱状态，把劳资纠纷问题集中到市一级机关，规定调解仲裁劳资争议的唯一机关为劳动局

当时各解放区在解决劳资纠纷方面比较混乱。中共中央规定："一切有关劳资纠纷问题，均须集中到市一级机关，即市劳动局、市总工会、市工商局来统一解决"。[①] 调解仲裁劳资争议的唯一机关为劳动局，"宣布解决劳资纠纷的口头与书面的契约，必须经市劳动局批准备案后，方为有效"。[②] 正式规定解决劳资争议的手续为先由劳资双方直接协商，协商不成由市劳动局调解仲裁，仲裁不服时须向法院起诉。法庭判决，为最后程序，双方必须服从。解决劳资纠纷的方式，应该以订立集体合同为主。

（四）用科学理论武装中共党员干部的思想

为了从根本上克服"左"的偏向，使劳资两利政策能真正贯彻执行，必须用科学的理论武装中共党员干部的思想。具体来说，就是要让全体中共党员干部正确认识民族资产阶级是人民大众的一部分，是团结的对象而不是革命的对象，正确认识私人资本主义经济的历史进步作用，是新中国国民经济不可缺少的一部分。只有这样，才能从根本上克服"左"的偏向，使劳资两利政策能真正贯彻执行。

[①] 中央档案馆编：《中共中央文件选集》第 14 册，中共中央党校出版社 1987 年版，第 671 页。

[②] 中央档案馆编：《中共中央文件选集》第 14 册，中共中央党校出版社 1987 年版，第 671 页。

1947 年 12 月，毛泽东在《目前形势和我们的任务》的报告中指出：新民主主义革命消灭的对象是封建主义和官僚资本主义，就阶级而言，是地主阶级和官僚大资产阶级，而不是一般地消灭资本主义，不是消灭上层小资产阶级和中等资产阶级即民族资产阶级。广大的上层小资产阶级和中等资产阶级所代表的资本主义经济是新中国整个国民经济中一个不可缺少的部分，是有益于国民经济的发展的，因而在全国革命胜利以后的一个长时期内，必须允许其存在。1948 年 3 月，毛泽东专门就民族资产阶级和开明绅士问题起草了一个中共党内指示，进一步详细阐明对民族资产阶级应该在政治上极力争取和团结，在经济上采取保护的政策。同年 4 月，《在晋绥干部会议上的讲话》中，毛泽东再次明确指出：我们所说的人民大众包括了工人、农民、独立劳动者、自由职业者、知识分子、民族资产阶级以及从地主阶级分裂出来的一部分开明绅士。总而言之，要使广大党员干部懂得：新民主主义革命不是一般地消灭私人资本主义、消灭民族资产阶级，而是要团结他们，与之结成广泛的人民民主统一战线，以消灭帝国主义、封建主义和官僚资本主义。

　　革命战争的最终目的是为了解放和发展生产力而不是破坏生产力。要教育广大党员干部认识到私营资本主义工商业的适当发展则是有利于生产力发展的，有利于国民经济发展的，有利于人民生活需要的。因为"目前国营经济的力量还很有限，合作经济还不发展，战争与人民的各方面需要及自由贸易的发展等原因，私人资本主义经济在今后的发展，是必然的，在一定限度内还是必要的。凡国营经济及合作社经济力量所不及的地方，私人资本经济的相当发展，在生产与交换上，都有其一定的建设与积极意义，决不可轻视，决不可以过早地采取限制现时还有益于国计民生的私人资本经济的办法,更不可以重复清算及均分私人工厂商店的错误"。① 共产党人不要害怕私人资本主义的发展,要努力使它成为国营经济在组织人民及小生产者的合作事业中的一个帮手。

同时,还要正确认识资本家的剥削。1948年4月,邓小平在《跃进中原的胜利形势与今后的政策策略》报告中一针见血地指出:"说不让资本家剥削,听起来是革命思想,一算账就知道这不是革命思想,并可使革命遭受失败"。② 1949年7月23日,朱德在全国工会工作会议上的讲话中也指出:工人阶级为了得到彻底的解放,"在现阶段自觉地忍受资本家之一定限度以内的剥削,就是以局部的暂时的利益,服从根本的长远的利益"。③

经过全党努力,到1948年春,"左"的偏向大体上纠正过来了。在纠正"左"的偏向后,广大解放区和新解放城市的私营工商业得到了迅速恢复和发展。如晋察冀解放区在纠正侵犯工商业错误后,在民主政府的大力扶植下,各地工商业日益繁荣。1948年4月12日的《晋察冀日报》报道:石家庄市工商业日益发展,新设厂店及家庭作坊和小商贩等数目激增。截至3月月底,全市已领取营业执照的大小商户共达5921家,从业人员14016人。④

在处理劳资纠纷时也基本能贯彻劳资两利政策。如宏仁堂中药店劳资纠纷的解决就是比较典型的一例。宏仁堂是北京乐家老药铺之一,创建于1931年,经营规模仅次于同仁堂,有总店、制药厂、鹿圈和7个分店。北平和平解放之初,由于战争和其他原因,通货膨胀,物价飞涨,私营工商业凋敝,在生产经营上遇到了较大困

---

① 中央档案馆编:《中共中央文件选集》第14册,中共中央党校出版社1987年版,第403页。
② 《邓小平文选》第1卷,人民出版社1994年版,第106页。
③ 中共中央文献编辑委员会:《朱德选集》,人民出版社1983年版,第262页。
④ 国家工商行政管理局史料小组主编:《晋冀鲁豫地区革命根据地的工商行政管理》,工商出版社1987年版,第412页。

难。而工人与资方又不了解中国共产党的劳资政策，劳资纠纷不断。当时宏仁堂中药店的部分工人为了眼前利益，愿意分店，即使失业也在所不惜。天津、青岛和北平宏仁堂的工人联合起来，要求资方给每个工人发"压惊费"50元白洋。而当时宏仁堂的营业不景气，如果满足工人的要求，宏仁堂总计要发给近300名工人约15000多元白洋，白布600多匹。这就会使宏仁堂关厂停店，造成工人失业。宏仁堂经理胆小怕事，不懂政策，害怕政府没收私营工商业，也想关厂停店逃避资金，就同意了工人要求，并派人拉拢军管会工作组的干部。拉拢不成，资方转而采取了不买粮食、停止工人伙食的威胁手段。针对此，工作组干部一方面揭发资本家的企图，责令资方立即买粮开伙。另一方面则向工人宣传劳资两利政策，教育工人认清目前利益和长远利益的关系，团结资方共同搞好生产和营业，说服工人不要"压惊费"。为了贯彻劳资两利政策，团结资方共同恢复生产营业，工作组干部还在宏仁堂制药厂开办了工人夜校，向工人宣讲中国共产党对私营工商业的政策和"发展生产、繁荣经济、公私兼顾、劳资两利"的政策，以提高工人的阶级觉悟和政治觉悟。并通过办工人夜校，培养和发现了一批积极分子，成立起了工会组织。经过工会组织和工作组细致的思想说服工作，并代表工人与资方经过多次协商，达成协议，适当地增加了工人的工资，工人放弃了"压惊费"的要求。在解决了劳资纠纷之后，宏仁堂才又恢复了生产，维持了营业。宏仁堂劳资纠纷的解决，对其他乐家老药铺和中药业执行劳资两利政策，恢复生产，起到了示范作用，并为1949年由彭真亲自主持的在北京私营工商业中签订的第一个全行业——国药业（解放初期中药业叫国药业，西药业叫新药业）劳资集体合同提供了典型经验。[①]

[①] 刘存朴：《按党的政策解决宏仁堂中药店的劳资纠纷》，《北京党史研究》1998年第4期。

本 章 小 结

　　中国共产党领导下的根据地经济，是多种经济成分并存的新民主主义性质的经济。在新民主主义政权下，劳资双方不仅存在着利益冲突，还存在着超越于其各自不同利益的共同利益，即发展生产，争取民族解放，夺取全国政权。因此，根据地政府和中国共产党要在保护工人阶级基本权益的前提下，应该也使资本家有利可图，保障其赚钱赢利的权益，以达发展生产、繁荣经济、公私兼顾、劳资两利的目的。

　　在创建革命根据地初期，中国共产党在处理根据地劳资关系方面虽然缺乏经验，但一些根据地领导人能从革命斗争和根据地经济发展的实际需要出发，在总结实际斗争经验的基础上制订了比较切合实际的劳资政策，这主要反映在1929年至1930年间闽西共产党和苏区政府制定的几个劳动法中。但这几个劳动法执行范围不大、时间不长，就受到李立三"左"倾路线的干扰，尤其是王明"左"倾路线的破坏。李立三、王明在苏区推行过"左"的劳资政策，结果造成苏区经济萎缩，劳资严重对立，并进而影响到了苏维埃政权的稳固。严峻的现实迫使中国共产党和苏维埃政府采取了一些措施进行纠"左"。但由于"左"的指导思想未能得到彻底纠正，加之第五次反"围剿"失败，根据地丧失，这些措施未能在实践中贯彻落实。

　　在土地革命后期，在团结全民族抗战的历史背景之下，中国共产党及时转变了策略路线。即把"八七"会议所确定的实行土地革命和武装推翻国民党政府的路线，改变为建立抗日民族统一战线与国民党政府合作抗日的策略路线。中国共产党的策略路线既然已经发生转变，其经济政策和劳资政策必须与其抗日民族统一战线的策略路线相适应。因此，中国共产党和边区抗日政府在经济政策上改变了私营工商业政策，争取和团结民族资产阶级，实行维护劳资双方正当权益的两重性的劳资政策，政策实施的结果是抗日根据地经济很快得到发展，并基本上实现了劳资两利。

解放战争时期，中国共产党对私营工商业的发展继续采取保护和鼓励政策，把实现劳资两利当作新民主主义国民经济的指导方针之一，并倡导实行劳资合作。但由于多方面的原因，中国共产党和解放区的劳资两利政策还是发生了错误倾向，主要是"左"的偏向。因此，中国共产党再三强调要按照劳资两利政策来调整劳资关系，并反复告诫不能重犯共产党在1931年至1934年期间所犯过的错误。经过努力，到1948年春，"左"的偏向大体上纠正过来了。在纠正"左"的偏向后，广大解放区和新解放城市的私营工商业得到了迅速恢复和发展，在劳资纠纷的处理上也基本上能贯彻劳资两利政策。

第三章

建国初期新民主主义新型劳资关系的建立

中国共产党领导的新民主主义革命胜利后，新民主主义经济在全国范围内得到确立并获得了长足发展。尽快地恢复和发展国民经济是中国政府的当务之急。为了团结中国社会各阶级的力量，调动有利于国民经济恢复和发展的各种经济成分的积极性，中国政府规定的经济建设的根本方针是："公私兼顾、劳资两利、城乡互助、内外交流"，在国营经济领导下，各种经济成分"分工合作，各得其所，以促进整个国民经济的发展"。[①] 在"四个方面"（即公私、劳资、城乡、内外）的关系中，公私关系、劳资关系是最基本的。中国共产党和人民政府的目标是在新社会中初步建立起"民主的、平等的、两利的、契约的、新民主主义的"新型劳资关系，彻底改变旧有的劳资关系状况。

人民政府根据中国共产党提出的"四面八方"的新民主主义经济建设方针，经过对劳资关系的两次调整，初步建立起了"民主的、平等的、两利的、契约的、新民主主义的"劳资关系。这对于私营经济的恢复与发展，以及巩固新生的人民政权、稳定社会秩序和迅速恢复国民经济都起到了重要作用。

[①] 中央档案馆编：《中共中央文件选集》第 14 册，中共中央党校出版社 1987 年版，第 737 页。

第一节　新民主主义的新型劳资关系

在新民主主义的社会中，为了实现劳资两利，就要改变旧有的劳资关系状况，在中国的私营企业中，建立起"民主的、平等的、两利的、契约的、新民主主义的"新型劳资关系。这种新型的劳资关系既不同于旧的资本主义劳动关系，也不同于当时具有社会主义性质的国营企业中的劳动关系，是新民主主义社会所特有的一种劳动关系。它具有独特的内涵，是在不断调整劳资关系以达发展生产、繁荣经济的过程中逐渐形成的。其形成的背景和特点有以下几个方面：

1. 从整个社会政治环境和政策环境看，中国共产党是新中国的执政党，她的执政理念是维护广大劳动群众的利益，这是改变旧的劳资关系的重要的政治基础。

同时，由于中国经济的落后性，"为了整个国民经济的利益，为了工人阶级和劳动人民现在和将来的利益，"私人资本主义将在新的社会经济中在一个相当长的时间内发挥积极作用。"只要不出于政府法律范围之外，不但不加阻止，而且加以提倡和奖励"。[1] 但私人资本主义经济的发展将在税收、价格、劳动条件等方面受到限制。同时，这种限制又是根据各地、各业、各个时期的具体情况的恰如其分的有伸缩性的限制，使得私营经济"在人民共和国的经济政策和经济计划的轨道内有存在和发展的余地"。[2] 这是建立新型劳资关系的政策依据。

---

[1]　《毛泽东选集》第4卷，人民出版社1991年版，第1432页。
[2]　《毛泽东选集》第4卷，人民出版社1991年版，第1432页。

2. 劳资双方在新的社会生活中地位的二重性，决定了新的劳资关系的复杂性。在新民主主义社会里，工人阶级是整个社会的领导阶级，而在"私人资本主义企业中的职工，他们在经济上还没有获得完全解放，他们还受着资本家剥削，这种剥削在新民主主义时期只能够受到限制，而不能够消灭"。① 因此，他们必然会利用自己在社会生活中的政治优势争取减轻乃至消灭剥削。资产阶级在社会政治生活中是被领导阶级，但却是私营企业的所有者，是企业的主人，国家法律保护他们的私营财产和经济利益，他们必然会利用自己支配生产资料的优势地位尽量榨取更多的剩余价值。劳资双方争取自己的利益都有各自的依据。

3. 劳资两利的内容。在新民主主义经济制度下，虽然资本家与工人之间的剥削关系依然存在，并且得到承认，允许甚至鼓励资方赚钱、图利，但剥削程度受到限制，不允许过分地剥削工人。工人的劳动工资和福利待遇得到国家和政府所颁布的相关法规的保护，不再完全由资本家按照劳动力的价格决定。资方所取得的合法利润仅仅是企业利润中的一部分。也就是说，在"发展生产，繁荣经济"的总前提下，必须同时兼顾劳资双方的利益，而不能只顾劳资任何一方的权益。一方面资本家要取消对工人过苛的剥削和压迫，要保障工人一定的生活水平，要保障工人的基本权益；但另一方面也要使资本家有利可图。片面强调资方利益，纵容资方违犯法纪，侵犯工人的法定权益，甚至牺牲工人的基本权益，这是错误的；但过分强调劳方的暂时利益，忽视资方利益，也不对。劳资两利也绝不是劳资双方平分红利，而是根据买卖大小、营业好坏、盈利多寡、工作技术、劳动态度等条件，决定分红数额或按劳动合同的规定进行分红，不是对半分红。

4. 劳资关系的性质。在新民主主义政权下的私营资本主义企

---

① 中共中央文献编辑委员会：《朱德选集》，人民出版社1983年版，第261页。

业中，劳资双方仍是有矛盾、有斗争的。但是，这种矛盾和斗争是有限度的。而且在整个新民主主义的阶段上，不会也不应该使之发展到超过共同要求之上，是可以获得调节的。① 通过调节，劳资双方可以在相对"两利"的情况下得到妥协，共同为发展新民主主义经济作出贡献。

当然，在新民主主义制度下，人民政府并未取消或限制工人罢工的权利。新民主主义政权下的一切政策法律，均系为了保护工人阶级及一切劳动人民。在这种政权下，工人和资本家之间的各种问题，完全可以根据政府的政策法令用说理方式和资方协商解决。为避免因罢工而停止生产，给国家、人民和工人自己带来巨大损失，避免低水平的斗争所造成的对生产力的破坏，因此，一般不采取罢工的方式来解决劳资争议。政府提倡用劳资协商的方式来解决劳资争议。

劳资协商的基本方法是：在私营企业中建立劳资协商会议，工人与资方处于完全民主、平等、自愿和两利的关系中，双方缔结集体合同，明确规定劳资双方各自应尽的职责和义务。一方面资方应积极经营，改善管理，反对抽逃资金，消极怠工；一方面工人应遵守劳动纪律，努力生产，或担负更多的任务，并通过劳资协商解决诸如改进生产、业务与职工福利待遇等各项有关劳资双方利益的具体问题。如果劳资协商不成，可以向政府劳动部门申请仲裁。政府劳动部门仲裁后，如劳资任何一方对仲裁不服，在5天之内，通知劳动局，可依司法程序向人民法院提出控诉，由法院来判决。但在法院没判决前，仲裁决定具有法律效力，劳资双方都要遵照劳动局的仲裁决定来处理争议。而在协商、调解或仲裁期间，劳资双方争议未取得一致意见之前，双方对生产要维持原状，资方不准借故关厂、停资、停伙以及减低待遇；劳方也要照常生产，遵守劳动纪律。

---

① 《毛泽东选集》第3卷，人民出版社1991年版，第1056页。

如果协商、调解、仲裁成立以后，劳资双方就应该遵守执行，不得违犯；如有违犯情况发生，对方可以直接向劳动局控告，由劳动局处理。

5. 国家按劳资两利原则来调整劳资关系。从社会经济条件看，解放之初，中国经济十分落后。私营工商业一般经营规模小，技术设备简陋，盈利水平低。中国经济的整体水平和工商业的生产经营水平的状况，决定了私营企业工资水平和福利水平很低。再加上经过多年战争的破坏，私营工商业大都开工不足，甚至处于停业半停业状态。虽然解放了，工人阶级的地位发生了变化，但如果提出过高工资福利和劳动条件的要求，不容许企业根据生产经营情况解雇任何人员，也会导致企业恢复发展乏力，甚至倒闭破产，这样对工人反而不利，对国民经济的恢复发展也不利。所以，国家调整劳资关系的总原则，一是保障工人阶级的基本民主权利；二是使资本家获得合理的利润，以利于企业的发展，企业的工资福利水平依据经济和企业的实际情况而确定，国家认可社会习惯的最低工资标准；三是要求劳资双方共同努力，尽快使企业的生产经营走上正轨，通过建立新型的劳资关系，稳定社会秩序，促进整个国民经济的恢复与发展。

第二节　进城初期的劳资关系及其调整

新中国成立前后，由于解放战争还没有完全结束，整个社会经济处于重大改组之中，私营企业生产经营还没有走上正轨，许多企业处于停产停业、半停业状态，资本家对人民政府政策不明，对前途没有信心，对工人不敢管理，经营松懈，导致开工不足，工资不能正常发放。工人群众在解放后政治地位提高了，但思想觉悟程度还不高，对工资福利要求过高，更不能容忍被辞退。再加之人民政府和各级劳动局刚刚成立，对劳资关系处理的办法和道路还处于摸索阶段，还未来得及制订和颁布一整套关于处理劳资关系方面的政策法令。因此，这一时期的劳资纠纷不断，劳资争议的解决处于混乱状态，也致使劳资间的阶级矛盾更趋尖锐。

针对这种混乱和紧张的劳资关系，中国共产党和人民政府以及工会对劳资双方进行政策宣传与教育，制定和颁布了一套劳动法规以及相关指示，特别是颁布了处理劳资关系的三大文件，以及人民政府采取一系列措施来帮助资本家克服困难，并对失业人员进行了社会救济，使紧张而混乱的劳资关系逐渐走向了平缓。

一、进城初期的劳资关系状况

从图3-1中我们比较清楚地看出，因工人在解放后要求复工和解放后紧缩解雇要求复工而引起的劳资争议案件最多。其次，工人要求调整工资及改善待遇，以及工人要求资方发给积欠的工资津贴而引起的争议也比较突出。[①]

劳资争议产生的具体原因在于劳资双方以及负责处理争议案件的政府工作人员（主要是中共党员干部）存在着一些错误偏向。

（一）工人群众方面

1. 存在清算报复思想。解放初期，部分工人要向资本家算旧账，仍使用解放前旧的斗争方式对待资本家。在厂店生产发生困难时，不相信资本家有困难；有的明知资本家是亏本，但认为他们过去已经赚了很多钱，今天是亏得起的。甚至认为资本家的一切都是工人血汗所创造出来的，吃光了也是吃工人自己的。有些工人不肯要失业救济，而要向老板算账。这种对资本家的看法和很深的仇恨，在厂店一旦遇到严重困难时，甚至发展为包围甚至殴打资本家等过激行为。

---

① 图3-1数据来自于上海市劳动争议仲裁委员会争议处：《劳资争议案件统计图和逐月比较图》，上海市档案馆，档号：B128—2—119。

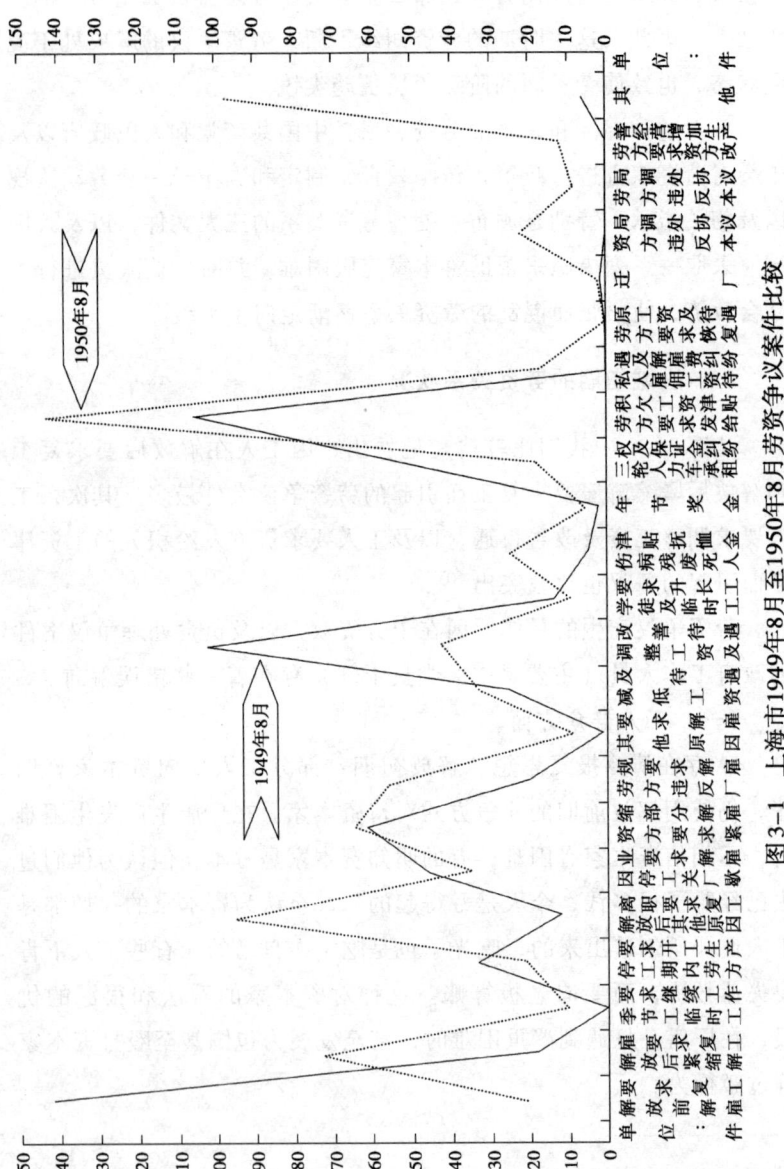

图3-1 上海市1949年8月至1950年8月劳资争议案件比较

2. 误解翻身意思。不少工人认为现在解放了，做主人翁了，便可以不服从职员管理，并要求提高伙食待遇。在工会基层干部中还滋长着某些骄傲情绪和特权思想。

3. 不懂得不论在国营或私营企业中，工人努力搞好生产，都是在执行建设新中国的光荣任务。大多数工人仍抱着做一天工拿一天钱，对生产漠不关心的态度。还认为在私营企业中搞好生产是为老板发财的，搞好生产便是拍老板的马屁，生产积极分子则受到讽刺和孤立。

4. 有部分工人受了资本家高额解雇费的诱惑，便和资方一道采用关店不关门、暗分明不分等方式瞒哄政府，非法关厂关店。

（二）资本家方面

一是怕。资本家因对中国共产党和人民政府的劳资两利政策的认识不够，刚解放时怕政府、工人要实行清算斗争。生产困难时怕工人包围。生产情况较好的厂怕工人干涉行政管理。还怕"提早实行社会主义"。总之，对政府、对工人、对中国共产党和政府的劳资两利政策是抱着害怕、顾虑和不信任的态度。

二是"推"。遇有困难，总是设法向政府推，向工会推，或者向工人推。自己不肯在改革机构、改善经营管理、增添资金等方面负起应有的责任。而是一只手向政府，或者是拉拢工人一起向政府伸手，请求援助。

三是"拖"。由于怀疑政府所制订的政策，不满工人现状，因而对生产持消极态度，遇有困难也不肯积极想办法克服，而是消极地抱着"拖垮算数"、"吃光为止"的态度，更不敢开诚布公地和工人协商克服困难。

四是"逃"。"推""拖"不了，便想一逃了事。有的向政府钻营贷款、定购、把烂污拆在政府身上。或钻营公私合营，把房屋、机器卖与公家，甚至还表明愿意"送厂"、"献厂"。或者对职工提出高额解雇费，非法关厂分店。或者是把工厂商店完全交给工会和工人，美其名曰"劳资合作"。资本家用这些不同的方式逃避困难、推脱责任。

五是"逼"。部分资本家用关厂、停工等手段来威胁工人和新生的人民政权，企图使其让步。

如刚解放时的天津，劳资关系非常紧张，一些工人和店员误认为解放了，允许分厂、分店，并像农村中斗争地主那样，对资本家进行清算斗争。因此，天津在刚解放的一个月内，就发生了53次清算斗争。工人提出过高的工资福利要求，不根据实际情况，一味要求增加工资一倍、两倍甚至五倍，要求过多的分红，退职的工人强迫资本家准许其重新上班，临时工则要求变为固定工。一部分工人无视纪律，不遵守厂规厂纪，上下班随意。

（三）部分负责处理争议案件的政府工作人员方面

面对这些混乱状况，部分负责处理争议案件的工作人员对政府的新民主主义劳资政策并未真正领会和掌握，未能完全理解利用私营企业恢复和发展城市经济的重要性，因而也产生了一些很严重的偏向，主要表现如下：

1. 政策思想不够明确，怕和资本家接触，对资本家采取冷漠不理的态度，不向他们正面宣传解释中国共产党的劳资两利、发展生产的政策，贸易、税收机关也不给资本家应有的照顾等。

2. 部分干部有顾虑和怕丧失立场，从狭隘群众观念出发，产生片面照顾劳方的偏向。例如对工人的要求，总想尽可能地向资方争取，不使工人空着手回去，而不能全面地看待和处理问题。单纯地倾听工人及工会意见，对资方意见则表示不信任和不耐心去倾听。对落后资方敢于批评和申斥，对劳方的缺点和错误则不敢正面批评。对于工人运动中的错误也不去纠正，反而还迁就和迎合工人们的某些偏激情绪和错误做法。

3. 面向生产，一切从生产出发的观点不明确，未能很好地认识到城市经济的迅速恢复对稳定民心和社会秩序，以及对巩固新生人民政权的重大意义。而城市经济的迅速恢复与活跃，在很大程度上有赖于私营工商企业的生产经营恢复正常。

由于部分政府工作人员的上述偏差，结果使得资方对中国共产党和人民政府的政策持严重怀疑态度，不热心生产，消极观望，躺倒不干，甚至抽逃资金，逃往香港或海外；工厂商店大批歇业，开工严重不足；即使开工也是抱着"吃饱了散厂"的消极态度以敷衍政府的复工要求。尖锐的劳资矛盾不仅严重影响到了城市经济的恢复和发展，而且也影响到了新社会秩序的安定。

二、刘少奇天津之行很好地宣传了新民主主义的劳资政策

为缓解劳资关系紧张而混乱的局面，安定民心，把民族资产阶级的生产积极性调动起来，尽快地恢复和发展生产，具体落实中国共产党七届二中全会精神，1949年4月，刘少奇受毛泽东和中共中央委托，亲自前往天津去做调查研究工作。

在进行实际调查的基础上，刘少奇与天津市的党政干部、工人职员和资本家等各方人士举行广泛座谈、作报告，明确指出：必须正确建立与改善公私关系、劳资关系、城乡关系、内外关系这四面八方的关系，才能实现发展生产的目的。而公私兼顾、劳资两利是处理公私关系、劳资关系的基本政策，必须确实执行，是中国共产党战略任务中很重要的组成部分。

如何贯彻执行公私兼顾、劳资两利政策呢？

（一）要正确认识到在现阶段自由资产阶级不是我们的斗争对象，而是争取和团结的对象

平津解放后，有些中共党员干部在如何对待资本家这个问题上存在着模糊认识。认为和资本家接触就是立场不稳，因而怕接触资本家，对资本家冷漠不理，不向他们正面宣传解释中国共产党的劳资两利、发展生产的政策；更有甚者把资本家当做敌人，要立即加以消灭。对此，刘少奇进行了尖锐批评，"如果把资本家当作斗争对象，就是犯错误……就扰乱了自己的阵线"。① 但是，"共产党、工人、其他劳动人民对于自由资产阶级不是没有斗争的"，但"今天的重点是联合自由资产阶级，而不是把重点放在斗争上"。在政治上联合他们，和帝国主义、封建主义、官僚资产阶级作斗争；在经济上联合他们恢复和发展生产。即对资产阶级实行既联合又斗争，但重点在于联合的政策。

（二）要贯彻公私兼顾政策

"我们党、政府、贸易局、公营工厂，必须主动地联合资本家，主动地同他们合作"，从成品推销、原料分配、市场划分、价格协调等方面主动与资本家进行商量和研究，不要使一方独占，兼顾到国家利益与私人利益。除此而外，还要求人民政府迅速转变职能，不应过多地干涉和限制私营企业的经营，不要用意识形态的标准来限制私营企业的发展，对公私企业要一视同仁，如对"原料、粮食和供应煤都应该按照'有饭大家吃'的原则来分配，视工业性质来定供应等级，而不是以'公'和'私'为标准来分供应等级，要公私兼顾"。②

（三）实行劳资两利政策，只顾工人而不顾资本家或只顾资本家而不顾工人，都不是两利而只是一利

针对当时劳资关系中只顾劳方一利的"左"倾偏向，刘少奇指出，要对工人进行说服教育，要使工人明白对资本家提出过高的、妨碍生产发展的不适当的和不合理的要求，不仅对工人不利，对农民也不利，如果任其发展下去就更为有害，资本家不安心，工厂关门，生产下降，工人失业，对各方都不利。所以必须号召工人做到劳资两利，别把资本家挤垮，不要为了眼前部分的利益妨碍了

---

① 中共中央文献研究室编：《刘少奇论新中国经济建设》，中央文献出版社1993年版，第77页。

② 中共中央文献研究室编：《刘少奇年谱》（下卷），中央文献出版社1996年版，第193页。

长远的利益,要使资本家有利可图。

(四)要正确看待剥削问题

剥削既是一个很敏感的话题又是一个不得不慎重对待的现实问题。中国共产党在民主革命时期执行保护民族工商业政策和确保资本家有利可图政策,虽然已暗含了允许资本家对工人进行适度和合理的剥削;而且中国共产党党内个别领导人在一定场合的讲话和报告中也提到在战争时期,要忍受资本家一定限度以内的适当剥削,但中共中央和毛泽东并没有进行公开阐述和肯定。不仅很多党员干部,而且工人和资本家思想上都存在着疑虑,很多人都怕说剥削,认为"剥削多,罪恶大,要审判,要枪毙"。

针对这些混乱思想,刘少奇从历史唯物主义的角度,正确分析了资本主义剥削存在的必然性和历史进步性。他明确指出,在一定历史条件下的剥削是进步的,资本主义的剥削制度在今天还不能完全废除,因为"在中国目前的条件下,私人资本主义经济的若干发展是进步的,对于国民经济是有利的,对于中国是有利的,对于工人也是有利的"。① 剥削问题不是几个资本家的责任,其剥削行为也不是由他们的意识所决定的,而是历史发展的必然结果,是社会制度的产物。明确肯定"今天资本主义剥削是合法的",工人阶级还得忍受一个时期资本家剥削的痛苦。因为中国资本主义不仅能促进生产力发展,而且正处于年轻时代,正是发挥其历史作用、积极作用和建立功劳的时候,应该赶紧努力促进其发展,让资本家多开工厂多剥削一些工人,工人不失业有饭吃,国家可以得到更多税收,对国家人民都有利。为了稳定人心,消除资本家对"剥削多,罪恶大"的彷徨苦闷心理,刘少奇提出了资本主义的剥削不但没有罪恶,而且有功劳的观点。在中国生产力极其落后、工业基础薄

---

① 中共中央文献研究室编:《刘少奇论新中国经济建设》,中央文献出版社1993年版,第90页。

弱的情况下，要迅速恢复和发展生产，巩固人民民主政权，建立起新民主主义经济秩序，除了依靠国营经济以外，还必须充分发挥有积极进步作用的一个很大的生产力——私人资本主义；在还不能完全实行按劳分配原则的新民主主义社会，就应该承认和鼓励资本家的合理剥削。

  刘少奇天津之行及其一系列讲话成效显著，对促进天津工商业的迅速恢复和发展起到了积极作用。1949年7月4日的《人民日报》报道说，刘少奇同志在津召集资本家谈话，透辟地阐明了中国共产党和人民政府关于发展生产的政策以后，使资本家更明确地认识劳资关系，消除和减少了疑虑，提高了经营情绪。同时，职工会也对工人进行了较深入的教育，提高了工人的政治觉悟和政策水平，使他们认识到，目前只有在劳资两利的方针下，积极发展生产，才能更好地改善生活。由于劳资双方明确了劳资两利的方针，并经人民政府和职工会合理地解决了劳资间的一些具体问题，劳资纠纷显著减少，如旧历五月节，即很少发生劳资纠纷事件，这对恢复和发展生产起了推进作用。1949年7月22日的《工人日报》也报道说：4月下旬，刘少奇在津向劳资双方对"发展生产、繁荣经济、公私兼顾、劳资两利"的总方针加以详尽阐述，同时天津市党政领导机关和职工会也根据刘少奇的指示加强了发展生产和改善劳资关系工作的领导，进一步提高了工人群众的阶级觉悟，端正了劳动态度，消除了职员思想顾虑；同时也鼓励了资本家的经营情绪。天津市四大私营纱厂中的华新、恒源和达生三厂，生产已恢复正常状态，并得到相当发展。三厂纱布产量已恢复或超过天津解放前1948年度的正常产量。在中国共产党和政府的大力扶持下，天津市早已停业的工厂纷纷复工，起死回生，有的还准备增加投资，筹建分厂，增加工人，增添机器设备，积极扩大经营；新开业的工业户激增，到6月份，新开业的共增加458户，约超过5月份的一倍；工厂产销量也大大提高了。如5月份，三民织布厂月产布由解放前的300匹增加到

610匹，永明化学厂的盐酸由解放前月产400坛增加到600坛，同心电石厂由解放前日产50公斤增加到900公斤，聚福昌铁锅厂4月每旬平均销售8吨，5月上旬即销到12吨多。① 天津经济迅速得到恢复和发展，并进而带动了整个华北地区经济的恢复与发展。

三、制订和颁布劳动法规，初步规范劳资关系的处理

（一）颁布各项劳动法规

在通过各种渠道大力宣传新民主主义劳资政策的同时，中国共产党和人民政府迅速制订和颁布了一套劳动法规以及相关指示，以进一步具体指导和规范私营工商企业中劳资关系的处理。1949年7月15日，中共中央颁布《关于私营企业中劳资纠纷问题的指示》，纠正劳资纠纷处理的无政府状态，规定劳动局为调解仲裁劳资争议的唯一机关，并正式规定了解决劳资争议的手续。同年7月，中华全国总工会召开全国工会工作会议，通过了关于处理劳资关系问题的3个文件：《中华全国总工会关于劳资关系暂行处理办法》、《关于私营工商业劳资双方订立集体合同的暂行办法》和《劳动争议解决程序的暂行规定》，初步确立了新民主主义劳资关系的主要原则。9月20日，中国人民政治协商会议第一届全体会议通过的《共同纲领》第二十六条规定："中华人民共和国经济建设的根本方针，是以公私兼顾、劳资两利、城乡互助、内外交流的政策，达到发展生产、繁荣经济之目的"。② 正式以国家根本大法的形式把新民主主义劳资政策固定下来。这样，就为解决劳资争议，建立正常的劳资关系提供了成文的政策和法律依据。

除此而外，人民政府还采取了一系列措施如供给原料、发放贷

---

① 黄小同：《"四面八方"政策与建国前后城市经济的恢复与发展》，《中共党史研究》2000年第1期，第34页。

② 中央档案馆编：《中共中央文件选集》第14册，中共中央党校出版社1987年版，第737页。

款、加工订货、代销代购等来帮助资本家克服困难，增加对私营工商业的贷款，鼓励其积极恢复生产。同时，国家还对失业人员进行了社会救济，减缓了企业的压力。随着私人资本主义经济的恢复和发展，紧张而混乱的劳资关系逐渐走向了平缓。

（二）初步规范处理劳资争议案件

各地人民政府领导下的劳动局依据政府制订和颁布的劳动法规和相关指示，尤其是依据处理劳资关系的三大文件，初步规范地处理了大量劳资争议案件。

如案例1：1949年8月，天津市塘沽私营永利化学公司碱厂发生劳资争议，天津市劳动局依照政策仲裁了这起争议。永利碱厂临时建筑泥瓦工人侯树璋、郭云霄、郑立文等83人，在1948年4月，为永利碱厂雇佣修建该厂宿舍，后因战争关系，工程无法继续，由资方于1948年12月7日提前发放半月工资解雇。塘沽解放后，劳方要求复工，经塘大区工会办事处、永利临时职工代表会、劳方代表与资方代表，于1949年2月26日协议，订立口头契约，言明仍由资方雇佣，但最多雇佣两期，每期为3个月，契约期限为自3月1日起至8月底止。但至5月下旬，该厂临时建筑工人复要求资方改为长工，或于原契约期满后继续订立雇佣契约，而资方认为契约期满后即需解雇，因此双方发生争议。争议发生后，塘大区工会和天津市劳动局曾向劳方进行了说服解释工作，但若干工人在侯、郭、郑等个别偏激分子煽动胁迫下，坚持无理要求，争议陷于僵局。8月21日，资方代表与劳方代表遂向天津市人民政府劳动局申请仲裁。仲裁委员会根据契约期满劳资任何一方不愿继续时，不得强制雇佣或受雇佣之原则，批准资方申请：依约于1949年8月31日起，双方解除雇佣关系，不附带任何条件。仲裁委员会除宣布在3日内将仲裁书分送劳资双方外，并说明劳资双方在接到仲裁书后，任何一方如有不同意时，须于5日内向人民法院起诉，请求判决，否则仲裁决定既具有法律效力；同时申明在契约未满前，资方不得随便解雇或降低工人待遇；劳方也不得发生怠工或破坏生产等事情。①

案例2：1950年1月，北京市大昌油房发生劳资纠纷。大昌油房位于前门外九区石头胡同68号，有房子37间，磨香油机是电力磨，油栈4座，原有股东5位，1945年改组后，只留下股东3位，资金（伪联币）7万元，解放后报营业资金（人民券）230万元。职工19人，内有资方作里6人算在内。解放前工人工资每月平均共合12斤香油，在1948年年底资方曾馈送工人店员17人共504斤香油，合3个月工资。

解放后资方对政府政策不了解，怕斗争，怕清算，对营业态度很消极，存在不劳而坐食待穿的思想，曾先后抽出资金银元750元，花生油750斤，芝麻900斤，后经工人制止，又看到自己没有权力更加害怕。

劳方在解放前曾受尽资方压迫，解放后看到是工人天下，有说理的地方，于是就要求资方改善待遇，提高工资。资方则抱着有求必应态度，并赠送花红19元到150元，现洋共合747元。工人因一连串地提高待遇增加工资，伙食每日记粮两顿，每人预支两个月的工资，1949年3月间又调整工资玉米70斤到140斤，5月份又将玉米改为小米，70斤到160斤，5月份还要求发双薪，原发一个月工资外，每人又发给两个月的工资，到9月份又想提高工资93斤到200斤（伏地小米），10月份又给每人做蓝制服一套，到阴历年工人又要求发三薪（除双薪加本薪为三薪），八月节，阳历年，旧历年共发6个月。有资方亲近人从中调解发给3个月，劳方不接受，阳历年停业三天，资方说庆祝新年休假3天，在休假中资方给工人讲买卖不好，不能继续再做。当时盘货共折人民券4900万元②，资方

---

① 《工人日报》，1949年9月1日，第1版。
② 人民币旧币，在1948年12月到1955年2月间流通。旧币与新币之比为10000:1。下同。

愿拿出2千万元给劳方作为解雇费，劳方拒绝不受，又因三薪争执，资方于1950年1月7日到劳动局申请调解，劳方于1月8日即强行将长支的两个月工资作为双薪而收账，劳方抱着先支了账再打官司的态度。

资方要求把全部店员解雇，但劳方坚持不同意解雇。劳动局在了解实际情况后即主动找到工会，共同研究，会同有关单位（如北京市九区店员工会、油盐粮工会、同业公会），首先说服教育劳资双方维持营业存在，要求工人降低工资与待遇，以使工人店员不失业，又能维持营业使资方有利可图，并使资方有权利与职责。本着劳资两利政策，确定协议方针后，即进行具体协商。经过1天的协商调解，说服劳资双方协议条件如下：

①要努力发展生产，维持营业，克服目前困难，又要照顾职工生活及资方利益，说服工人减低工资，按原工资（伏地小米）店员185斤减去85斤，工人减去65斤，减工资以85斤为基数按比例数减低。

②生活每日细粮两餐，现因营业不佳，职工为照顾营业改为一日一顿麦，1月20日遵照实行。工资由（阳历2月份起）进行减低。

③因八月节双薪劳资未获成就又无旧有习惯，故原收账的2个月经资方同意改为年节双薪（共发2个月），花红馈送一概取消，过去劳资双方长支自2月份起适当扣除。

④为发展生产达到劳资两利目的，双方维持生活，财东月支每股不得超过中等店员工资（100斤为标准），但支取又要照顾实际情况，不得影响营业发展。股东应响应号召，参加生产，不得坐食别人劳动，克服寄生思想，月支数日折实计算至结账时，由红利中扣除。

⑤如营业发展正常，劳资双方自行商议，另行调整，如营业情况极不正常时，尽量维持营业，利润分红东家64%。

⑥柜上不在职服务者应立即遣散。

⑦经理主柜领导生产,所有职工必须服从领导,如对生产计划有意见,职工可提出建议,由经理采纳决定。

⑧柜上铺规由劳资双方商议自制,双方同意后遵照执行。

北京市劳动局对大昌油房劳资纠纷的处理是较成功的。经过调解,问题都得到了解决,并商议合理条件保持了16名职工继续工作,不失业,双方都比较满意。同时,此次纠纷比较典型,及时、适当地处理和解决后,对周围厂店影响很大,类似的劳资纠纷少发生了很多。①

案例3:1950年8月,北京市明明眼镜公司发生劳资纠纷。明明眼镜公司位于西单北大街69号,经理杜某独资经营。1948年春节减价,营业情况良好,柜上人位短少,职工李某当时在家无事可做,后经人介绍到明明眼镜公司工作,当时说明试工3日,日后即不负责。试工后,杜称工作不坏,随即录用,分予技工职务,并已报有户口,每月由杜随意支给李不定货币作为薪金,后来改为按流水提成,双方关系很好。1949年5月24日,李因事请假回家,李走后,杜到派出所将李户口销掉,月余后李返柜工作,未有户口,李问杜为何销去户口,杜称城内有你户口何必再报,报户口就得买公债等进行搪塞,李多次催促并未补报。

1950年7月间,派出所普查户口,发现李未有户口,让经理补报。但杜数次违抗不报,派出所始将杜、李送到分局,即以违犯治安规则处理,将李扣押,李被押一天半,罚米25斤后释放,杜拘留8天。李被释放后回柜工作,即遭杜妻拒绝,声称若工作必须等杜回柜才能决定。李无奈,只得等杜回柜再说。杜被释放后即住医院,避不见人,李找杜数次均搪塞支吾,拖而不决。李因无工

---

① 北京市劳动局:《1950年处理劳动争议专题报告材料》,其中之《大昌油房纠纷调介后总结》,北京市档案馆,档号:110—1—58。

做，生活无着乃于8月9日申请劳动局调解。

北京市劳动局于8月9日收案后，即通知明明眼镜公司经理，了解情况，杜未到案，其妻出席。第一次调解，经说服讲解政策，批判杜某错误，报户口是户主之责，拒绝李复工无道理，杜妻考虑后，提意回柜与经理商议后再作答复。劳动局同意私下协商。杜妻回柜后对李复工由怨生恨，并无一点诚意，相反地找了些诬赖工人的理由，坚决拒绝李回柜工作。说李怠工、烤坏镜框等。后劳动局找杜专议，杜则信口辱骂工人，并说李立有字据（为资方制造的非法字据），不能回来工作。

后经调解无效，李便向北京市人民法院申诉。法院判决李复工。但杜仍阻挠李复工2个多月，破坏劳资争议解决程序规定，欠李7个多月工资，不给清算，至今只给100万元。后来市法院依法强令杜允许李复工，资方由此怀恨在心。1950年12月18日李正与主顾谈生意，杜的儿子暗将镪水洒在李背部，将棉衣烧坏数处，若非及早发现则将危及身体。随即扬言李"企图自杀"，扰乱营业。该公司既不需要镪水为生产原料，显系图谋杀害李（有公安第二分局派出所可以证明）。

后经北京市人民法院于1951年4月11日审判，对明明眼镜公司经理杜某父子蓄意虐待工人，违抗政府工会法令，作出判决。判处杜徒刑1年，其子3年。①

从上述三个案例的调解过程来看，解决劳资争议案件的处理流程一般为：纠纷发生→劳资双方代表与基层工会、公会代表进行初步协商→如协商无果，劳方或资方向当地劳动局申请调解→如调解无效，则由劳动局进行仲裁→劳资任何一方如对仲裁有异议，则可

---

① 北京市劳动局：《1950年17区工会、劳资代表关于私营企业劳动争议复工、长短工等案件材料》，其中之《明明眼镜公司劳资纠纷简要报告》，北京市档案馆，档号：110—1—62。

向人民法院起诉,请求判决。

第三节 合理调整工商业中的劳资关系

1950年上半年,在打击投机资本、统一财经和稳定物价的斗争中,私营工商业在经营上又出现了困难,进而严重影响到劳资关系,劳资纠纷日渐增多。中国共产党和人民政府对私营工商业从公私关系、劳资关系和产销关系三个方面进行调整,倡导通过设立劳资协商会议来解决劳资争议。为了更好地调整劳资关系,还广泛地在私营企业中倡导订立劳资集体合同。这些都对解决劳资争议起到了很好的作用,先前紧张的劳资关系也在民主、平等、协商的基础上逐步走向正常。到1951年7月,"民主的、平等的、两利的、契约的、新民主主义的劳资关系,已在全国范围内基本上建立起来"。[1]

一、私营企业中的劳资关系再度紧张

1950年上半年,经过打击投机资本,统一财经,全国物价基本稳定下来。这从根本上来说,为国家的经济恢复与发展创造了有利的条件。但私营工商业却在经营上又出现了严重的困难。私营商业销售大大下降,私营工业生产锐减,开工严重不足,市场萧条,私营工商企业纷纷倒闭。私营工商业的经营困难导致了失业的增加。仅据中华总工会对几个大城市的统计,1950年3—4月间,就增加失业人口约10万人。其中上海5万人,武汉2.5万人,天津1.4万人。处于半失业或名义上在职而实际上无事可做、拿不到工

---

[1]《工人日报》,1951年7月10日,第1版。

资的则更多。

私营工商业经营困难的局面严重影响到劳资关系。一方面，资产阶级中的一部分人对减产、停工和歇业现状，消极、疑虑和抱怨，把出现的问题完全归咎于人民政府，要求裁员减薪。另一方面，解放以后，人民政府在劳资政策上做到了重视工人工资福利，保障了工人民主权利的行使，但却失之于不以发展生产为前提，各地订立的劳资合同，不少是未经征询资方意见，就强迫资方接受合同；相关法规虽规定资方拥有解雇权（如《中华全国总工会关于劳资关系暂行处理办法》第六条就规定：资方为了生产或工作上的需要，有雇佣与解雇工人及职员之权），但从未认真执行；劳方的抗议权却又执行过火。例如太原市私营棉织业的劳资集体合同中规定的工人工资标准，不仅超过了公营轻工业工人的工资水平（公营普通工人250斤米，私营合同中规定390斤米），而且把工资提高到了成本计算的最高点，每匹布只给资本家留1斤至6斤米的利润。甚至有些干部不管资本家和工人意见，代替规定高额工资。私营工商业发生困难后，工人更是反对减薪、停薪，反对停工、辞退。这种只顾劳方一利，而不是劳资两利，不从发展生产出发的做法加剧了企业的困难。物价平稳之后，私营工商业生产缩减、歇业倒闭时，除京、津两个大城市的工人和政府采取适当地减低工资，主动让步，藉以维持生产，避免失业之外，其他许多城市并未采取适当措施。如太原市要降低此前规定的过高的工人工资，但该省劳动局害怕别人说右倾，拖延不管，及至工人私自与资方协商自动减薪，反说工人是右倾。①

与此同时，部分中共党员干部和工人盲目乐观，对生产困难认识不足。一旦困难严重，要停工、减薪，工人感受失业威胁时，便

---

① 中国社会科学院、中央档案馆合编：《1949—1952中华人民共和国经济档案资料选编》（工商体制卷），中国社会科学出版社1993年版，第808、817页。

怨老板、怨政府，甚至怨解放；或者明知生产困难不能维持，但也不愿实行部分精简，企图用拖的办法挨过困难；否则，要停工时便大家都停工。在生产情况差时，工人尚肯吃苦和让步，但生产情况稍好时，马上又要求提高待遇，影响了资方生产情绪；而不懂得使资方有一定的利润可图，是争取资方积极经营，发展生产的重要条件。

外面临着市场萧条的压力，以及国家的催征税收、摊派公债，内存在着尖锐的劳资矛盾，使得资本家和新生人民政权的关系十分紧张。私营工商业者以为就要消灭资本主义、实行社会主义了，惶惶不可终日。他们有的消极等待，躺倒不干；有的遣散职工，关厂歇店；有的抽逃资金；有的干脆闭厂，一走了之。面对日渐增多的劳资纠纷，不断增加的失业人口，生产萎缩、交易清淡的不景气现象，中共党内一些人又产生了急躁冒进的"左"倾思想，想趁私营工商业发生困难之机，提早在中国消灭资本主义。对这些错误而混乱的思想，以毛泽东为代表的中共中央领导人从当时的实际情况出发，否定和批评了这些错误认识，并在实际工作中着手调整私营工商业。

二、倡导通过设立劳资协商会议来解决劳资争议

此次工商业的调整主要从公私关系、劳资关系和产销关系三个方面着手。就调整劳资关系而言，中国共产党和人民政府依据建国初期私营工商业劳资关系的现状，即在整个社会中工人阶级已经处于国家领导阶级的地位，但在私营企业中又还处于被剥削的地位，而工人阶级所受的剥削又不能采取立即消灭资本主义的方式予以彻底解除；在当时的条件下，还必须容许资本主义剥削的存在。唯一合理且被实践证明行之有效的解决方式依然是实行劳资两利原则，一方面切实保障工人阶级的基本民主权利和生活工作条件，另一方面又要确保资本家获得合理利润，否则，恢复和发展生产的目的就难以实现。因此，在调整劳资关系时，政府始终坚持如下三个原则：第一，工人阶级的民主权力必须得到确认；第二，必须首先从有利于发展生产出发；第三，劳资的问题，用协商方式解决，协商不成，由政府仲裁，然后逐步过渡到更固定的合同关系。

为便利劳资双方民主、平等地进行协商，1950年4月29日，劳动部专门发布了《关于在私营企业中设立劳资协商会议的指示》，要求在雇佣50人以上的私人工厂和商店中设立劳资协商会议；在同一城市的同一产业或行业中如劳资双方均认为必要时，要设立产业或行业的劳资协商会议。通过在私营工商企业中设立劳资协商会议，依据劳资两利和民主原则，采用劳资双方平等协商的办法，来解决诸如改进生产、业务与职工福利待遇等各项有关劳资双方利益的具体问题。劳资协商会议必须由劳资双方代表机关分别选派同等数量的代表组成，代表名额由双方规定，一般为每方2—6人；代表一经选定应将姓名通知对方，若无必要一般不必更换，应比较固定；劳资协商会议的召开一般以不占用生产时间为原则，应经常召开，而不能仅仅是个摆设；一般问题的协议经劳资双方代表一致同意即可成立，比较重大问题的协议，则须由双方代表报告有关人员和全体职工，取得同意后方可成立，所协议的较重大事项，须写成双方代表同意并经双方代表签字的会议记录3份，双方各执一份，报劳动局备案一份；如在协商会议中发生争执，无法解决时，则按照劳动争议解决程序的有关规定来处理。双方在民主平等协商达成共识的基础上，订立劳资集体合同，以建立起比较稳定的劳资关系。

各地根据这一指示，普遍地在私营企业中建立了劳资协商会议。通过设立劳资协商会议，劳资双方就有了经常协商的机会，打开了过去互不信任的僵局，使曾在3—4月间一度紧张的劳资关系，在5月下旬开始转趋正常。据上海市劳动局统计，如表3-1中的数据所显示的，1950年共成立劳资协商会议件数为674件，除开1月才开始建立统计制度外，3月份成立的最少，只有6件；而5—6

月份成立的最多,分别为 129 件和 137 件。这表明 3 月、4 月间一度紧张的劳资关系,在倡导成立劳资协商会议之后,开始转趋正常。

表 3－1　　上海市劳资协商会议成立情况（1950 年）①

		共计	1月	2月	3月	4月	5月	6月	7月	8月	9月	10月	11月	12月
		件数	件数	件数	件数	件数	件数	件数	件数	件数	件数	件数	件数	件数
1950年	合计	674	1	—	6	59	129	137	98	75	54	40	32	43
	行业	86	—		3	16	16	10	10	13	7	3	2	6
	厂店	588	1		3	43	113	127	88	62	47	37	30	37
备注		1. 劳资协商会议成立情况自 1950 年 1 月开始建立统计制度。 2. "行业"包括市行业的区（街）道组联的。												

就全国来看,截止到 1950 年 6 月月底,据不完全统计,北京、天津、上海、武汉、广州、济南等地已建立起劳资协商会议 923 个,其中有 270 个是产业或行业协商会议。②

此阶段的劳资协商会议的所起的主要作用为解决劳资争议,协助资方克服当时生产经营的困难。劳资双方直接见面商议克服困难的办法,并对双方都提出了一定的要求。如天津市私营机器染整业职工为协助资方克服当前暂时性的困难,经过纺织业工会和该业资方同业公会共同协商拟订的《解决当前困难临时办法协定》中,一方面规定职工减低待遇,照顾资方,使其能维持生产;另一方面规定资方必须照顾工人的最低生活,并固定人员,维持经营,以渡过暂时困难。在劳资协商过程中,一般工人都能从发展生产的全局的远大利益出发,多方让步,资方也因此而消除了许多不必要的顾

---

① 此表来自于上海市劳动局：《关于 1949 年 6 月至 1953 年 8 月劳动统计综合汇编：劳动合同部分》,上海市档案馆,档号：B127—1—32—27。
② 《工人日报》,1950 年 10 月 4 日,第 1 版。

虑。劳资协商会议成立后，工人们的生产积极性大大提高了，有些私营工厂的职工已和公营工厂一样展开了生产节约、竞赛运动；有些工厂、商店的工人，为协助资方克服暂时困难，主动与资方签订临时协定，降低薪资或生活水平。这种积极生产与克服困难的结果，使各厂的生产面貌焕然一新，一般工厂和商店的生产和营业情况逐日好转。随着劳资关系的趋向正常和生产的好转，职工福利也得到了逐步改善。而且通过劳资协商，工厂、商店原有的某些不合理的管理制度和经营方式已开始得到改进，科学的民主管理的新制度已逐步树立起来，例如建立起了车间生产会议，成为劳资协商会议与工人群众之间的桥梁组织，不仅进一步地改善了劳资关系和改进了生产与营业情况，而且为进一步实行民主管理和克服困难、维持与发展生产奠定了良好的基础。

为了更好地调整劳资关系，还广泛地在私营企业中订立劳资集体合同。劳资集体合同与劳资协商相比，在巩固劳资关系上是更进一步的形式，它比较固定地规定着劳资双方的权利、责任和劳动条件，可以让双方安心进行生产，不必经常地在这些主要问题上进行协商。从（1950年）6月、7月开始，随着各地工商业产销情况的开始好转，劳资关系渐趋稳定。各地劳资协商会议也在劳动局与工会组织的帮助下已逐渐从单纯解决争议的协商机关，转到劳资双方共同努力搞好生产的协商机关。为规范处理劳资纠纷，政务院又发布了《省、市劳动局暂行组织通则》，建立起了劳资纠纷的处理机关。

三、新民主主义的新型劳资关系初步建立起来

通过对劳资关系的调整，再加上对公私关系和产销关系的大力调整，极大地改进了私营企业的经营方式，也提高了工人的生产积极性，共同克服了私营工商业的暂时困难，生产和经营开始好转。从1950年下半年开始，私营工商业摆脱困境，迅速恢复并得到了

发展。首先表现在私营工商业户由开业少歇业多转变为开业多歇业少。以北京、上海、天津、武汉、广州、西安、济南、无锡、张家口等10个大中城市为例,1950年第二季度私营企业开业5903家,歇业12750家,歇业多于开业;经过调整后,1950年第三、第四季度开歇业情况则发生了相反的变化,开业32674家,歇业7451家,开业户数大大超过歇业户数。① 不仅开业户大大增加,而且私营工业生产增加,私营商业销货额大增,利润也有较大增长。1951年同1950年比较,私营工业生产总值增加了39%,私营商业批发额增加35.9%,零售额增加36.6%。1951年私营工商业全年盈余估计为37.17亿元,比1950年增加90.8%。大型工业中,有18个行业的利润率超过50%,有6个行业超过20%—50%,有7个行业超过10%—20%。②

私营工商业的恢复和发展,劳资双方都得到了好处,劳资纠纷显著减少,劳资争议大多数能通过劳资双方协商解决。如武汉市若干私营企业劳资双方通过签订集体合同和成立劳资协商会议,使这些企业中过去发生的有关工资、解雇等方面的争议获得了合理解决。再如上海大达大通轮船联营处通过劳资协商解决了编余人员问题。上海私营大达、大通、志新、大达大通联营处4家轮船公司因为营业不好,亏累很大。职工们曾自动想出欠薪办法,协助资方克服困难,但情况还是没有改变。6月初(1950年)4家轮船公司自愿参加合营,组成长江轮船合营有限公司。4家公司原有职工131人(不包括船上的人),新公司名额决定为55人。关于编余人员问题,大通大达联营处劳资双方经过了1个多月协商,于7月17日签订了协议书。其主要内容为:劳方自动申请解雇的,资方一次

---

① 赵德馨主编:《中华人民共和国经济史(1949—1966)》,河南人民出版社1989年版,第123页。

② 王炳林主编:《中国共产党与私人资本主义》,北京师范大学出版社1995年版,第307页。

发给3个月的工资的解雇费（包括伙食费），补发3月、4月、5月3个月的欠薪，并由资方酌贴回乡生产路费。编余人员照雇办法：资方按上海市第三届各界人民代表会议的决定，每人每月发给原有工资（包括伙食费）的30%，以1年为限。为了照顾底薪小而困难大的员工生活，经劳资双方协商后，资方同意稍多发些照顾费给他们。编余人员如中途在新公司复职，或获得相当职业的，照顾费就停发。另外，并开办编余人员学习班，请中国海员工会华东区委员会文教部主持，经费及房屋由资方负责。新公司将来添用人员时，由海员工会依照编余人员学习班的规定，统一介绍。①

对于部分资方不切实履行合同的行为，劳动局则召开劳资大会或行业劳资协商会议予以纠正和解决。例如北京十区盆窑业部分资方破坏工会组织，违反集体合同，由北京十区政府工商劳动科、十区工会办事处，召集了劳资大会。在劳资大会上批判了资方违犯协议和政府劳动法令、不执行集体合同的错误。同时也适当地指出工会应监督资方执行政府法令和集体合同，并通过劳资双方协商解决了工人复工和工资的问题。②

从表3-2中显示的数据可以看出，劳动争议案件在1950年达到高峰，经过调整，以及在政府大力倡导通过设立劳资协商会议来解决劳资纠纷后，劳动争议案件数从1950年的113.71%急剧下降到1951年的-53.56%，通过协议解决的劳动争议案件比例在1951年则上升为154.18%。这表明，此阶段的劳资关系"基本上已上了正轨"，③ 劳资争议大多数能通过劳资双方协商解决。"民主的、平等的、两利的、契约的新民主主义的劳资关系，已在全国范

---

① 《工人日报》，1950年7月28日，第1版。
② 《工人日报》，1951年6月16日，第1版。
③ 中共中央文献研究室编：《陈云文集》（1949年10月—1955年12月），中央文献出版社2005年版，第178页。

围内基本上建立起来"。①

表 3-2 上海市劳动争议、协议受理案件统计
（1949 年 6 月—1951 年）②

	总计		争议		争议案件逐年增长速度	协议		协议案件逐年增长速度
	件数	关系人数	件数	关系人数	百分比	件数	关系人数	百分比
1949 年 6 月—12 月	4436	542180	4436	542180	—	—	—	—
1950 年	11444	1269420	9480	819072	113.71	1964	450348	
1951 年	9393	1407656	4402	394467	-53.56	4991	1013189	154.18

本章小结

新民主主义革命取得胜利后，劳资双方的共同利益就是共同建设新民主主义的政治、经济和文化。这就需要尽快地充分调动起资本家的生产经营积极性，以尽快地促进国民经济的恢复和发展。但由于新中国刚刚成立，整个社会经济处于重大改组之中，劳资纠纷层出不穷，劳资关系也比较混乱和紧张。因此，为了稳定社会秩序，避免生产陷于瘫痪，急需迅速调整和建立起新的劳资关系。

中国共产党和人民政府以及工会对劳资双方进行新民主主义劳资政策的宣传与教育，及时制定和颁布了一套劳动法规以及相关指

---

① 《工人日报》，1951 年 7 月 10 日，第 1 版。
② 此表来自于上海市劳动争议仲裁委员会争议处：《1949 年 6 月至 1954 年劳动争议、协议案件统计表》，上海市档案馆，档号：B128—1—7；上海市劳动局：《关于上海市 1949 年 6 月至 1955 年劳动统计汇编》，上海市档案馆，档号：B127—1—59，经过作者整理、合并。

示，特别是颁布了处理劳资关系的三大文件，为规范解决劳资争议、建立正常的劳资关系提供了成文的政策和法律依据。与此同时，人民政府还采取了诸如供给原料、发放贷款、加工订货、代销代购等一系列措施来帮助资本家克服困难，并对失业人员进行了社会救济。随着私人资本主义经济的恢复和发展，紧张而混乱的劳资关系逐渐走向了平缓。

1950年上半年，在打击投机资本、统一财经和稳定物价的斗争中，私营工商业在经营上又出现了困难，进而严重影响到劳资关系，劳资纠纷日渐增多。为此，中国共产党和人民政府对私营工商业进行调整，大力倡导通过设立劳资协商会议来解决劳资争议。为了更好地调整劳资关系，还广泛地在私营企业中倡导订立劳资集体合同。这些都对解决劳资争议起到了很好的作用。从1950年6月、7月开始，随着各地工商业产销情况的开始好转，劳资关系渐趋稳定，劳资争议大多数能通过劳资双方协商解决。到1951年7月，新民主主义的新型劳资关系已在全国范围内基本上建立起来了。

第四章

"五反"运动中及其以后的劳资关系

"五反"运动是劳资关系变化的一个大的转折点。"五反"运动期间及其之后一段时间里,劳资关系极度紧张和不正常。运动结束后,中共中央即要求各地党委及工会组织迅速进行调整,要在新的条件下,经过劳资协商,签订劳资合同,建立起相对安定的正确的劳资关系,以利于生产和经营的发展。但实践证明,调整效果并不理想。紧接着,从1952年8月开始在私营企业中进行民主改革;1953年又展开大规模的增产节约运动,这些改革和运动进一步改变了私营企业中的劳资关系,工人在私营企业中的地位和权利发生了实质性变化,工人真正成为企业名副其实的主人,工人监督资本家的权利在事实上也已经广泛建立起来了。而资本家在事实上已处于被改造的地位,在经济、政治、文化乃至于家庭都要实行改造。资本家在企业内部的经营管理权在很大程度上也已名存实亡,资方基本上完全丧失了对企业的控制权。实际上,"五反"以后,资本家已经无法完全按照建国初期那样对企业进行经营管理,只有接受社会主义改造,而别无他途。

第一节 "五反"运动中劳资关系发生转折

一、"五反"运动中的劳资关系

(一)运动中的劳资关系状况

1952年初,为了反对私营企业在日常经营活动中出现的行贿、偷税漏税、偷工减料、盗骗国家财产、盗窃国家经济情报等违法行为,中国政府在全国范围内开展了声势浩大的"五反"运动。"五反"运动有效地打击了不法资本家严重的违法经营行为,在私营工商业者中普遍进行了一次守法经营的教育,提高了私营企业中工人阶级的政治觉悟和社会地位。

然而,在和平建设时期,采取大规模群众运动的方式进行"五反"运动,必然会对社会秩序的稳定、经济的运行和企业内部的正常关系造成负面影响。

"五反"运动是劳资关系变化的一个大的转折点。"五反"运动期间及之后一段时间里,劳资关系极度紧张和不正常。在运动中,工人阶级方面:强烈谴责资本家"不劳而食",要资本家洗碗扫地,把资本家赶到地下室去住,资本家的住室改作工人宿舍,要资本家降低生活不许吸好烟等。干涉资方的经营管理权,以为工人阶级领导就是工人把厂店管起来,不让资本家参与经营管理。因而,不听从资本家的工作分配,不遵守劳动纪律,有的店员提前关门集体看电影去了,有的随便支柜上的钱买东西,却不允许资本家在柜上长支短借,不允许经理用柜上的钱去退"五反"的款,要资本家从自己家中拿。不顾发展生产的前提,要求过高的工资和福利待遇，如一杂货店的工资由 200 斤加到 700 斤（另管饭），麻袋业有的工资增加了 4 倍。一般职工和工会干部怕失去立场采取宁左勿右的态度，在加工订货中验收条件过于严苛；少数工人、工会干部和一些专门从事"三反""五反"运动的机关部门和税收部门，为了落实对本单位工作人员收受资本家行贿的指控和落实对资方偷税漏税等违法行为的指控，完全抛开了政府的政策和相关法律规定（如上海市增产节约委员会宣布了"五反"运动期间的"八项纪律"，其中规定未经市增产节约委员会或区增产节约分会批准，及未备有正式的检查证件和佩带本会所发的"五反"检查队臂章的任何机关、团体工作人员或个人，均不得进入任何工厂、商店或其他企业内进行有关"五反"的检查；除公安司法机关根据市增产节约委员会的通知，依照政府所规定的正式手续，携带正式的传讯通知书、拘票或传票，得执行传讯、拘留或逮捕有关违法人员外，其他任何机关、团体或个人，均无权进行传讯、拘留或逮捕；在进行"五反"检查时，严禁使用肉刑、变相肉刑或其他逼供信的办法等），未经报告和批准，擅自跑到工厂和商店随便抓人、打人。甚至不尊重资本家起码的基本人权，搞逼供信。在拷问和审讯中采用肉刑或变相肉刑，轻则罚站、罚跪、立壁角、向资本家脸上吐口水，重则打耳光、拳打脚踢、用棍子一顿乱打等。如据上海五反委员会辅导组报称：顺华机器厂负责人瞿明德、乐嗣黻二人被天原电化厂于（1952 年）3 月 8 日传去，迄今厂中无人负责；更有人民银行派丁永以市增产节约委员会名义，将中国柴油机公司董事长、总经理陶咸于上月 22 日传去，迄今已两旬，尚未放回；合众冷气工程公司经理马德祥被浙江蚕业改进所人员传讯数日夜；派克公司资方钮永集被黄浦区税局三次传讯，罚站 20 余小时；上海第二印染厂传讯某五金号推销员包鑫泰，令其下跪，并拖大衣抓头发，迫令承认行贿及书写凭证及随传随到的保证书；江宁区税局将商人白建华打耳光后当时晕倒,醒来后说他装死,又拿棍子乱打;商人何润泉被三个工作人员轮流打了一个半钟头;高桥区税局将商人李俊荣关在大房间里被十几个人拳脚交加的痛打,并用针刺其指头;元丰毛纺厂工人每天把老板伍铁珊喊来批斗几小时,并向其脸上吐口水;河南路汇森理发店老板因资金周转不开,被迫停工停伙停薪,被理发业基层工会100多人围殴,并将双手反绑,跪在长凳边缘上,再在其腿上立上两个人。①

资产阶级方面:人人自危,惶恐不安,搞得许多资本家不敢放手做事,畏首畏尾,事事请示工会,连买一桶染料都要先请示工会;资本家指挥不动职工,也不敢指挥;社会地位和形象一落千丈,自惭形秽;对前途感到渺茫,"资本家既不知该如何扮演自己所担当的社会角色,也没有足够的信心和勇气来继续扮演这样的角色。"②甚至有部分资本家灰心绝望、感觉走投无路而自杀。如上海市增产节约委员会统计组不完全统计,从1952年3月21日至7月5日止,私营工商业户自杀死亡人数为134人(见表4-1中的数据)。在表4-1中给出的私营工商业户自杀原因这一项来看,除开欠税、罚款和发不出工资这些经济原因之外,最主要的就是思想落后、怕受处分、逃避斗争等心理或精神因素。也就是说,"如此之多的资本家在这时选择自杀以了却人生,毫无疑问与这场运动使他们对前途彻底绝望有直接的关系"。③

---

① 杨奎松:《建国前后中国共产党对资产阶级政策的演变》,《近代史研究》2006年第2期,第20页。
② 何永红:《"五反"运动研究》,中共党史出版社2006年版,第121页。
③ 杨奎松:《建国前后中国共产党对资产阶级政策的演变》,《近代史研究》2006年第2期,第22页。

第四章 "五反"运动中及其以后的劳资关系

表4-1　　　　　上海市"五反"运动中私营工商业户自杀情况统计①

项目	自杀者身份										自杀原因							
	总计			资本家		资本家家属		职工	其他	合计	逃避斗争	欠税	因罚款	发工不出资	怕受处分	抗拒坦白	思想落后	其他
月份	工	商	其他	工	商	工	商											
合计	138	198	135	127	188	11	10	108	27	471	37	85	37	21	71	25	105	90
1月	0	2	2	0	2	0	0	2	0	4	—	—	—	—	—	—	—	4
2月	12	32	25	12	32	0	0	19	6	68	—	—	—	—	—	—	—	68
3月	60	44	42	57	44	3	0	33	9	147	10	56	7	0	48	2	20	4
4月	53	90	52	45	82	8	8	43	9	195	26	20	29	14	20	21	60	5
5月	12	28	8	12	26	0	2	7	1	48	1	9	1	5	3	2	19	8
6月	1	2	4	1	2	0	0	1	1	7	0	0	0	2	0	0	5	0
7月	0	0	2	0	0	0	0	1	1	2	0	0	0	0	0	0	1	1

附注：①自杀死亡人数无精确统计，从1952年3月21日至7月5日止，资本家死亡134人。②因1952年一月、二月份的自杀原因没有材料，故列入"—"表示不详。

（二）运动中劳资争议特点及其处理

1. 劳资争议案件数上升显著，尤以"三停"为最。在全国范围内刚刚建立起来的"民主的、平等的、两利的、契约的"新民主主义的新型劳资关系还未来得及得到进一步地巩固，就在"五反"运动的猛烈冲击下发生了大转折，平缓、有序的劳资关系突显紧张和混乱，劳资纠纷骤然增多。从1950年至1952年全国30

---

① 上海市增产节约委员会统计组：《"五反"基本情况统计（草稿）》，上海市档案馆，档号：B13—2—295。

个城市劳动统计参考资料分析,① 1950年、1951年两年受理的劳资争议案件数大致相当,均不到2.5万件,而到1952年,受理争议案件数则猛增至6万余件(见图4-1)。

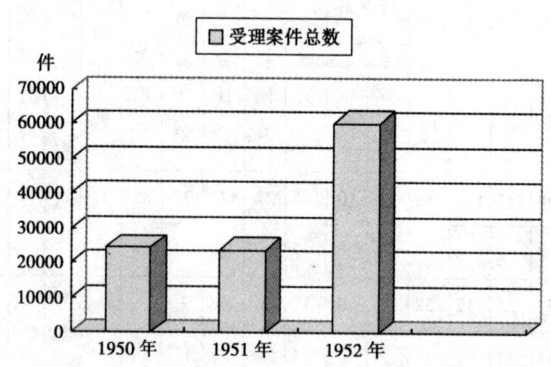

图4-1 3年来30个城市受理劳资争议案件数按年度统计数据②

极度紧张和不正常的劳资关系不可避免地严重影响到了生产和经营的发展。还在"五反"运动期间,各地经济生活就已经出现了暂时呆滞的现象:营业额普遍下降,失业增多。"三反""五反"运动以来,失业半失业的人数大有增加。根据不完全的材料估计约为150万人左右,比1951年年终约增加1.5倍以上。③ 广州由"五反"前的1万多人失业增至4万多人,武汉增加到5万多人。④

---

① 30个城市是:北京、天津、唐山、呼和浩特、沈阳、旅大、长春、哈尔滨、西安、上海、济南、青岛、南京、南通、徐州、蚌埠、芜湖、杭州、福州、厦门、武汉、广州、郑州、开封、安阳、沙市、南昌、南宁、重庆、昆明。下文不再一一列举。

② 表中数据来自中国社会科学院、中央档案馆合编:《1949—1952 中华人民共和国经济档案资料选编》(劳动工资和职工福利卷),中国社会科学出版社1994年版,第145页。

③ 中国社会科学院、中央档案馆合编:《1949—1952 中华人民共和国经济档案资料选编》(劳动工资和职工福利卷),中国社会科学出版社1994年版,第158页。

④ 中国社会科学院、中央档案馆合编:《1949—1952 中华人民共和国经济档案资料选编》(工商体制卷),中国社会科学出版社1993年版,第908页。

第四章 "五反"运动中及其以后的劳资关系

"五反"运动后，私营企业停业或半停业的增多，许多私营商店歇业关门。以天津为例：解放以来，天津市私营工商业户数年年是开多歇少，1952年已变为歇多开少。据工商局统计，1—9月份的3个季度内，工业方面开业366户，歇业1102户；商业方面开业1085户，歇业4353户。根据各方材料估计，今后一段时间内天津的私营工商业户还要继续倒闭一批，仅商业方面就会再倒1000多家。① 私营工商业的关门倒闭，由此引发大量工人失业或半失业，社会经济活动萧条。加之部分资本家在"五反"运动中抗拒"五反"或随声附和抵抗"五反"等原因，"三停"（停工、停伙、停薪）案件骤然增多，关系职工人数也比较多，特别是在1952年的3月、4月份（为运动的高潮阶段）。以上海市（"五反"运动进行的最为深入）为例。具体数据见表4-2、表4-3。

表4-2　　　上海市"五反"运动中停工、停伙、停薪争议案件统计②

年月 项目	1952年					
	总计	2月	3月	4月	5月	6月
合计	3556	353	1336	739	705	423
工业	2393	265	937	485	431	275
手工业	356	24	123	66	92	51
商业	807	64	276	188	182	97

说明：①表内所列"五反"运动中发生停工停薪停伙劳资纠纷，尚无原因分类统计。②表内所列争议各区劳动保护组所受理之"三停"纠纷，尚未包括在内。根据20个行政区劳保组自1952年3月18日至5月底止，据不完全统计共有119844件。

---

① 中国社会科学院、中央档案馆合编：《1949—1952中华人民共和国经济档案资料选编》（工商体制卷），中国社会科学出版社1993年版，第911页。
② 上海市增产节约委员会统计组：《"五反"基本情况统计（草稿）》，上海市档案馆，档号：B13—2—295。

表4-3　　　上海市"五反"运动中停工、停伙、
　　　　　　停薪争议关系人数统计①

年月 项目	1952年					
	总计	2月	3月	4月	5月	6月
合计	104098	15335	57828	15729	10646	4560
工业	91068	14590	52105	12536	8287	3550
手工业	3858	231	1878	764	633	352
商业	9172	514	3845	2429	1726	658

2. 在劳资争议处理的方式上出现了一些新的变化。由于在"五反"运动中劳资纠纷骤然增多，涉及面和关系人数较多，政府为迅速、有效地解决争议，尽快地稳定劳资关系，在劳资争议的处理方式上采取了一些非常措施。如上海市对"五反"运动中发生的劳资争议进行紧急处理（如申请者先填写《"五反"中劳资争议申请紧急处理单》（见表4-4），再由劳动部门会同有关单位进行调解），各部门（劳动局、工会、同业公会、工商局等）集中在一起联合办公，以便迅速、集中解决争议纠纷案件。

表4-4　　上海市"五反"中劳资争议申请紧急处理单②

（1952年　月　日）

单位名称			
地址		电话	
争议性质	1. 停工　2. 停伙　3. 停薪　4. 违反协议		
劳方代表姓名		代表人数	
资方代表姓名		代表人数	
全厂人数		关系人数	
处理或谈话摘要：			

---

① 上海市增产节约委员会统计组：《"五反"基本情况统计（草稿）》，上海市档案馆，档号：B13—2—295。

② 上海市劳动争议仲裁委员会劳动争议处：《关于本市针织企业三停（停工、停伙、停薪）解雇问题争议争议的申请书及本局调处的报告》，上海市档案馆，档号：B128—2—986。

从表 4-5 来看，1952 年劳资争议处理方式上，协商解决较之 1950 年下降了一半多，仲裁方式下降幅度不大；撤销处理方式上升幅度较大，调解和移送法院的处理方式呈上升趋势，但幅度不太大。

表 4-5　3 年来 30 个城市劳资争议处理方式比较统计①

	处理案件总数	协商	调解	仲裁	移送法院	移送其他机关	撤销	其他方式	处理方式不明
3 年总计	100	29.0	42.3	1.1	5.8	2.4	7.2	11.9	0.3
1950 年	100	44.4	35.7	1.3	3.9	2.8	1.7	9.0	1.2
1951 年	100	31.8	41.5	1.6	5.2	3.4	4.8	11.7	—
1952 年	100	21.3	45.4	0.8	6.8	1.8	10.6	13.3	—

说明：表中数字均为百分比。

从表 4-5 中中显示的数据可以看出，1951 年协商解决较之 1950 年也有所下降，但没有 1952 年下降得明显，二者下降的原因却是完全不同的。劳资协商会议在 1951 年第二季度开始陷于停滞状态。当时陷于停滞的原因为：一是劳资双方把劳资协商会议当成单纯解决劳资争议的一种临时性的机构，而不是以协商生产为中心；二是工会组织不健全，或不善于配合其他任务，积极推动协商会议工作；三是各地劳动局对劳资协商会议放松了领导和检查。而 1952 年则是由于"五反"运动造成劳资关系紧张，处于紧张状态下的劳资双方不可能像 1950 年那样，通过召开劳资协商会议来解决彼此间的纠纷。

撤销处理方式上升幅度较大的原因在于在劳资争议的处理上政

---

① 中国社会科学院、中央档案馆合编：《1949—1952 中华人民共和国经济档案资料选编》（劳动工资和职工福利卷），中国社会科学出版社 1994 年版，第 150 页。

府加大了调解力度,并采取了如上所述的一些紧急措施,使劳资双方在政府多方部门(如劳动局(科)、(区)工会、工商局(科)、工商联等)的耐心调解和反复说服、教育下,双方达成和解后,请求撤销原案。

由于劳资争议处理流程与以前一样,没有什么变化,因此,争议若协商不成,则送区劳动科调解,调解不成,再送劳动局调解、仲裁。同时,由于在运动中一部分资方比较顽固,且有违法行为,这些案件一旦调解不成,则直接移送至法院判决。因此调解和移送法院的处理方式也呈上升趋势。

如1953年1月份,北京市晋义通海味店劳资双方因协商1952年分红问题发生争执,申请劳动局调解。全体工人停工9天,资方认为是张某带头。张某是该店会计,"五反"前有人力股,经理准备叫张某任副经理(但未实现)。"五反"中张某退股归队。1953年1月15日,资方在天津买了一批糖,叫张某去天津兑款,张某说没有任何根据不能兑款,无法放账。资方又叫张某去银行存款,但张某将款借给义丰颜料店王经理200万元(以前两户有交往),资方在半路碰见该店王经理,王即告知借款事,资方答应可以,但回柜后责问张某为什么私自将款借出?张某表示如不借还可追回,张某即打电话往回追款,资方则早已打电话给王,表示不用还,可以使用(最后张某还是将款追回)。现资方以张某带头罢工、私自往外借款等理由提出解雇,在调解当中,资方又提出消极怠工、破坏营业,如到外边推销货,对买主说可以欠两三个月再给钱没关系等语。

劳动科认为两柜以前有交往,张私自借款问题并非严重错误;工人推销货时对买主说的话并不是事实,并对工人已给予批评教育,工人也已承认了错误,认为不应解雇。但调解无效,提交劳动局仲裁。

劳动局认为,资方提出张某带头停工9天之事,没有充分根据证明,而且劳动科已批评教育了工人的错误。后又经过长时间调解,一方面批评工人错误,并教育其要遵守劳动纪律,团结资方搞好生产;另一方面又教育资方要搞好业务,响应政府号召。又经市工商联动员资方,区工会教育工人,现双方已和解,达成协议,资方不解雇张,今后双方努力团结搞好业务,以发展生产,并请将原案撤销。①

二、对劳资关系中的错误倾向进行纠偏和调整

与此同时,中共党内有些党员未能深刻认识到上述情况对国民经济的恢复和发展是极其不利的;运动的疾风暴雨之势又误导了他们的认识,以为"五反"的目的就是要立即消灭资本主义,完全否认资产阶级在政治上和经济上尚还有积极性的一面,急于要借此机会敲响资产阶级的丧钟。

针对这种情况,毛泽东和中共中央及时纠偏。

1. 明确指明"五反"运动的目的决不是要消灭资产阶级,而只是要达到彻底查明私营工商业者的活动以利团结和控制资产阶级,进行国家的计划经济等目的。也就是清除"五毒",限制私人资本主义经济的消极作用,使其在国家法令所能允许的范围内发挥有利于国计民生的积极作用。

为此,毛泽东和其他中共领导人在不同的场合反复地一再申明今天要继续团结改造资产阶级,而不是消灭资产阶级,明确肯定其还有积极性的一面,强调"民族资产阶级在共同纲领的基础上,所应有的政治和经济地位,仍然没有改变。如果认为对这个基本政策已有改变,那是错误的"。② 不仅如此,还亲自出面对资产阶级代表

---

① 北京市劳动局:《本局关于私营企业复工等案件》,其中之《晋义通海味店劳动争议》,北京市档案馆,档号:110—1—402。
② 中国社会科学院、中央档案馆合编:《1949—1952 中华人民共和国经济档案资料选编》(综合卷),中国城市经济出版社 1990 年版,第 435 页。

人物做思想解释工作,以打消疑虑,稳定人心。如1952年10月25日,周恩来邀请陈叔通、章乃器、盛丕华等谈话,肯定中国的民族资产阶级是有一定的历史贡献和发展前途的。此外,为了"到资产阶级内部去进行团结教育和改造资产阶级",稳定资本家的不安情绪,缓和斗争空气,积极筹备召开全国工商联代表会议。各地根据1952年6月全国统战部长会议通过的《关于改组工商业联合会的指示》,从上至下地整顿和改选了同业公会和工商联合会组织,"开除那些'五毒'俱全的人们及其他业已完全丧失威信的人们出这些团体的领导机关,吸引那些在'五反'中表现较好的人们进来"。①

2. 扭转中共党员干部和工人的"左"倾情绪。毛泽东对中共党内部分人主张趁机消灭私人资本主义的错误思想进行了严肃地批评,要求予以纠正。根据指示,中宣部对"《学习》杂志事件"的错误进行了公开检讨。同时,在工人中普遍进行团结资本家搞好生产的教育,在报刊杂志上(如《工人日报》从1952年4月12日开始至4月23日止)展开怎样正确对待资产阶级的讨论,纠正工人对资本家的错误认识,扭转"左"的情绪,并广泛签订以生产为中心的劳资协议和合同,召开劳资协商会议,大力稳定劳资关系。如长沙市有706个厂店新建立劳资协商会议,签订劳资合同342个;郑州市也普遍订了劳动合同和生产协议,从6月至10月(指1952年)签订劳资协议292件,全市80个行业有57个行业签订了劳资协定;广州市80%以上的厂店召开了劳资座谈会,有1473户签订了劳资协议,有的仍在继续签订中;还有些城市召开劳资"见面"会议,劳资相互检讨,消除了五反后的隔阂。②

---

① 《建国以来重要文献选编》第3册,中央文献出版社1994年版,第264页。
② 中国社会科学院、中央档案馆合编:《1949—1952中华人民共和国经济档案资料选编》(工商体制卷),中国社会科学出版社1993年版,第909页。

此外，还要求工人交给资本家"三权"（即财产支配权、生产管理权和人事雇佣权），承认和保证资本家在私营企业中当家做主的权力，工会也不再直接出面代替资本家管理企业，而是采取工人建议、劳资协商、资本家出面布置等方式来管理企业。通过上述措施以扭转工人中的"左"倾情绪，稳定劳资关系。

3. 积极采取措施调整私营工商业以恢复和促进生产发展。从1952年3月起，在运动期间即动员私营企业中的工人群众要努力搞好生产，要求"五反和生产两不误"。在运动后期更加强调要把重心转向生产，要在新的基础上团结资本家搞好生产。与此同时，政府对私营工商业进行大力调整，采取的主要措施是扩大对私营工业的加工订货和产品收购，确保私营工厂每年可以获得10%至30%左右正当合理的利润。这样，既可以调动私营工业的生产积极性，又可以防止其追求暴利的倾向。运动结束后，进一步加大了对私营工业的加工订货。对私营商业，中共中央于1952年11月15日专门发布关于调整商业的指示，通过采取调整批零差价、经营范围和市场管理三个方面的措施，成效显著。

4. 适时地、较为温和地结束运动，尽量缩小打击面。1952年3月起，"五反"运动逐步进入定案处理阶段，按照宽大与严肃相结合的精神，比较谨慎地、温和地结束运动。1952年3月21日，政务院通过《关于"五反"运动中成立人民法庭的规定》，5月9日，中共中央又发出《关于"五反"定案、退补工作等的指示》，20日，再次发出《关于争取"五反"斗争胜利结束中的几个问题的指示》，用以指导定案处理和结束运动。

经过上述纠偏和调整，各地的私营工商业的生产经营情况从1952年下半年开始好转，部分私营企业中紧张的劳资关系因经营情况的好转而开始得到改善。但主要是一些较大的企业，而且为数不多。"五反"之后，有的企业资本家从此一蹶不振，无心经营，不再进行生产投资，也不积极进行管理；一部分资本家对工人进行报复，实行"三停"（停工、停火、停薪），劳资关系恶化，动荡不定。

第二节 "五反"运动后的劳资关系状况及其调整

"五反"运动后，各城市的劳资关系产生了许多新的问题，呈现出动荡不安和某种程度的混乱。为迅速建立起相对安定的正确的劳资关系，以利于经济的恢复和发展，国家及时对劳资关系进行了调整。通过调整，公私关系缓和，劳资关系普遍得到了改善，但已无法再重新回到新民主主义劳资关系的正常轨道。私人资本主义工商业除了接受社会主义改造外，别无他途。

一、"五反"运动后的劳资关系状况

（一）劳资双方的思想动态

1. "五反"运动以急风暴雨之势严厉地打击了资本家阶级的"五毒"行为。因此，运动结束后，一部分资本家存在着害怕情绪，顾虑重重。他们时时担心再来一次"五反"，怕工人斗争，即便工厂在"五反"后很需要工人，资本家宁可少生产，也不愿意添雇先前解雇的工人。主要是怕再来"五反"时，工人多了怕被斗争。还有一部分资本家（尤其是小城镇的）在"五反"运动中其所犯的五毒行为已被揭发出来，但还未作出结论即停止了运动，再加之在停止运动后，相关的善后工作没有做好，使其对人民政府和中国共产党的政策抱有很大怀疑，一般等着"秋后再见（再五反）"因而不积极经营，丢包袱思想是很浓厚的。一部分资本家有技术、有文化，经历了"五反"后，资产阶级的身份已不如从前吃香了，社会形象一落千丈，急于要政府摘掉"帽子"包袱，要

到国家工厂去工作,不想再办工厂了。还有些资方自己本是工人出身,也参加劳动或管理,但在"五反"中也被当作资本家对待,"五反"后就想丢包袱,把厂卖给公家,自己参加劳动。如武汉市江岸区长生堂理发店将全部财产卖给合作社,工人也就转到合作社,老板自己也在合作社里面劳动。还有的资方为丢包袱,到处找公营企业合营而不安心生产。

2. 有少数资本家存在着报复情绪,以各种借口打击、报复工人,对工人阶级实行反扑。资产阶级的"五毒"行为在"五反"中虽然受到了严重的打击,但是在"五反"后他们对工人公开实行"三停"(停工、停薪、停伙),有计划有组织地进行反扑。广州市的资本家反扑行为最为严重,资本家公开聚会活动,经常有千余人集聚于茶楼,喝茶讲怪话,并公开在墙上写打油诗讽刺工人和"五反"运动,有六七十人还到劳动局请愿,甚至殴打工人,全市有13597家资本家有"三停"现象。这导致劳资纠纷骤然增多,市劳动局和法院积压的劳资案件达3000余件。① 武汉市硚口区百货业资方说:"五反"时,太阳射在你们头上,现在射到我们头上了。于是便打骂青工,像这样情况在小行业中发生得多一些。江岸区豆芽业资方更有组织有计划地集体殴打工人致伤,还到处叫嚣工人不遵守劳动纪律,工人被打后至人民法院和政府申诉,这些资方还反告工人诬蔑他,并威胁工人说:文打官司武打架,疯狂地向工人反扑。② 至于以消极经营及歇业解雇来报复工人的情形就更普遍了。

3. 普遍存在着消极情绪。因为"五反"运动对各地正常的经济生活造成了一定程度的冲击,还在运动期间就出现了经济暂时呆滞的现象,营业额普遍下降,关门歇业增多,工人失业增多。运动

---

① 中国社会科学院、中央档案馆合编:《1949—1952中华人民共和国经济档案资料选编》(工商体制卷),中国社会科学出版社1993年版,第908页。

② 本节中所举例子除特殊说明外,均来自于武汉市劳动局审调科:《本局劳资关系、仲裁委员会月度、年度工作计划与总结》,武汉市档案馆,档号:47—1—87。

结束后，市场也还没有完全活跃起来，生产和营业还未能明显好转，再加上退财补税的包袱，多数资本家对前途缺乏信心，借口"服从工人阶级的领导"而对生产不负责任，无心经营，甚至抱着拖光了事、吃完垮台的心态，表现出放任自流、听之任之的消极情绪。

而工人阶级方面，在"五反"运动结束后，工人还未能把运动中的"左"倾斗争情绪及时地转向生产，突出表现在没有把三权交还给资方或是工人不懂得政策，对监督资方不再重犯五毒误解为监督资方的行动，这样就进一步增加了资方的顾虑。例如在武汉市，车站路大华药房资方在"五反"后想进店掌握业务（从前是请代理人），而工人不同意他进店把营业权掌握在自己手里；又如利华织布厂在"五反"后工人自己选出正副厂长掌握生产，而不交给资方。汉阳区郑兴发面筋店老板给小孩做件衣服，工人则提出这是抽走资金，立即召集工人群众就把这个老板斗了一次，并要求其写悔过书。对于资方的正当分红，工人也不准拿走。如硚口区药业在年终盈余分配争议中关于老板的一部分工人不同意动用，要留在店里做流动资金。汉阳区洪顺漂染店也是这样，工人的红利拿走了而不准老板动用，资方反映说财产所有权是镜子里的钱，看得到拿不到。因此，有个别资方在"三权问题"及"有利可图"问题上解释说：什么三权是赤手空拳，什么叫有利可图，就是第一是国家有利可图，第二是工人阶级有利可图，第三是资本家无利可图。也有工人把三权交给资方而资方不接受，主要是因在工人掌握时期亏本了，资方借此想摆脱劳资关系。还有的老板怕劳方把经济权交给他以后，不准其抽款来退财补税。

在雇佣工人方面也产生了强迫的情形，如工会强迫汉口雪泥轩刻字店老板雇佣工人。翠明轩也是这样，工会派了一个雕铜印的工人去，实际上不需要，工人本身愿意走，而工会坚持不准解雇，认为解雇了就失去了工会的威信。

在工资问题上普遍要求增资、追补工资。如北京八区纺织业85%的厂子自发地增加了工资，其中有些是恰当的，有些则过高，有较原工资高过4倍的，有的平均主义地增资，如裕厚布店学徒和副经理工资一样多，有的还按新增资标准，追补1—3年的工资，为了追补工资，工人甚至将厂店的生产工具、生活用具卖掉。① 关于监督问题，工人误解了监督是监视资方行动，形成了什么也得过问一下，资方到什么地方去，和他来往的人也得过问一下。

另一个突出问题就是某些工人在"五反"后劳动纪律很差，特别是青工和学徒。"五反"后有些青工的劳动纪律松弛，上班迟到早退，不保证产品质量，甚至在上班时间打闹嬉戏、遛大街，闹极端民主主义，不听师傅指挥，把东西做错了，对于老工人的批评不服气。个别店员因为自己是管营业的，老板要他上街买原料，他不去。还有个别店员不照顾营业，各搞各的技术，在工作时间去学习而不照顾生意。在工人福利上也要求过高，如要求资方负担医药费，有的人没病也去买补药吃，打破了一点皮也要到医院去诊，还要请病假，这些都影响了劳资关系。劳资纠纷因此而不断增长，如北京市1952年5—6月份解雇争议案件达603件，其中因工人劳动纪律不好而引起的解雇案即达171件，占解雇争议的33%。②

（二）运动后的劳资争议特点

正是由于劳资双方存在着上述思想，再加之资方经营管理不善、资金周转不灵等原因，使劳资关系更趋于恶化、紧张，劳资争议也不断增加，尤其是因解雇而引起的争议较多，中小厂店表现得尤为突出，但与以前相比，又有明显的不同之处。

1. 劳资双方协议解雇比例很高。从表4-6中我们可以看到经

---

① 中国社会科学院、中央档案馆合编：《1949—1952中华人民共和国经济档案资料选编》（劳动工资和职工福利卷），中国社会科学出版社1994年版，第88页。

② 北京市劳动局：《本局1952年调解劳动争议工作总结》，北京市档案馆，档号：110—1—290。

协议解雇的案件数所占比例很高,达到了95%以上。解雇中多数是经双方同意,订立协议并向当地劳动局申请备案,这与过去资方要解雇工人而形成争议很久不能解决明显有不同。但这并不意味着劳资关系已趋于缓和。

表4-6　　　　天津市1952年6月至8月上半月
劳资纠纷情况统计①

	劳资争议		劳资协议		
	案件数	解雇案件数所占百分比	案件数	解雇案件数	解雇案件数所占百分比
6月	926		748	718	
7月	699	50%以上	938	921	95%以上
8月上半月	402		640	626	

据《中央劳动部关于解决天津、上海解雇工人日益增多的问题的报告》中分析,产生这种现象的原因在于:小厂生产方式落后,出品质量差,成本高,在生产经营上确实有困难。在"五反"前主要靠超经济剥削手段(压低工资、延长工时、低福利待遇等)来维持,经过运动,工人觉悟和地位提高,资方的"五毒"行为遭到严厉打击,再也不能采用过去的那一套剥削办法了,加之"五反"中停工或半停工,资金本就不足的小厂店更是几近消耗殆尽而更显困难。这些资方本人也大都有技术,认为小厂没有前途,迟早要垮,还不如趁早关门去当工人,既省事,又可以摘掉"资本家"的帽子。因此,有的本来还可以维持的,也故意停薪、停伙、停工来威逼工人,以达到解雇的目的。也有一

---

① 中国社会科学院、中央档案馆合编:《1949—1952中华人民共和国经济档案资料选编》(劳动工资和职工福利卷),中国社会科学出版社1994年版,第130—131页,此表根据书中数据制成。

部分资本家是因在"五反"中被斗，而在运动结束后故意解雇工人进行报复。

而另一方面工人也不愿再在小厂做工，想到国营工厂上班。由于小厂工时长、工作苦、待遇低，感到在小厂也没什么前途，本就不太安心生产。而与之形成对比的是，国营大工厂待遇较高，文娱活动、福利劳保等待遇增多，工人就更不愿意在小厂工作。因此也愿意被解雇，既可以拿到一笔解雇费，又有机会转到大厂，尤其是国营厂。即使一时找不到工作，还可以向政府申请救济。总之，被解雇对于工人来说没什么损失，反而有更多的机会。因此，工人不仅不反对被解雇，而且主动要求资方解雇，甚至个别工人为达到被解雇的目的还帮助资方述说厂店的困难以求解雇。

与此同时，解雇手续也比先前简便得多。以前解雇必须经过产业工会的同意，资方解雇工人必须过"三关"（即必须得到工人、工会和劳动局批准），其中最难过的是工人那一关。而现在，由于工会组织形式发生改变，各区都建立起了区工会，工人可以不经过区工会，由组联（基层工会）取得介绍信，就可直接到劳动局请求解决。工人主动要求资方解雇，组联干部政策水平不高，只要工人答应解雇就开介绍信。劳动局虽然对解雇争议案件抓得很紧，但资方和工人却用协议的办法请求批准解雇，导致劳动局工作陷于被动。如天津市每天接到的劳资争议、协议案件达百余件，"应接不暇，每天排队挂号拥挤不堪，常因争先恐后而发生争端"。[①] 上海的情形和天津也大体相同。

2. 欠资纠纷呈上升趋势，并影响到工人与政府的关系。据西南劳动部党组关于私营企业拖欠工资问题的报告，西南各中小私营企业，特别是手工业拖欠工资的情况是十分严重的（见表4—7）。

---

① 中国社会科学院、中央档案馆合编：《1949—1952 中华人民共和国经济档案资料选编》（劳动工资和职工福利卷），中国社会科学出版社1994年版，第132页。

表 4-7　　　西南各区三年来欠资争议案件统计[①]

	受理劳资争议案件数	欠资案件数	欠资案件数占总争议案件数百分比
1950 年	4369	1168	27
1951 年	7008	2002	28.5
1952 年	10068	3117	30.9

虽然欠资纠纷在"五反"运动前就占不小比例，但在"五反"运动中及其之后是非常普遍的。拖欠时间一般为五六个月，最长的达17个月，最短的也有1个月；欠工人个人工资最多的达1350万元，最少的也有20万元；其中有极少数是1950年、1951年积欠的，大部分是"五反"中拖欠的，一部分是"五反"后拖欠的。[②] 据报告分析，在"五反"中由于原料缺乏，销路呆滞，生产不正常，特别是在资金脆弱的手工业作坊中，因而亏本、欠资很多。其次是在"五反"运动期间，政府机关忙于运动而停止或减少了加工订货，而那些专依赖政府加工的工厂，生产即陷停顿。停工期间，按照政府规定，工人工资照发，但资方并未照付。运动结束后，生产营业虽有好转，但一时还不能全部偿还欠债；有的生产还未完全恢复，工人工资也还不能全部发出。一些中小厂店，资方因补退数额较大，加之贷款逾期罚款、欠税等，若同时要求其偿付各项债务，则生产就得停顿。这类资方有的是确属困难拖欠工人工资，有的则是消极，借口困难而故意拖欠工资，还有的则是以拖欠工资报复工人在"五反"中的检举。

由于某些资方长期拖欠工资，不仅已经严重影响到了部分工人

---

① 中国社会科学院、中央档案馆合编：《1949—1952中华人民共和国经济档案资料选编》（劳动工资和职工福利卷），中国社会科学出版社1994年版，第134页，此表根据书中数据制成。

② 中国社会科学院、中央档案馆合编：《1949—1952中华人民共和国经济档案资料选编》（劳动工资和职工福利卷），中国社会科学出版社1994年版，第134—135页。

生活甚至生命安全,如有工人因负有外债、饿饭、无棉衣、生病无钱医治而致死,甚至有跳楼自杀等事件发生。而且也造成工人对生产极不安心,想到国营厂去。更为严重的是,由于欠资问题未能获得政府部门的及时解决,导致部分工人对工会和政府产生埋怨和不满情绪,甚至埋怨政府不该搞"五反"运动。特别是那些因为破产还债的工厂的欠资问题,由于企业破产需要先偿还税款、银行贷款、赃款之外,再以多余财产偿付所欠工资及其他债务。这样欠薪工人在等待政府长时期的处理之后反而分文未得,则导致工人对政府怨言很多,政治影响极坏。

二、国家对私营工商业劳资关系的调整政策

为了改善劳资双方的这种紧张关系,建立起相对安定的正确的劳资关系,以利于生产和经济的发展,在新的条件下,国家对私营工商业的劳资关系迅速进行了调整。

(一)稳定和消除资本家的不安情绪,增强其经营信心

1. 针对"五反"运动后资本家的种种顾虑和不安情绪,通过各种正式(如召开工商界代表会议和协商会议)或非正式的形式(如与个别资本家进行谈话等),反复向资本家宣讲国家对资产阶级的政策,肯定"五反"运动的成绩,公开批判了各种不正确的言论(如认为"五反"就是实行社会主义,就是政府要钱等)。而对于不法资本家的反扑行为也大张旗鼓地进行了打击,如广州市召开公审大会,把首要分子当场判处徒刑。

2. 对于资本家担心的退补罚款,国家强调要实事求是地核实资本家的退赃补税数额,把算多了的减下来,并允许延长缴退补款的时间。

3. 充分肯定在当前五种经济成分(国营经济、合作社经济、农民和手工业者的个体经济、私人资本主义经济和国家资本主义经济)共同发展中,私人资本主义经济犹如人手的五指之一,是缺一不可的。也充分肯定了中国的民族资产阶级的历史贡献,指明私人资本主义经济尤其是工业的发展前途,"一定会随着国家建设的发展而发展"。使资本家确实觉得"在新民主主义社会,资本家还真有一份",资本家的不安情绪逐渐稳定下来。

在大体稳定了资本家的不安情绪的基础上,为了打开"五反"后市场呆滞的局面,迅速恢复生产,增强和提高资本家的经营积极性,国家采取了各种有力措施来调整私营工商业。

1. 通过大量加工定货,大力贷款,收购成品和残货,对私营企业进行积极扶持。对于有利于国计民生并有发展前途的工业,对于产品合乎规格、市场畅销、设备较好和工人较多的工厂,都尽量首先积极组织进行加工定货。对于关系国计民生重大、且为国家大量需要的产品,国家与其订立长期加工合同。同时,适当地扩大加工范围,对于那些产品质量尚好又有市场销路的中小工厂,也组织加工定货。

为解决"五反"后私营工商业资金缺乏、周转不灵的问题,采取了降低银行利息的政策,并尽可能地扩大对私营工商业贷款的范围。到1952年8月份,贷款总额已达3万亿元,较前增加2倍。贷款的对象包括对于国计民生有利的工业和商业,对于大、中、小工商业均采取扶助政策。不仅重视大城市,对中小城市的工商业也加以扶助。银行贷款利率较以前降低了30%至50%,[①]并且对于工业贷款利率规定得较低,以更加有利于工业生产的发展。

2. 确保企业获得合法利润。企业盈利和利润分配直接涉及劳资双方的根本利益,因此,工人和资本家都非常关心。在新民主主义社会,是不能容许资本家通过非法手段赚取暴利的,"而只能在

[①] 中国社会科学院、中央档案馆合编:《1949—1952中华人民共和国经济档案资料选编》(工商体制卷),中国社会科学出版社1993年版,第949—950页。

国家规定的限度或议定的价格内取得合法利润。"但对于什么叫合法利润,国家一直也没有一个明确的具体指标,因而资本家也总弄不清。1952年6月,陈云在全国工商联筹备代表会议的讲话中明确答复为:工缴费的合法利润可以10%,可以20%,也可以30%,要按照生产成本、市场价格和社会需要来定。只要不违反国家规定,定的价格适应社会购买力,也可以不受30%的限制。商业利润一般地不应该超过工业利润,个别的超过也可以,但是不允许投机倒把。

对于利润的分配问题,在新草拟的私营企业条例中初步提议:除所得税和10%—25%作为公积金外,其余额作为100,股东股息、红利、董监事及资方代理人的酬劳金分60%—80%,20%—40%作为职工的集体福利基金和奖金。为更好地分配利润,还可以继续研究。"但资本家所得利润,要高于银行存款利息,以做到劳资两利发展生产为原则"。① 周恩来在全国工商联筹备委员会第二次常委会后,在与若干资本家代表人物的谈话中谈到利润分配问题时明确指出:"对于工业资本家,要使他们得到的利润除了用之于扩大再生产外,还能保持较高的生活水平"。② 不仅要确保他们得到正当利润,而且还要在政治上提高他们的地位,并提出对于一部分因社会经济改组而破产的资本家,国家对生活困难者应给予照顾。这就极大地调动了资本家的生产积极性,又防止了其自发地追求暴利的倾向。

提高工缴费、加大加工定货、增加贷款、降低贷款利率,有力地促进了私营工商业的发展,也深刻地教育了工商业资本家,促使其积极经营发展生产,保证不再犯"五毒"。

---

① 中共中央文献研究室编:《建国以来重要文献选编》第3册,中央文献出版社1994年版,第377页。

② 中共中央文献研究室编:《建国以来重要文献选编》第3册,中央文献出版社1994年版,第398页。

（二）加强对工人的政策教育，进一步扭转工人的"左"倾情绪

"五反"运动结束后，首先在党内干部中进行反复的讨论教育，使其明白从新民主主义到社会主义，民族资本家阶级"既是我们的朋友，又是要被消灭的阶级"；而"五反"就是要反对资本家的腐朽黑暗面，把其"五毒"去掉。而在目前阶段，由于"我们的国营经济还不能完全代替"资本主义经济，因此，"我们还要尽量地利用它的积极进步性"，即在遵循新民主主义的发展轨道的前提下，团结资本家搞好生产，以利于国民经济的发展。

同时，在工人中普遍进行了团结资本家搞好生产的教育。通过工人大会，工人代表大会，积极分子会，行业工人代表会等方式，反复讲明政策，使工人群众懂得在运动结束后，既要和资本家进行斗争，又要在新的基础上团结资本家，既要照顾到工人阶级的眼前利益，又要使眼前利益服从于长远利益，从而主动地自觉地团结资本家搞好生产。如武汉市总工会召集了全市私营企业工人代表会，由市里的负责同志向工人交待了政策，指出了"五反"后的方向："五反"时反击的是资本家腐朽的一面，不是打跨资产阶级，工人要克服困难，主动团结资本家恢复和发展生产，通过劳资协商会议签订临时协议，并以生产为中心。

针对"五反"运动中，工人侵犯资本家的"三权"（即财产支配权、生产管理权和人事雇佣权）现象，要求工人交给资本家"三权"，承认和保证资本家在私营企业中当家做主的权力，工会也不再直接出面代替资本家管理企业，而是采取工人建议、劳资协商、资本家出面布置等方式来管理企业。

对于劳资关系中急需解决的工资问题，中共中央于1952年11月在复示《东北局关于调整私营企业职工工资问题的指示》中，明确指出：工业商业应有所不同，对私营大中工厂，要求参照国营

企业的工资标准和制度进行调整，以基本上大致与国营企业趋向平衡。商店及小工厂，因其规模小，分散，类别复杂，只能要求在现有基础上改善一步，既做到为大多数职工拥护，也要做到资方过得去。

而对于部分工人在运动结束后劳动纪律松懈的问题，工会进行了关于加强劳动纪律的教育。对于个别屡教不改而劳动纪律很差或劳动态度确属恶劣者，则给予开除。如北京市私营企业绝大部分职工由工会深入教育，大力整顿了劳动纪律，扭转了劳动纪律松弛的现象。结果提高了产量和质量，资方也增强了经营信心。据北京市总工会材料，全市受到教育的基层干部约4000人，直接受到教育的职工约2万余人。据铁工、纺织、印刷、轻工4个行业176户统计，原有1195人劳动纪律不好，整顿后，完全好转的占75%，基本上好转的占18%，完全没有好转的只占7%。据在东单、东四和崇文区的54个工厂中调查，有39户提高了产量和质量。例如京联织布厂9月份产量较6月份未整顿时提高38%，质量也由平均次布率38%逐渐降为6%、4%。这些事实也教育了资本家，崇文区21家织布厂过去曾有8家资本家不到工厂，如今也都到场管理了。[①]

（三）大力倡导通过劳资协商，签订劳资集体合同，力图将劳资关系纳入正常轨道

由于"三反""五反"的关系，全国各城市的劳资协商会议及劳动契约的签订工作，基本上处于停滞状态。为了缓解运动中紧张的劳资关系，并把动荡不定的劳资关系迅速稳定下来，其基本方法就是成立以发展生产为中心的劳资协商会议，并在协商的基础上签订劳资集体合同。因此，运动一结束，各地遵照《中共中央关于

---

① 北京市劳动局：《本局处理劳动争议工作情况及专题报告和市法院分工的初步意见》，北京市档案馆，档号：110—1—394。

各城市在"五反"运动后处理劳资关系问题的指示》、《中央转发全总党组关于签订劳资合同调整劳资关系报告的通知》等文件指导,大力倡导通过劳资协商,签订劳资集体合同,将劳资关系纳入正常轨道。

如"五反"刚结束时,武汉即成立了生产委员会,领导劳资双方通过劳资协商会议签订集体合同或协议。从(1952年)5月8日起至9月底止,全市签订了250个行业和97个厂店的劳资临时协议,总计有354件协议。① 劳资协商会议是为了协商这些协议而成立的。在此次签订劳资临时协议中,该市还打破过去以行业协商的例规,分区按自然行业分头协商。先是以江汉区绸布业为重点,江汉区有江汉、国大、久和等18家绸布店,过去曾签订过两次合同,开展过爱国竞赛,营业比较正常。但通过"五反"后,一般对经营信心不够,消极经营,有的甚至说怪话,污蔑讽刺工人。生产委员会干部针对资方这些思想顾虑,通过劳资协商会议,工人主动地交出三权。在酝酿过程中,由于资方思想上存在着顾虑,以为此次协商是要解决工人生活福利问题的,因此在资方提出的草案中多是有关店员生活福利的问题。而在工人方面提出的草案中,却主要的是如何克服困难搞好营业方面,福利仍照旧例,所以事实也教育了资方。全部协商时间只有一个星期,就达成了协议。这样给全市的劳资协商双方指出了方向。

由于这次协商是以生产为重点,所以对稳定劳资关系、正常生产上是起了积极作用的。整个协商及签订协议的过程中,都抓住劳资关系中的突出问题,如生产营业、资方三权及职工福利等,而首先是从生产营业着手,作为中心问题来讨论。协议中一般地均把资

---

① 下文中关于武汉市劳资协商会议、签订契约的相关资料均来自于武汉市劳动局审调科:《武汉市五反后劳资协商会议、劳动契约的情况报告》,武汉市档案馆,档号:47—1—87。

本家所最关心的财产所有权、生产管理权、人事调配权明确规定进去，工人们并从实际行动中交还了资方的三权。如华强布店资方最先把人事调度雇佣权交给店员负责，随后又把财产管理权交给店员管理支配，在劳资双方刚开始协商的时候，资方又提出年终红利分配时只要20%。这实际反映出资方在"五反"刚结束时的害怕情绪。但在劳资协商会议上，店员提出了生产管理权、财产权及人事调配权都是资方的，只要资方好好经营。这样就消除了资方的一些顾虑。另一方面，工人在听了报告后，明白了政府政策，转向了生产。像在机器业"五反"刚结束时期，工人不撤销生产管理委员会，认为不要资本家，还不是一样地搞生产。经过说服后，明确了今天还是允许资本家存在，对资本家的政策是既斗争又团结。于是，撤销了生产管理委员会，并交还给资本家三权，并把它订在协议中，以安资方心理。

通过此次成立劳资协商会议协商签订劳资协议后，工人明确了要以生产上实际行动来团结资本家，把"五反"斗争情绪转向生产。同时，又由于是分区、分自然行业协商，因而动员得更广泛深入，也结合实际解决问题，因此工人在生产上是认真负责的。像武昌区上海服装店工人在听了市总工会主席的动员报告后，经过大家研究，改进了工作方式，实行流水操作方法，将全店工人具体分工，由1个人专门裁剪，6个人上车，而这6个人中又分为4个人上车，2个人下车，同时车零件和车袋子也具体分了工，由专人负责。过去7个人不分工干活时，12小时内只能做8套衣服，现在实行这方法后，在每天11小时工作时间内就能做18套衣服，工人更自觉地遵守劳动纪律，做活时非常细心，保证了成品的质量优良。华昌翻砂厂不仅提高了产量，还减少了废品。"五反"前，该厂每天只能做4条6寸水管和方管，现增为8条，废品率也由过去4条中报废2条减少到现在8条中只报废1条了。利生织布厂通过协商后，次布率由60%降至6%。在商业方面，由于店员的积极性提高，营业额也不断地增长，如武昌三义百货店、永康布店等，营业额都比以前增加20%。另一方面，通过协商后，店员工人特别是青工们纠正了过去只想搞斗争、放松生产，白天睡觉、打克朗球，借开会去逛马路等劳动纪律松懈现象。

工人的这些实际行动，也教育了一些资方，提高了他们在生产上的经营信心。更主要的是工人的实际行动消除了资方的顾虑。"五反"后怎么办？这是工商业者思想上普遍存在的问题，现在他们也明白了"五反"不是人民政府要提前共产，而是工人阶级为了巩固自己的领导权而对资产阶级猖狂进攻的反击。"五反"后，还是允许资本家存在，并保障他们的合法利益的。

这次协议除了正常生产、使劳资关系基本稳定外，还解决了一部分"五反"运动中遗留下来的问题，这也对提高资方营业信心起了一定的作用。在"五反"中，资方为了缓和工人斗争情绪，无原则地答应工人的一些要求。如江岸区造船业，过去他们的工作便是承揽性质，工作一天给一天工资，不工作就没有伙食。"五反"时，资方本答应了不做工时也由资方供给伙食，"五反"结束后，资方就准备关门，拖光了事。但在这次协议中，工人却自动地废除了上述要求，使资方改变了拖光了事的经营态度。华兴砖瓦厂资方在"五反"时答应退还剥削工人血汗钱共3亿多元，而在"五反"后，工会说服工人主动提出不要，使资方的"把剥削账一算，再退财补税就光了，还搞什么生产"的思想也改变过来。

在全部协商过程中，工人提出的福利问题是很少的，一般地均是援用了"五反"前的旧例。但对极不合理的工资制度也根据"一般不动、个别调整"的原则来解决问题，主要的还是改进集体福利像宿舍、医药卫生等。这样也使工人的生产积极性更加发展。

总起来说,"五反"后,在武汉市私营企业中采用劳资协商会议签订劳动契约是起了很大作用的,一方面是增加了劳资协商会议的内容,特别是针对生产方面的问题进行协商。同时,在协商中发现问题、解决问题,使劳资双方思想上能转向生产。

其他城市如上海,经过"五反"的私营厂、店中的工会组织,也主动地普遍地召开了劳资协商会议或劳资座谈会。据普陀区报告材料,全区25人以上的65家工厂中,已开过劳资协商会议在1次以上的39家,占52%;2次以上者14家,占21%;没有开过的12家,占37%。据卢湾区材料,全区有165家商店,已开过劳资协商会议的,开得成功的计36家,开得一般尚可的81家,开得不好的计48家。通过劳资协商会议,凡开得好的,对正常生产秩序,稳定"五反"后紧张的劳资关系起了很大作用。① 通过劳资协商会议,工人以实际行动争取资方订出生产计划,保证完成了加工定货;克服了困难,稳定了资本家的不安情绪,鼓舞了生产积极性;并通过合理化建议,推行先进工作法,提高了资方的生产信心,在新的基础上建立起了新的劳资关系。

总之,从1952年5月份起,各地成立劳资协商会议的情况开始好转,但与国家的要求(大力倡导通过普遍成立劳资协商,签订劳资集体合同,将劳资关系纳入正常轨道)距离还很远。如从上海市劳动局统计的资料来看(见表4-8),劳资协商会议成立的总件数大大低于1950年,也低于1951年,1953年成立的总件数下降也很明显。这表明,"五反"运动后的劳资关系难以通过成立劳资协商会议的方式重新走上"民主的、平等的、两利的、契约的、新民主主义的"劳资关系的正常轨道。

---

① 上海市工会联合会第三办公室(私营企业部):《本部关于私营企业的劳资协商会或座谈会情况调查报告》,上海市档案馆,档号:C1—2—736。

表 4-8　　上海市劳资协商会议成立情况分年综合统计

（1950 年 1 月至 1953 年 8 月）①

		共计件数	1月件数	2月件数	3月件数	4月件数	5月件数	6月件数	7月件数	8月件数	9月件数	10月件数	11月件数	12月件数
1950 年	合计	674	1	—	6	59	129	137	98	75	54	40	32	43
	行业	86	—	—	3	16	16	10	10	13	7	3	2	6
	厂店	588	1	—	3	43	113	127	88	62	47	37	30	37
1951 年	合计	246	22	13	18	25	18	15	3		16	19	29	24
	行业	47	3	4	5	3	3	2	5	4	7	3	7	1
	厂店	199	19	9	13	22	15	13	26		9	16	22	23
1952 年	合计	177	19	12	11	7	16	29	20	17	12	13	11	10
	行业	5	—	1	—	—	1	—	—	2	1	—	—	—
	厂店	172	19	11	11	7	15	29	20	15	11	13	11	10
1953 年	合计	97	35	11	15	12	10	—	—	14	—	—	—	—
	行业	10	4	2	1	2	1	—	—	—	—	—	—	—
	厂店	87	31	9	14	10	9	—	—	14	—	—	—	—
备注		"行业"包括市行业的区（街）道组联的。												

三、调整政策实施后的影响

（一）私营工商业开始得到恢复与发展，紧张的劳资关系得到改善

经过调整，公私关系开始趋于缓和，并使私人资本主义经济在因"三反""五反"运动而处于停滞后重新回到《共同纲领》的发展轨道，并有了新的发展机遇。从 1952 年下半年开始，私营工商业开始得到恢复与发展。根据上海 29 个行业，191 家私营商店的调查，1952 年 12 月份营业额比 11 月增加 18.32%，私商歇业减

---

① 上海市劳动局：《关于 1949 年 6 月至 1953 年 8 月劳动统计综合汇编：劳动争议部分》，上海市档案馆，档号：B127—1—32—20。

少，并有开始增加资本向外埠采购。天津7个行业2044户私营商店的统计，12月份的营业额比11月份增加8.7%，开歇业的比例接近（为1:2.4），职工也增加了。① 北京私营工商业的经营状况也在6月份以后开始好转，如铁工业在"五反"中停工半停工的占总户数的60%，经国家大力扶植后，除安装暖气工厂及黑白铁铺以外，翻砂厂和有机器设备的工厂，生产已大部恢复正常；针织业在"五反"中停工半停工的达80%以上，除了生产技术极为落后的小作坊之外，许多已恢复正常生产；印刷业除小厂生产情况不正常外，大厂都已有活做；有些工厂生产已超过"五反"以前的水平。② 1953年私营工商业获得了更快的发展，私营工业与1952年相比，职工人数增加8%，总产值增加25%，资金增加10%，利润增加146%；私营商业1953年获得的利润则比1952年增加97%。③

由于生产和营业的好转，资方有利可图，劳方纪律经过工会的教育和整顿大部已得到纠正，劳资争议遂显著减少，"五反"运动后紧张的劳资关系普遍得到了改善。如在华北，有的店员看到营业好转，经营情绪也提高了，并主动团结资方，提出开店务会议，讨论改善经营，劳资关系较前缓和了。北京市闹劳资纠纷的行业由于调整了批零差价，把纠纷主动解决。上海的某些商店，要求歇业解雇的职工在调整商业后，不提解雇了。私营企业主的经营信心也提高了，有的主动增加资本，增加职工，有的积极采购货物。据北京市统计，1952年8月以后，劳动争议案每月减少100余件，由8月

---

① 中国社会科学院、中央档案馆合编：《1949—1952中华人民共和国经济档案资料选编》（商业卷），中国社会科学出版社1996年版，第405页。
② 《中国资本主义工商业的社会主义改造》资料丛书北京卷编辑组编：《中国资本主义工商业的社会主义改造》（北京卷），中共党史出版社1991年版，第103页。
③ 王炳林主编：《中国共产党与私人资本主义》，北京师范大学出版社1995年版，第317、318页。

份 773 件减少到 12 月份的 317 件。除织染、粮食油盐业外,铁工业、针织、木器、鞋业、五金、饮食等行业劳资争议都已减少。同时,因缩小经营、歇业解雇、劳动纪律不好解雇、复工等引发的劳资争议所占比重也显著减少。① 再加之部分城市在私营工商业内还展开了增产节约运动,在生产得到改进与提高的基础上,劳资关系进一步得到了改善,并逐渐向着新型的社会主义劳动关系迈进。

(二) 私营企业内部管理体制发生了根本性变化

工人在私营企业中的地位和权利发生了实质性变化。在国民经济恢复时期,私人资本主义企业中的工人具有两重性的地位。一方面,他们是整个工人阶级的一部分,与国营企业中的工人一样,是社会的领导阶级,是政权的掌握者。因此,工人的这种阶级地位决定了他们在私营企业中处于政治上的领导地位,具有监督资本家的权力。而另一方面,由于在私人资本主义企业内部,在直接生产过程中,资本家与工人的关系仍然是资本主义的。工人在私人企业中仍处于雇佣劳动者地位,是劳动力的出卖者。因此,他们即便享有国家宪法和相关劳动法保障的基本权利,有同资本家进行协商和监督资本家的权力,但这种被雇佣的地位注定其在劳资双方的博弈中往往处于弱势一方,上述权力也难以真正落到实处。

而私营企业主则是企业资产的所有者,其生产资料的所有权及其他资本所有权受到新民主主义国家的法律保护,对企业拥有绝对的经营权和管理权。资本家为追求最大利润,常常逼迫工人做过度的劳动、拿低微的工资、立卖身契约、随意打骂、无理解雇、疾病不理。这种旧的劳资关系和经营管理方式导致劳资之间尖锐对立,进而影响到私营企业的经营和生产的发展。为此,国家力图在全国范围内建立起一种民主的、平等的、两利的、契约的新型的劳资关

---

① 北京市劳动局:《1952 年劳动局工作报告》,北京市档案馆,档号:110—1—212。

系。经过对劳资关系的几次调整，到 1950 年下半年，新型的劳资关系初步建立起来了，私人资本主义企业普遍建立起了劳资协商制度。工人通过劳资协商会议来行使同资本家进行平等协商和监督资本家的权利，但资方在企业内部管理中的主导地位并没有因此而发生改变。紧接而来的"三反"、"五反"运动，尤其是"五反"运动，使得私营企业"劳资双方的阶级关系事实上已经发生了大变化"①，劳资间旧的压迫关系已被完全打跨。在运动后期，各城市工人相当普遍地监督生产和经营，甚至出现了代管企业的现象，资本家已不可能"按照原来的办法管理企业"了。但因此又造成了劳资关系的动荡和紧张。为建立相对安定正确的劳资关系，国家再次重申劳资争议应该继续采取双方协商制度，订立集体合同。"并希望劳资协商会议能经常开会讨论有关生产改革、民主改革及工人的合理要求，以便达到发展生产，劳资两利的目的"。②而对于相当普遍的私营企业工人监督生产经营管理的要求明确表示："还应多做典型试验，暂不普遍实行，俟取得成熟的经验后，再行逐步推广"。③

但经过政治运动中激烈的阶级斗争，工人监督资本家的权力在事实上已经广泛建立起来了，并得到国家有关工商行政管理部门、法律部门、税务部门和国营经济部门的强力配合。他们有权在有关工资、福利、劳动制度、劳动条件、企业盈余分配以及企业的生产经营管理等方面，特别是企业所承担的国家加工订货、经销代销业务方面同资本家进行协商和监督。在行业或企业中建立起来的工人

---

① 薄一波：《若干重大决策与事件的回顾》上卷，中共中央党校出版社 1991 年版，第 415 页。

② 中共中央文献研究室编：《陈云文集》第 1 卷，人民出版社 2005 年版，第 416 页。

③ 中共中央文献研究室编：《建国以来重要文献选编》第 3 册，中央文献出版社 1994 年版，第 372 页。

监督委员会或监督小组,有权向资本家要表报和查看账目、单据、合同等,有向资本家提出质问之权,还有检举资本家一切违法事实和对资本家违法行为抓赃作证之权,以及监督资本家贯彻执行国营经济的加工订货和经销代销合同等,资本家对此均无权拒绝,必须作出答复。

紧接而来,在私营企业中分批进行的民主改革,废除了遗留下来的封建把头制、包工制和工头制,并在此基础上通过民主方式从工人群众中选拔出一批工作积极、有技术、有威信的先进工人充实到行政和生产管理的领导岗位,建立工厂管理委员会和职工代表会议,吸收工人参加工厂管理,实现企业管理民主化,从而使工人进一步真正成为企业名副其实的主人。

而资本家经过"五反"运动后,虽然"多数资本家和政府的关系没有破裂,"仍然强调民族资本家阶级还是我们的朋友,还要与其合作,还有积极的进步的一面,强调"民族资产阶级在共同纲领的基础上,所应有的政治地位和经济地位,仍然没有改变"[①]。这么强调的主要原因是因为"从经济上来说,今天我们的国营经济还不能完全代替它。"[②] 也就是在发展经济方面还必须利用私营工商业,不能把它完全一脚踢开。但是在事实上,"资本家在政治上已经孤立,在社会上的威信大大降低"。[③] 资本家实际上已处于被改造的地位,在经济、政治、文化乃至于家庭都要实行改造,以使其走上《共同纲领》规定的轨道。

资本家在企业内部的经营管理权在很大程度上也已名存实亡。虽然国家一再要求工人把资本家所最关心的财产所有权、生产管理

[①] 中国社会科学院、中央档案馆合编:《1949—1952 年中华人民共和国经济档案资料选编》综合卷,中国城市经济出版社 1990 年版,第 435 页。
[②] 《建国以来重要文献选编》第 3 册,中央文献出版社 1994 年版,第 235 页。
[③] 中共中央文献研究室编:《建国以来重要文献选编》第 3 册,中央文献出版社 1994 年版,第 369 页。

权、人事调配权交还给资方,承认和保证资本家在私营企业中当家做主的权力,但收效不大,反而是进一步强化了工人对企业的监督权力。至于资本家在企业利润分配上的权利,虽然国家一如既往地重申在兼顾到国家税收、企业发展和工人的工资福利的前提下,要确保资本家得到不太少的利润(至少要高于银行存款利息),但重点强调其利润赚取的合法性,并于1952年6月由陈云在全国工商联筹备代表会议的讲话中第一次明确规定合法利润的具体指标,坚决反对暴利。对于那些通过严重违法手段获取暴利的资本家,国家将毫无疑问地还会严厉地加以惩处,而只把那些守法的或比较守法的资本家保留下来。

总之,"这是一个根本的变化。这个变化说明:作为一个阶级来说,资产阶级已被工人群众和工人阶级所领导的国家的威力所压倒了","使资产阶级原有的威风在绝大多数企业中扫地以尽","这就使得工人的监督从此在很多企业中逐步建立起来,很多资本家实际上丧失了或基本丧失了控制企业的权力。实际上,'五反'以后,资本家已经无法完全按照建国初期那样对企业的经营管理,只有接受社会主义改造",① 而别无他途。

(三)加强了国营经济的领导力量,使资本主义经济更加依赖于国营经济

1. 私营经济普遍向国营经济靠拢,不得不与国营经济发生更为密切的联系。"五反"运动后期,为了打开市场呆滞的局面,迅速恢复生产,增强和提高资本家的经营积极性,国家采取了各种有力措施来调整私营工商业。首先是通过大量加工定货,大力贷款,收购成品和残货,对私营企业进行积极扶持。对于有利于国计民生、并有发展前途的工业,对于产品合乎规格、市场畅销、设备较

---

① 中共中央文献研究室编:《建国以来重要文献选编》第8册,中央文献出版社1994年版,第149—150页。

好和工人较多的工厂，都尽量首先积极组织进行加工定货。对于关系国计民生重大、且为国家大量需要的产品，国家与其订立长期加工合同。同时，适当地扩大加工范围，对于那些产品质量尚好又有市场销路的中小工厂，也组织加工定货。

对于私营商业，中共中央于1952年11月15日专门发布关于调整商业的指示，主要从调整批零差价、划分公私间的经营范围和加强市场管理三个方面采取相应措施，以活跃市场，使私商营业好转。

为解决"五反"后私营工商业资金缺乏、周转不灵的问题，采取了降低银行利息的政策，并尽可能地扩大对私营工商业贷款的范围。到1952年8月份，中国人民银行向私营工商业贷款总额已达3万亿元，较前增加2倍。贷款的对象包括对于国计民生有利的工业和商业，对于大、中、小工商业均采取扶助政策。不仅重视大城市，对中小城市的工商业也加以扶助。银行贷款利率较以前降低了30%至50%。[①] 并且对于工业贷款利率规定得较低，以更加有利于工业生产的发展。

这些措施实施的结果则使私营经济普遍向国营经济靠拢，不得不与国营经济发生更为密切的联系。首先，加工定货对于私营工业的恢复与发展，起了相当大的作用。因为这种办法，保证了它们的生产与利润。尤其是为国营企业加工的私营工厂，主要原料由国家调拨供应，制成产品交给国家，即原料供应和产品销售都由国家负责，私营企业则只负责专心生产，不必再像从前未接受国家的加工订货任务时，要愁原料、愁资金、愁销路、愁淡季停工减产。与过去冒着风险的盲目性经营相比，承接国家的加工订货无疑是最稳当可靠的经营。而对于国家来说，这不仅使国家能控制主要物资，而

---

① 中国社会科学院、中央档案馆合编：《1949—1952中华人民共和国经济档案资料选编》（工商体制卷），中国社会科学出版社1993年版，第950页。

且逐步使私营企业纳入到国家计划范围之内。国家对私营工业实行加工订货,虽然对于企业内部的生产和经营管理还很少进行直接干预,但由于其生产和产品流通已开始被纳入国家计划轨道,使其脱离了自由市场,已经不再是完整的私人资本主义生产了。

2. 随着国家不断扩大对私营企业的加工定货,使其对于国营经济的依赖性不断增加。私人资本对国营经济的依赖主要体现在如下几个方面:(1)长期接受加工定货的私营企业,国家如果不分配任务,他们就无生意可做。(2)国营经济掌握了主要物资,因而私营工业所需要的原料,不得不依赖国家。(3)私营企业的流动资金,相当大的部分依赖中国人民银行的贷款和机关与国营企业的定金。(4)因为长期依赖加工、定货、包购、包销,私营企业与市场失去了联系,一旦国营公司减少收购定货,它们大多就完全无法维持。"今天中国比较大一点的私人工厂差不多都是为国家加工订货,他们依赖国家供给原料、收购和推销成品及银行贷款等"。[1]"只要银行把信用收紧一下,许多资本家就会完全短缺。上海机器制造业只要国家加工、订货停止,就要大部垮台"。[2]

而私营商业,因为国家掌握了主要商品的批发业务,故零售商的货源,也不得不仰仗国营公司。中小城市的中小商业,一般都是向当地国营公司进货,并和国营公司订立供销合同,普遍向国营靠拢。再加之"五反"运动后,人们普遍信赖国营公司,购买同样的商品宁愿到国营,也不愿去私营商店。私营零售商以批发价向国营公司进货,再按规定的零售价卖出,赚取批零差价;或者代国营公司销售商品,赚取规定的手续费。通过这种经销、代销的方式,既促使私商不得不改变旧的经营方式,通过改善经营来赚取合法利

---

[1] 中共中央文献研究室编:《建国以来重要文献选编》第3册,中央文献出版社,1994年,第369页。

[2] 《李维汉选集》,人民出版社1987年版,第272—273页。

润，又使其更加依赖于国营经济。

3. 加工订货、经销代销规模的不断扩大，不仅使得私人资本主义经济在整个国民经济中的地位大为下降，而且还大大加强了国营经济对私营经济的领导力量。

随着调整政策的实施，私营经济在整个国民经济中所占比重开始显著降低。如上海私营工厂营业额比重由1951年下半年的78.4%降至1952年上半年的61.9%。其中尤以卷烟、钢材、金笔等业下降较为显著，卷烟由1951年下半年的73%降至32%，钢材由49%降至35%，金笔由92%降至74%。商业方面就更为明显，1951年第四季度私营商业总额还约占2/3，1952年上半年则仅占1/2强。同期，广州私营工商业的营业额比重由75.8%降至58.2%。天津也自1951年6月份的53.2%降为1952年6月份的38.8%。八大城市交易市场中，1952年上半年比1951年下半年，私商所占比重，粮食销售自六成左右降至二成左右，面粉销售自四成左右降至二成左右。较小城市，如杭州私营贸易所占比重1951年为66%，1952年4月份则为44%；南昌1952年5月份与1951年同期相较，国营公司增加83%，合作社增加162%，而私商则减少了46%。①

加工订货的扩大、商业政策的调整以及中国人民银行对私营工商业贷款数额和范围的扩大等等，都极大地增强了国家对私人资本主义经济的控制和领导力量。到1952年底，全国加工、订货、包销、收购的价值占私营工业总产值的56.04%。一般规模较大的私营工厂，绝大部分都接受了政府和国营企业的加工订货，甚至订立了长期包销合同。就具体城市来看，上海1952年3月至6月仅3个月对私营工业的加工订货收购就达5.7万余亿元，较1951年同

---

① 中国社会科学院、中央档案馆合编：《1949—1952 中华人民共和国经济档案资料选编》（工商体制卷），中国社会科学出版社1993年版，第907页。

期增加1倍,占私营工业营业总额的81.5%,关系工厂也从1951年的3千余家增至7千家左右;天津的加工订货占私营工业营业额的62%;广州有半数以上私营工厂承做国家的加工订货;北京9个国营公司的加工订货比1951年同期增加1.1倍。中国人民银行对私营企业的贷款余额,1952年6月比1951年同期增加约3倍,7月比1951年同期增加3.7倍。①

4. 国家经过调整(改组)、加工订货、收购等方式,使私人资本主义在能够操纵国计民生的行业方面已大大遭到削弱。对于私营工业扩大加工订货范围,遵循如下优先原则:(1)对有利于国计民生并有发展前途的工业,积极组织加工订货。(2)对产品合乎规格,市场畅销,设备较好,工人较多的大厂,优先组织加工订货。而对于产品质量低劣,依靠欺骗消费者来维持的工厂,则应加以限制,甚至取缔。(3)对与国计民生关系重大,并为国家所大量需要的产品,则订立长期加工订货合同。在商业方面则划分公私间的经营范围,在国营经济和合作社占据和巩固了主要阵地的前提下,容许私人资本经营零售业务和贩运业务,以充分利用私人资本有利于国计民生的积极作用,弥补国营商业和合作社经济的不足,并使其为国家经济建设服务。

通过对加工订货对象及经营范围的限定,使资本主义工商业中有利于国计民生的行业首先得到恢复和发展,而不利于国计民生的行业则受到限制、削弱,或被国营和合作社完全代替而受到淘汰。即便是在一个行业中,凡是守法正当经营的户发展较快,而那些投机违法严重的户则受到淘汰。具体来说,得到恢复和发展的行业主要有:重工业如机器制造、钢铁冶炼等工业;生产民用必需品的工业和服务于经济文化事业的商业,如造纸业、棉纺织业、五金、电

---

① 中国社会科学院、中央档案馆合编:《1949—1952中华人民共和国经济档案资料选编》(工商体制卷),中国社会科学出版社1993年版,第907页。

器、医药和文教用品业等；有利于城乡物资交流的行业，如经营次要农产品、畜产品、土特产品等行业；对国计民生关系不大但国营和合作社商业尚未经营或经营不多的行业，如成衣业、食品和零星日用品行业等。而一些从事囤积居奇、买空卖空及金融投机的行业，如私人银行基本被挤垮，金融业的99%已由国家经营；一些与国计民生和国家经济建设有重大关系的商业行业，如花纱布、木材、水泥、粮、盐、煤及进出口贸易等，特别是经营批发业务的，因国营和合作社商业直接经营而受到削弱或被代替。

（四）增强了国家对私人资本主义经济的宏观调控能力，从而为资本主义工商业的社会主义改造奠定了基础

在此次政策调整中，国家灵活运用了价格、税收、利率等经济手段来调整公私关系，提高了其对私营经济宏观调控的能力。

1. 价格。如在调整商业方面，首先就是调整价格，最主要的就是调整商品的批零差价。为使私商能经营零售业务、有利可图，采取了扩大批零差价、适当调整地区差价与季节差价、对农业产物和农业副产物规定适当的比价等办法。即通过发挥价格杠杆的作用，确保私营商业的一般营业额不下降、赚取合理差价。

2. 经营范围。在国营经济已经占领了商业方面的主要阵地和合作社经济已经广泛地发展的条件下，适当地划分公私间在商业方面的经营范围，容许私人资本经营零售业务和贩运业务，不仅可以弥补国营商业的不足，而且也使中小工业家、手工业者和农村家庭副业的产品找到更多的销路，既增加了这部分人的收入，又活跃了市场。

3. 税收。随着国营商业及合作社对私营工商业大量采取加工、调拨及代购、代销或包销的经营方式，使商品中间周转的次数大为减少；各地城乡物资交流蓬勃发展，产销直接见面，也大大减少了商品的流转次数，结果出现了"经济日见繁荣，税收很难增加"的现象。因此，在既要照顾到企业合理利润，照顾到工业原料成本及消费者负担能力,又要照顾到国家财政预算需要的前提下,国家再次简化税制,修订税则,调整税率,裁并税种,即通过税收手段来调控私营经济。国家对私营工商业征税,既使资本家阶级有利可图,而又不致利润过大,从而有利于发挥其积极作用,限制消极作用。虽然此次的税制改革后因多方面的原因而饱受指责,但在当时对于帮助私营经济走出困境,恢复市场活力还是起到了一定的促进作用。

4. 利率。在"五反"运动后,由于私人资本主义工商业业务衰退、暴利消失、盲目经营、机构臃肿,与此同时,又由于国营与合作社经营扩大、物资直流等原因,导致私营企业资金短少,普遍发生营业困难,甚或难以为继,为鼓励私营工商业充分发挥资本家经营的积极性,迅速活跃市场,发展生产,国家通过中国人民银行增加对私营工商业的放款额,同时降低贷款利率。为更加有利于私营工业的发展,国家还特别规定对工业的贷款利率低于对商业的贷款利率。降低利率政策的实施,使私营工商业的经营成本普遍降低,确保了私营工商业的合理利润,有利于私营工商业迅速得到恢复与发展。

不仅如此,国家还充分运用了行政和立法手段来限制私营经济不利于国计民生的方面和确保工人阶级的根本利益。

由于物价波动和旧中国长期形成的金融业、商业畸形繁荣,私营金融业和商业企业的违法行为历来较多,尤其是私营投机商业和私营金融业中的私营行庄、私营金银业等,在"五反"运动中,进一步暴露了其"五毒"俱全,扰乱市场,对国计民生无丝毫好处。因此,国家及其各大行政区政府在遵循建国初期对其进行严厉打击和严格监督的既定政策下,制订和实施了一些限制和改造私营金融业和投机商业的措施与法令。例如1952年7月,华东财政经济委员会对于山东私营商业的投机、破坏的消极面通过组织市场来加以限制和约束。东北人民政府贸易部则针对不法摊贩的违法活动加强了管理，防止一些大的（经常的与资金多的）摊贩投机倒把及扰乱公安、妨碍卫生等。同时，还下达了取缔私营金银业的命令，决定取缔东北区各城市的私营金店和金银作坊业。暂时保留少数只卖银饰的私营银楼，以后逐渐淘汰，由国营金店定额出售金首饰。

　　国家和各级政府还运用行政和立法手段来确保工人阶级的民主权利及其基本权益不受侵犯。例如通过批准开歇业来控制私营经济，尤其是在审批牵涉工人失业的私营企业歇业问题时，国家工商部门对其申报歇业和结束的要求加以严格审核和限制，尽量做到少解雇或不解雇。与此同时，由国家、各级政府以及所属劳动部门、工会等针对具体问题及时发布和实施相关指示、法令和行政法规，以规范私营企业的经济行为。如1952年10月，赖若愚在全国企业工会工作会议上就生产问题，工资、工时、福利及利润分配问题，整顿工会组织问题和监督生产问题进行了政策指导。同月24日，中共中央批转了此报告，认为这一报告中所规定的各项政策是适当的。天津市政府还颁布了《关于私营厂店生产、工时、工资及劳保福利等项原则暂行规定》和《关于私营企业调整工资的几项原则规定》，由地方政府直接干预私营企业内部的工资、工时等的调整。各级劳动部门、工会及劳动争议仲裁机关积极指导和推动召开劳资协商会议，签订劳资集体合同，以稳定劳资关系。如"五反"刚结束时，武汉市即成立了生产委员会，领导劳资双方通过劳资协商会议签订集体合同或协议。自5月8日起至9月底止，全市签订了250个行业和97个厂店的劳资临时协议，总计有354件协议。[①]其他城市如上海，经过"五反"的私营厂、店中的工会组织，也主动地普遍地召开了劳资协商会议或劳资座谈会。通过劳资协商会议，劳资双方平等协商，共同克服困难，在新的基础上建立起了新

[①] 武汉市劳动局审调科：《本局劳资关系、仲裁委员会月度、年度工作计划与总结》，武汉市档案馆，档号：47—1—87。

的劳资关系。

这表明国家提高了驾驭复杂市场的能力，增强了对私营工商业的宏观调控能力，并"开始造成了我们国家有可能完全控制资本主义工商业的局面"，从而为向社会主义过渡提供了有利条件。

本章小结

在"五反"之前，中国共产党和人民政府的目标是建立起新民主主义的新型劳资关系，通过劳资双方在民主与平等的基础上进行协商，签订集体合同，以达劳资两利和稳定劳资关系的目的。人民政府根据中国共产党提出的"四面八方"的新民主主义经济建设方针，经过对劳资关系的两次调整，到1951年7月，"民主的、平等的、两利的、契约的、新民主主义的"新型劳资关系基本上已在全国范围内建立起来了。然而，刚刚建立起来的这种新型劳资关系还未来得及得到进一步地巩固，就在"五反"运动的猛烈冲击下发生了大转折，平缓、有序的劳资关系突显紧张和混乱，劳资纠纷骤然增多。极度紧张和不正常的劳资关系不可避免地严重影响到了生产和经营的发展。运动的疾风暴雨之势又误导了中共党内部分党员的认识，以为"五反"的目的就是要立即消灭资本主义，完全否认资产阶级在政治上和经济上尚还有积极性的一面，急于要借此机会敲响资产阶级的丧钟。

事实上，虽然国营经济在建国后有了很大程度地发展，但在此时还不能完全替代私人资本主义经济在协助国家恢复和发展生产、积累资金、供应居民生活需要、训练技术工人和管理人员、维持劳动就业等方面所起的积极作用。因此，毛泽东和中共中央及时纠正运动中的错误偏向，并积极采取措施调整私营工商业以恢复和促进生产发展。还在运动期间，即动员私营企业中的工人群众要努力搞好生产，要求"五反和生产两不误"。在运动后期更加强调要把重心转向生产，要在新的基础上团结资本家搞好生产。与此同时，政府扩大对私营工业的加工订货和产品收购，确保私营工厂每年可以获得10%—30%左右正当合理的利润。运动结束后，进一步加大了对私营工业的加工订货。

通过纠偏和采取调整工商业的措施，各地私营工商业的生产经营情况从1952年下半年开始好转，部分私营企业中紧张的劳资关系因经营情况的好转而开始得到改善。但主要是一些较大的企业，而且为数不多。"五反"之后，有的企业资本家从此一蹶不振，无心经营，不再进行生产投资，也不积极进行管理；一部分资本家对工人进行报复，实行"三停"（停工、停火、停薪），劳资关系恶化，动荡不定。

为迅速建立起相对安定的正确的劳资关系，以利于经济的恢复和发展，国家又及时地对私营工商业的劳资关系进行了调整。一方面稳定和消除资本家的不安情绪，增强其经营信心；另一方面，加强对工人的政策教育，进一步扭转工人的"左"倾情绪；同时，大力倡导通过劳资协商，签订劳资集体合同，力图将劳资关系纳入正常轨道。

通过调整，公私关系缓和，劳资关系普遍得到了改善，但已无法再重新回到新民主主义劳资关系的正常轨道。工人在私营企业中的地位和权利发生了实质性变化，工人真正成为企业名副其实的主人，工人监督资本家的权力在事实上也已经广泛建立起来了。资本家在企业内部的经营管理权在很大程度上也已名存实亡，资方基本上完全丧失了对企业的控制权，即私营企业内部管理体制发生了根本性变化。与此同时，调整政策的实施还加强了国营经济的领导力量，使资本主义经济更加依赖于国营经济；增强了国家对私人资本主义经济的宏观调控能力，从而为资本主义工商业的社会主义改造奠定了基础。

第五章

新民主主义劳资关系的彻底终结
——社会主义改造时期的劳资关系

经过"五反"运动及其后对劳资关系的调整,私营企业中紧张的劳资关系虽然得到一定程度的改善,但已无法再重新回到新民主主义的劳资关系的正常轨道。随着对资本主义工商业改造的进行,私营企业中的工人群众迫切要求企业实行公私合营,改变自己的身份;私营企业主则因陷入经营困境,为求解脱,也不得不在形势逼迫之下接受合营改造。而社会主义改造的终极目的就是要消灭私人资本主义所有制。因此,在此阶段,中国共产党和人民政府对劳资关系进行调整的目标是尽量维持私营企业中正常的劳资关系状况,避免劳资矛盾激化,以利于社会主义改造的顺利进行、社会生产的正常发展以及社会秩序的稳定,并逐渐向社会主义的劳动关系转变。

第一节 过渡时期总路线公布后劳资双方的思想动态

一、总路线公布初期资本家的思想动态及其表现

过渡时期总路线公布初期,资本家的思想情况大体上分为三

种。一种是资产阶级中的上层分子和积极分子,这些人本身在政府、工商联等机关中任职,比较了解中国共产党的政策,与中国共产党和政府接触也比较多,对总路线表示拥护。一种是落后分子,出于阶级本性,对过渡时期总路线表示不满,甚至有个别资本家希望保持新民主主义现有的秩序,继续走资本主义道路,对国家的改造进行种种对抗或破坏。绝大部分资本家在经历了建国以后历次的运动,特别是经过"三反"、"五反"运动后,认识到除了接受社会主义改造之外没有别的选择,只能无可奈何地被动接受。当然,内心对社会主义改造存有很多的顾虑甚至惧怕心理,如害怕"剥夺"、"流血斗争"、"劳动改造"等等。具体来说,以上海市资本家为例,其主要思想动态和具体活动表现如下。①

(一) 总路线公布初期资本家的思想状况

1. 心领神会,心中有数。主要是一些大厂的资本家,上层分子,平时与中国共产党和政府接触较多,虽表示拥护,但认为"大势所趋,不得不走"、"时代如此,不走也要走",但对如何走法的盘算顾虑较多,主要是资产估价、生活待遇、职位等问题,怕生活降低,如有个别资本家公开抱怨说,合营后,汽车越坐越大(意思是乘自备汽车改为公共汽车),房子越住越小。

2. 心慌意乱。这一类资本家主动靠近党支部和工会,表面上积极争取合营,实际是紧张地"摸底"、"探口风"。如民华电线厂资本家问工会主席,厂子到底何时合营?怎样合营?并表示最好快一点合营。当工会主席反问他对合营有何意见时,则表示他本人没有什么意见,但就是有两个老婆,14个孩子,将来工资怎样办?以此来探口风,这种情况是比较普遍的。

---

① 上海总工会、有关区委、工商局党组、团市委等:《关于资本家对社会主义改造的思想动态、情况报告》,其中之《总路线公布以来上海资产阶级和我们斗争的新的形势情况报告》,上海市档案馆,档号:A38—2—252。

3. 心怀不满。此类人大都是中小厂的资本家，这些资本家认为做老板迟早死路一条，必走"联合国"的道路，意思是先联营，后合营，最后国营。还有人说做老板总是"日光灯"，意思是蚀本，吃光，等改造。

具体分类有这样几种：

（1）有技术的实际上负责经营管理的资本家比无技术的不负责经营的资本家要积极。如自立工业社厂长（有技术）表示：不合营拿工资吃饭，合营也拿工资吃饭。希望把厂搞大些，将来可以有地位。有的资本家则表示将来合营后可以做专家，生活仍可以过好，不怕合营。没有技术的顾虑就多。

（2）资本家代理人比资本家积极，其中有技术的代理人比无技术的代理人积极。像立兴热水瓶厂协理（小股东）积极争取合营；美光纺织厂4个代理人认为合营还好些，可以分红利，并主动提出改进经营管理制度。但没有技术的代理人很苦恼，而且工会开会因不是会员不能参加，工商联开会又不是资本家也不能参加。认为这次总路线也是两头不着，恐怕合营后连自己的饭碗也靠不住了。

（3）小厂资本家有两种情况：一种是顾虑很大，如伊斯兰医疗器械厂资本家的情绪很波动，认为一生心血，付之东流，竟忧虑成疾。另一种表示欢迎合营，其特点是企业规模小，资金少，生活也不见得好，资方是工人出身，自己有技术。老板自身也参加生产，认为和工人没啥两样，也吃得来苦，希望早点合营变国营，人可以归队，也更有利于在技术上发挥作用。

（二）资本家反限制、反改造活动表现

这一时期部分资本家在思想上有很大疑虑，在行动上也有突出地滥分盈余、抽逃资金等表现，情况较严重，主要是在宣传上还未广泛深入，尤其是小店小厂资方，不了解政策。具体表现在如下几个方面（仍以上海市资本家为例）：

1. 变生产资料为生活资料。

（1）抽逃资金，抽回股东垫款，滥分盈余，购买生活资料。在1953年12月以前，几乎形成风气。如好来药物厂资本家抽了资金买小洋房两幢（一幢送给代理人），钢丝录音机两部；后又抽款付洋房地契税，要提取1951年的利润，工会不允许，就自己盖章领取，并抽资30亿元分红。在中小型工厂中很多形成风气，市场上电冰箱、手表被买去不少。这种抽逃资金、滥分盈余情况，商业多于工业，小厂多于大厂，轻工、五金多于纺织。

在大厂较普遍的是分息不分红，而且采取以退为进的手段来达到分息的目的。如安达厂资本家如按新票面分息可分到48亿元，按老票面只分到12亿元，他为了达到分息目的，愿按老票面来分息。在小厂中，一个办法是硬抽资金，一个办法是以家属顶名，支取高额工资，达到抽资目的。如姚兴昌五金厂，只有20个工人，资本家本人支960单位，两个儿子每人760单位，女儿400单位，一个亲戚进厂做总务支500单位，一家每月共支取了3380单位，比全厂工人每月的工资还多。这样做既抽逃了资金又逃避了税收。

（2）转移物资，化整为零，准备后路。中国轧钢厂的资本家表面要求公私合营，暗中却把200多吨原料隐藏起来，影响了生产。新中华刀剪厂资方在总路线公布后，拉拢厂内4个技术好的工人去杭州另开小厂，并诱惑工人说：大厂合营以后，小厂还可以搞一搞，以防后路。还有些另设小厂后，将老厂物资搬到小厂。

（3）增加私股比重，保持合营后的权益。其方法一是认真盘点存货，估足价值。上海资本家在1953年盘点存货时，普遍表现积极认真，过去盘点都是少盘，现在却盘足，甚至有些地方还多盘一些。二是增添机器设备，扩大企业。如安达纱厂资方向私商赊购6000纱锭设备，增加固定资产，欠款在以后企业盈余中提付。其意图是既表示积极，又能增加私股比重。三是并进其他工厂，增加私股比重。如统一纱厂，原有敌产等公股已占54%，因此合营时资本家要并进私股多公股少的崇新纱厂，以增加私股比重，提高今后自己的地位和利润。

2. 在人事方面。

（1）部署亲信，安插私人。像信孚染织厂资方叫女儿进厂担任董事会秘书工作，厂中不能支薪，就在自己薪金中支付，目的是为了事先占好地位，合营后可以掌握情况。安达纱厂资方在总路线公布后，立刻打电报调回香港办事处的一个人，撤销那边的办事处，其意图是合营后再回来就不可能安插职位，担心该工人失业后就可能把资方以前的违法事情讲出去，所以赶在合营前调回来安插。申新系统也抓紧人事调动，虽在总路线宣布前已将总管理处亲信安排到各厂担任厂长或副厂长，但现在还在大肆安排部署，掌握实权，加强对企业的控制。

（2）拉拢高级职员、技术人员来扩展力量，以控制企业的经营管理。像沅丰机器厂资方在总路线公布后，要将会计科长提升为新增设的总务处当处长。安达纱厂资方要加2个职员工资，并借口工会对加工资有阻力，发动职员向工会进行斗争。京伦衫袜厂全部职员都被资方拉拢过去，并通过加职员工资，挑拨职工间不团结，造成工人与工会对立，从而打击工会。资本家拉拢高级职员、技术人员，企图扩展自己力量，这在总路线公布以后表现较为明显，目的是以便挽回"五反"后资本家的孤立处境，进而加强对企业的控制。

（3）拒绝工会推荐干部参加管理。在上海推荐干部问题上斗争是比较尖锐的，资方以各种借口推脱、甚至拒绝工会推荐的干部参加企业内部管理。如大中瓷电厂的财务、会计、计划、供应、业务等5个科均为资本家及其代理人所控制，工会设法了解这些科的工作缺点，与资方协商推荐干部，把党团员打入要害，资本家借口"考虑"拖了2个月未实行。进入供应科的干部，只作临时帮助，2个月后又回到车间。

（4）对党支部和工会干部拍马捧场，企图麻痹其斗争警惕性。

如安达纱厂资本家对党支部书记说,你们真是劳苦功高,搞好工厂都靠你们。统益纱厂资方在政府同意合营后,对工会干部表示,这次合营都靠你们帮忙,要大家庆祝一下聚个餐,今后咱们是一家人,可不分劳资了。穷灌迷汤,把一切工作套在干部身上,说什么资本家无能,一切都靠你们做。

3. 在生产经营方面。

（1）虚报成本,偷工减料。1953年1月,仅在中百公司一个部门,即发现22起偷工减料。像天然墨水厂,出品墨水每瓶少200毫升（原资料中未注明单位,作者估计为毫升）,根据1—10月原料耗量,应退回国家3770余万元。顺昌机器厂职工268人,在接受国营定货时,资方违法虚报成本1958万元,占合法利润40%,资方拿1268万元作为职工福利,企图掩盖其不法行为,挑拨工人对政府和工会关系,结果被工会揭露后,工人反而对工会有怨言。

（2）盗窃国家技术秘密。如勤民仪器厂资本家通过其儿子在国营工厂工作,偷盗光学仪器全部图样,并挖走该厂最好的技工,以致影响国家厂任务不能完成。

（3）以高额工资"挖工"。如国营华东汽车修理厂一名技术工人被资本家每天6万元工资挖走,造成厂内部分工人思想混乱,有的工人也随着晚上出外做包工,因而该厂第四季度计划无法完成。又如国营上海机电厂、上海机床厂、华东化工原料公司、公用局、工务局等单位均有被挖跳厂或做"包工"事件发生。甚至郑州国营机器纺织厂也被上海资本家挖去20多人,私私之间相互挖雇的情况也很严重。

（4）资本家利用失业工人迫切要求就业的机会,非法骗取垫款,进行欺诈行为。蓬莱区有部分不法资本家,利用失业工人及其他市民迫切就业的要求,见有机可乘,进行欺诈行为。一般是用吸收贷款名义,作为就业的交换条件,或者以教授技术为名骗取垫款的。现该区已发现的有中华别针厂、忠林记针织厂、模范草绳厂、谊兴盛五金厂、劳工五金工业社、文光羽毛球厂、振泰机器厂等单位,受骗者有百余人,这种情况不但使受骗人受到损失和影响劳动就业工作,并助长了资本家的投机性,妨碍了生产的正常发展,造成社会不安。

(5) 消极怠工,停止购料,不添生产设备和安全卫生设备,认为将来公私合营了,可以由国家出钱改善。因此1953年发生96件重大伤亡事故,私营厂占了58件,死54人,重伤4人,轻伤15人,其中40件属于机械事故。立新热水瓶厂没有厕所,长城铅笔厂工人只能在车间里洗澡,大昌源铁工厂工人"睡觉盖雨衣,大便撑洋伞,洗脸穿马灯。"

4. 提高工缴成本腐蚀职工,采取"羊毛出在羊身上"的手段。

(1) 滥加工资提高成本,像针织业手摇袜厂的第一、二、五、六等4个联营所资方将每月2天休假工资列入成本,使国家损失4亿元,还造成工人间不团结。

(2) 劳动生产率提高后,不肯降低工缴。1952年上海36个行业中盈余4万多亿元,当劳动生产率提高后,工会干部要资方降低成本,资本家进行对抗,在物质上腐蚀工人,滥发奖金,乱发制服。像大昌源铁工厂工代会前每月产3万锭胆,工代会后产6万锭胆,1952年盈余35亿元,工会提出降低工缴,资方以有两个厂(南北二厂),北厂没有提高,工缴是两厂一起的,不能单独变化而拒绝降低工缴。后来在北厂同样提高定额,再要资方降低工缴,资方又以怕个别厂降低了,同业公会要有意见而再次拒绝降低工缴。

(3) 抗拒提高生产定额。江宁区22个厂,在修订合同定额时,资本家一般是袖手旁观。原因是定额提高后,成本工缴要降低。像热水瓶厂提高定额50%后,其他厂资本家即发动同业资方和部分工人起而反对,资本家情愿发奖金,也不肯提高定额。

同时资本家采取把工人目前利益与资本家利益、工缴成本结合起来，来利用工人。像螺丝钉厂是以营业额提成作为奖金，如果营业额降低了，就会影响工人奖金，以此来腐蚀职工。据了解，上海该行业在50年只16家，没有国营螺丝厂，所以被其中三大厂操纵了整个行业，控制了成本，用"海底篱笆"欺骗五金公司，对工人多发奖金，发动工人到杭州去玩等手段对工人进行腐蚀。上海绸布精炼厂把工缴48%作为工人工资，如工缴一变就会影响工人收入，这种做法最为棘手。该厂的工人收入很多，资本家又反过来腐蚀工人，发动工人到他家去赌钱，每天抽五六十万元。虽然这种厂不多，但问题是严重的。

二、总路线教育深入一步以后劳资双方的思想动态

经过国家资本主义对私营工商业实行社会主义改造是一场深刻的社会主义革命，必将在私营工商业者中引起很大的震动。因为"中国共产党和政府对私营工商业的政策是以'改造'之名行'消灭'之实"，① 被"消灭者"自然要进行本能地反抗。因此在总路线公布后，资本家上述思想状况和反限制、反改造的活动并不足为奇。对此，中国共产党也早就估计到了，因而时刻注意资产阶级的动态，积极开展宣传教育工作，适时地、自上而下地、大张旗鼓地在全国私营工商业者中进行过渡时期总路线的宣传教育。

（一）广泛开展过渡时期总路线的宣传教育

1953年9月7日，毛泽东亲自出面邀请民主党派和私营工商界的部分代表举行座谈会，向与会代表明确指出国家资本主义是改造资本主义工商业和逐步完成社会主义过渡的必经之路，在3—5年内基本把私营工商业引上国家资本主义的轨道。同年9月5日至

---

① 武力：《中国共产党与当代中国经济发展研究（1949—2006）》，中共党史出版社2008年版，第179页。

11日，全国政协召开常委扩大会，邀请部分工商界代表人物参加，周恩来在会上作了关于过渡时期总路线的报告和会议的总结讲话。针对资产阶级对社会主义改造的思想疑虑，周恩来系统地阐述了我国社会主义改造的方针步骤以及资本主义工商业者的前途问题。10月至11月，又召开了中华全国工商业联合会会员代表大会。李维汉在大会上阐述了中国共产党在过渡时期的总路线和对私营工商业实行利用、限制、改造政策的内容、意义和步骤。上述会议的内容和精神，特别是工商联全国会员代表大会，都在全国私营工商业者中进行了广泛地传达，并组织相关人员进行深入学习。各省市也召开了工商联和民主建国会的各种会议，由当地中共党委和人民政府的主要领导干部亲自出面，作报告讲解总路线和国家资本主义政策，回答私营工商业者提出的各种疑问。

1953年12月28日，中共中央批准并转发了由中共中央宣传部撰写的、经毛泽东两次修改的《为动员一切力量把我国建设成为一个伟大的社会主义国家的斗争——关于党在过渡时期总路线的学习和宣传提纲》，在全国范围内更深入地学习、宣讲中国共产党在过渡时期的总路线，使总路线和国家资本主义的具体政策家喻户晓。这就为资本主义工商业进行社会主义改造制造了强大的社会舆论与外部压力，从而迫使一部分资本家不得不顺应历史潮流，接受社会主义改造。

（二）资本家阶级在深入学习总路线后的思想动态

经过深入学习和卓有成效的宣传教育工作，资本家阶级对总路线的认识有了很大程度地提高，在接受社会主义改造的态度上也随之起了一些变化。如据上海市总工会、有关区委、工商局党组、团市委等部门反映，上海在1953年12月24日召开了市协商委员会7次扩大会议，由时任上海市常务副市长的潘汉年作了关于社会主义改造的专题报告，较具体地讲解了有关工商业社会主义改造问题，并宣布了14个厂的合营，又宣布建立工业生产委员会的机构。经过较为广泛深入地宣传和解释总路线,又召开过全国工商联代表大会,情况有所转变,资本家表现转为积极。①

1. 工业资本家。上海的工业资本家听了潘副市长报告以后,大部分是满意的,并且明确了前途,表示愿意接受改造。有些企业已正在积极地开始酝酿合并扩大,充实资金为争取公私合营而创造条件了,惟有一些劳资关系不正常和情况困难的企业则普遍存在着公私合营后可以不用担心资金,原料与管理困难等依赖政府的丢包袱思想。年纪较大和无技术的资本家,对今后在社会主义改造中工作生活等是否有问题的顾虑还是很多,中小型企业中也还出现许多急于联营的盲动情绪。抽逃资金化生产资料为生活资料的对抗情绪仍较严重。其具体情况如下:

(1) 听了报告后,拥护总路线总任务并愿为争取公私合营而创造条件者,积极拥护总路线总任务表示要争取先走一步。如环球口琴厂资方曾在(1953年)11月中旬,以书面向卢湾区财经委员会申请要求公私合营。常熟区协昌缝纫机制造厂资方也在听报告后主动地带了该厂资料去区财经委员会要求争取先行公私合营。又如美优药厂资方表示愿意先走一步,并要求国营制药公司准许其从目前的初级国家资本主义的收购形式,提高为包销的中级形式。杨浦区的华美制药厂,过去是一家五毒俱全的违法户,资方在"五反"定案时被判徒刑5年(缓期执行),而这次资方则很坚决地表示愿意改为公私合营。

听了报告后,有些工业资本家表示愿意靠拢国营企业、改善经营作风,并已在积极为今后公私合营而创造条件中。如文化打字机厂,过去产品所用的主要原料白铅有两种,一种价贵质好,一种价

---

① 上海市劳动局市劳动争议仲裁委员会劳动争议处:《关于过渡时期总路线公布后本市劳资双方思想情况的报告》,其中之《当前国家总路线总任务宣传贯彻中的一些劳资双方的思想情况与动态》,上海市档案馆,档号:B128—2—1236。

廉质差。据该厂经理表示,要创造国家资本主义条件,首先必须要做好本位工作,重视国家的加工定货任务,所以产品一定要对人民负责,今后必须要用好的白铅。卢湾区新工瓷电厂资方认识到总路线是正确的,今后绝对不再接受私商的定货了,并表示愿意将该厂的生产逐步纳入国家计划中。另一家亚美造漆厂资方也同样表示今后产品全部要卖给国家,私商一律不卖(该厂产品为国防工业中很需要的东西)。

总路线为私人资本主义指出了光明前途,打消了资本家自产自销的念头,许多资本家在听了报告后思想上有了显著的转变。如中国仪器厂资方,过去认为私营企业生产力很低,改造是困难的,现在明确了只要好好地接受改造,国家实行社会主义工业化时期,专家是很缺乏的,个人也不会没有前途。卢湾区骆驼金笔厂过去有着浓厚的自产自销思想,听过报告后,资方思想上立即有所转变,并对同业说,私营企业只有很好地服从国营经济的领导才是正确的道路。鼎成染织厂经理也有同样转变,表示接受国营任务后,劳资关系可以转好,经营也可以改善,靠拢国营经济是总路线总任务给资本家阶级指出的光明大道。还有一些困难的行业,过去常常发牢骚,听了报告后许多资方都纷纷表示,一定要服从国家需要,克服困难。

(2)听了报告后已在酝酿合并扩大企业,正在和同业积极合并争取公私合营条件,在工业方面尤以中小型企业最为显著。如新科仪器厂资方过去接五金公司任务是很不愿意的,听过报告后已拟将(1953年)12月份所出产的全部产品售给五金公司,并正在和一家国际贸易行商洽合并问题(此家贸易行可能有7亿资金转过去),意欲把企业扩大,为公私合营创造条件,丽明电瓷厂也正在和4家同业(大光明、大陆、天一新、泰兴)商洽合并中,在1954年上半年内可以合并成功。利达文具厂资方认识到,在总路线总任务公布后,大工业都在争取转业资金,进一步扩大企业,为公私合营创造条件。小工业就只有合并才能为公私合营创造条件。为此,该厂准备和上海铁工厂于12月份合并,以争取公私合营。

这类情况中也有不少是存在着脱离实际及过急的盲目情绪的,特别是一些小型手工业中表现得更为突出,希望立刻与其他小厂合并起来争取国家资本主义,以摆脱生产困境。如新成区路路通袜厂经理,听了潘副市长报告以后,要求政府立刻把和他同类的小厂组织起来,接受国营任务。蓬莱区王福兴尺厂资方表示,在明确了公私合营的优越性后,准备发动同业组织联营,但是其出发点是不够正确的,认为私营总是搞不好了,说起来厂是资方的,而权利又是没有的,如果全部做中百公司生意,算起细账来就不够维持了,不做又好像讲不过去,因此觉得公私合营后原料、销路和劳资关系均无问题,还是早一日公私合营免得麻烦。

(3) 对政府政策怀疑、猜忌态度和存有顾虑。工业资本家中听过了报告后,一般说来是比以前明确了一些,思想上也有不同程度地提高,但当其联系到具体问题时,如公私合营如何合法,国家是否需要就产生了一连串的不明确的怀疑思想。如博士金笔厂的资方在区工商联的座谈会中发言表示,听了报告后比过去是更明确了,但是对有条件,可能与需要的说法还不明确,希望条件不够的政府能指出来,国家是否需要的问题政府也最好能开出一张名单来。中国科学图书公司总经理也表达了类似的疑问,公私合营是老早就有心了,但是具体问题不能解决,公私合营究竟如何"合法"呢?向哪个部门谈呢?资方感觉茫无头绪。丽新布厂厂长认为根据该厂规模与设备,已具备了争取公私合营的条件,但有些模糊,政府的政策是以有困难的先来呢?还是有条件的先来呢?还有裕华中化工工程公司经理对公私合营规定有20%—25%的利润,是感到满意的;但对利润如何算法则表示不够明确。

还有的资本家由于曲解政策和缺乏对公私合营的正确的认识,也产生了许多不正确的模糊思想。如杨蒲区标准造纸厂原拟叫黄蒲区公和颜料行来投资的,听了报告后,该厂资方表示横竖要公私合营了,来不来投资无所谓。卢湾区建立电话拷线工业社一向业务很好,资方想通过扩大业务从争取来的转业资金中抽回自己的3千万元资本垫款。雷声无线电行资方则认为大企业都公私合营了,小企业就可趁机做些生意了。北站区和丰线厂和卢湾区美泰化工厂的资方则更模糊地认为公私合营后产销虽无问题,但资金是拘束了,资方赚了钱还不是仍要放在厂里,而责任又很重,老板真是只有名义而没有权利。

工业资本家中表面上虽则极大多数表示愿意接受改造,但对今后地位待遇等问题的顾虑仍是很大的。如瀛洲染织厂资方在区工商联总路线总任务漫谈会上表示,工厂要走向高级形式的国家资本主义顾虑是比较多的。公私合营后,公股代表的一切工作如政治思想、技术管理都比资方人员好,而代表们只拿包干制,资方人员则拿高额薪水,实在有些拿不下去;资方创办瀛洲已多年,今后最好不要将厂名'瀛洲'二字去掉;公私合营后,最好派一些好干部来,以帮助资方进步。虹口区中国自动电讯器材材料行资方则认为,公私合营后外债要个人负责,对旧设备折扣率又很大,又担心自己今后的地位不知如何。鼎新染织厂资方感觉社会主义发展得太快,而资方的政治、技术与管理水平又很低,担心跟不上。家庭工业社厂长及中国飞轮制线厂资方都认为,公私合营后钱拿得少了,担心家里开支不够。同时也顾虑到公私合营后对资方的要求一定很高,而自身工作经验又很差,从而担心今后是否有工作可做,或者是即使有工作能否做得下去。还有部分资方认为公私合营后没有今天这样自由了(想拿多少钱就拿多少钱),趁在合营前抽资买高档商品提前享受。

(4) 情绪消极无信心、发牢骚者比较多,部分资本家存在着依靠政府的丢包袱思想。一些资本家消极认为,搞来搞去总是政府的,看不见前途而无经营信心。如中兴铁工厂资方(杨蒲区工商联筹委会副主任)"五反"后一贯消极,无信心扩大生产,并不肯多接加工任务,该厂 1954 年第一季度,按其生产设备可出 4 部车床,但他仅接了 3 部。浦东艺术印刷厂资方抱着"横竖横"的态度。在听过总路线总任务报告后回去,立刻决定每月发给每个工人洗澡券 4 张与理发券 4 张,以此来讨好工人。据了解其资金仅 1.8 亿元,而目前营业情况并不好,但每月开支却要 4000 万元左右,不难了解,他的意图显然是将资金搞完后关门。科达雷珠厂资方则认为,总路线已指明私人工商业要并给公家,所以还是吃点用点好。中华纺织厂资方认为反正思想通也好不通也好,总要走这条路的。北站区有些资方听说要受工人监督,已准备解雇工人转为地下厂。

　　听过报告后发牢骚的也很多。如大东南烟厂资方发牢骚说,潘副市长号召资方不要逃避资金,应该继续扩大再生产,这样公私合营后分的股息也会分得多一些。事实并不是这样,因为今后是要按四马分肥的,分利从何而多起?而且认为以前的私企条例是有名无实的,规定公积金 10%,而现在四马分肥又变成 30% 了。东方电子工业社和一心实业社资方认为,既然总路线已在贯彻中,为什么中百与交电还要缩减收购定货呢?这不是矛盾吗?宝锅汽车材料制造厂资方则表示,公私合营虽然规定私人还有财产权,但行政权是掌握在公股代表手里的,资方就等于一个木头而已。

　　一些劳资关系不正常与原料有问题、经营困难的企业则普遍存在丢包袱思想。如天一造漆厂资方在工商联座谈会上表示,今后周围环境使人不得不走上国家资本主义的道路,最近工厂里原料也很缺乏,因此希望能早日走国家资本主义道路,以利发展生产。大华梭子厂资方因其行业过剩,希望早些公私合营免得被淘汰。北站区东昌祥机器厂资方听过报告后,思想搞不通,曾经到该厂区工商科请求自愿将 7 亿多资金分给 40 多个职工,希望做个开明的资本家,以为这样变成了合作社后,就可以过渡到社会主义去了。而实质上，资方以为这样做就可以推卸责任了。锦隆五金厂劳资关系很差，职工要求福利斗争很剧烈；永康棉织厂工人劳动纪律松弛，两厂资本家就认为公私合营后，职工问题就可以得到解决了，让政府接收后来教管职工。一些资金困难与怕负责任的企业，如艺光钢精厂、太平洋织造厂、加拿大织造厂等资方都纷纷表示，反正资金少，原料又要依靠国家，早点公私合营算了，资方反而还轻松一些，免得终日操心。

（5）少部分资本家对总路线进行讽刺挖苦与顽固对抗。在国家过渡时期总路线总任务的贯彻中，由于资本家的本质是唯利是图的，虽则他们在表面上装着很拥护的样子，但在暗地里、在情绪上，却随时随地暴露出其消极的一面，对总路线进行破坏与对抗。如天翔毛纺厂经理表示，在今后该厂公私合营时，在利润方面他一定要与政府争个明白。中国毛纺厂老板过去在做百货公司生意时，是有他一定的算盘的，即没有一分七厘的利润坚决不做，意即国家需要不管总路线来了也好，自然会迁就他的。新成区某织造厂，听说为了要参加联营必须要减少工人，该资方即提出要解雇工人，工人不同意，资方即表示工资要减半。

对总路线讽刺的情况在工业资本家中也是存在的，如北站区锦昌机器厂资方认为公私合营后，职工福利金仅占10%左右，比起现在工人所拿的福利金来，是降低了。因此，借机挖苦和讽刺。

（6）抽逃资金，化生产资料为生活资料。国家过渡时期总路线贯彻中资本家消极对抗情绪已集中表现在抽逃资金方面。其方式为分红、转账、化生产资料为生活资料，或用年奖及其他变相工资来拉拢和利用落后工人，企图达到分散资金的目的。如北四川区天华橡胶厂资方，在11月底听了报告以后，即在劳资协商会议上提出要提取1952年股息1.6亿元，并表示要分1953年的盈余（按该厂过去习惯红利都是在翌年3月、4月间才分的，往年均将红利总数的75%作为扩大生产资金）。长城工业社，过去工人提出合理的福利要求，解放后三四年来均未得到解决，而这一次工人一提，资方立即同意。静安区的永利机器厂本来不准备分掉盈余，拟作扩大生产之用，总路线总任务的报告传达以后，劳资双方已根据私企条例分配了。此外如中国煤气厂已正在向区财委请示要分1950年、1951年两年的红利，榆林区大中华橡胶厂也已在酝酿分掉1950年的股息与红利100余亿元。

有些资方已公开地开具支票，抽取企业资金私自化用。如衡兴木工场资方听了报告后，随便将企业内的4千万元现金取出到外面去腐化，并认为企业总归搞不好了，迟早总是拿不到的，不如早拿为妙，劳方向其提出要搞好业务，他即借口可以在年底红利中扣除。华孚新造纸厂资方把私人负债的8千万元也擅自付在企业账中。公开地抽逃资金怕工人要反映，用暗的或以年奖分红等变相办法进行分散资金。如精明机器厂资方对工人进行利诱，以要加工资上面不批准为由，工人做30天，资方给40天工资，既分散了资金又拉拢讨好了工人。义丰织布厂资方表示不剥削工人，赚的钱双方平分，使得工会与政府感到非常被动。化生产资料为生活资料在工业中最典型的是榆林区的合顺机器厂资方，当他看到了《人民日报》上说："将来生活资料仍是可以归私人所有的。"就立即以1.9亿元在静安区买进一座住宅房子。还很漂亮地将余下的4千万元中拿2千万元给工人做棉制服。类似这样情况的在新成区的轻工业中也很多，都认为总路线来了，要先下手为强，企图在最短时期内，将资金化整为零。

2. 商业资本家。潘汉年副市长对工商界作了总路线总任务的报告以后，上海市商业资本家虽则在表面上看起来还是表示拥护的，而实际上他们的思想极大多数是混乱的，有的消极悲观，有的牢骚满腹，有的则顾虑重重，有的还妒忌工业、国营企业以及商业合作社的发展，有的是想合并扩大转向工业，有的已在积极行动着抽逃资金准备丢包袱了。总的说来商业资本家的思想情况是比工业

资本家更为复杂混乱,反抗和破坏行动也更为严重,具体情况如下:

(1) 用各种不同的方式抽逃资金。听了报告后,思想波动,公开抽取资金花用。如邑庙区中华大戏院资方在听了报告后的当天,开了1张3600万元的支票,过了几天又拿去了400万元。利达五金号资方身为卢湾区五金商业协商代表,借月底发薪机会向人民银行取出了现钞3000万元,而该号每月工薪仅需1600—1700万元,当银行向其查询取款原因时,则借口资方自己要添制衣服。嵩山区康生药行资方在听了报告后,开好1张6000万元的支票,对职工声称这些钱他拿去了。另一方面又以1张2500万元的支票交给工会,作为工人的福利金。

企图化整为零,陆续提出存款的也很多。如国泰商行资方以陆续支取现金的方式,抽逃资金已达4000余万元,资金抽走后,资方就强调店中困难,提出要解雇职工。卢湾区的大来贸易行、嘉丰汽车材料行等资方,也用同样方式以化整为零的办法,向银行连续提出存款,每次约100万元,据说已提出达800万元了。

用强迫、利诱职工或用偷盗等手段来达到其抽逃资金的目的也不少。如永利油纸号资方听了报告回到店里后,限定职工在1小时半以内同意其去工商科办理转业变更登记,其企图是想通过转业变更登记,抽逃一批资金。北站区的恒隆、怡源两家五金号的资方纵容职工尽量预支工资,并鼓励职工在外面乱花钞票,还对职工许诺,如用得不够的话,还有2年红利可分。预支的工资已高达1亿多元,结果使得劳劳很不团结(会计与职工)。其他像乐天宝、胡成泰两家糕饼店用增加工资利诱职工,"封住职工的口"等方式来进行抽逃资金。伟盛棉布号资方则竟用盗窃方式来抽逃资金。该号仅1个职工,资方于1953年11月28日晚上,将1300万元现金与几十匹布放在1只木箱中,第二天钱与布突然不见了,资方也不加追究。据同业估计,资方是用偷的办法来逃避资金。

抽逃资金化为生活资料的情况，在商业中是比较严重的。如黄蒲区佩群进出口行，资金并不大，仅1951年、1952年就赚了10亿元左右，过去一直没有分过盈余，店内两个职工均为资方兄弟，过去兄弟间是不甚融洽的，听了报告后，突然间，已将红利分掉了。卢湾区源盛烟号资方在抽逃了数百万资金后，以200万元向四达工业社投资，其余为其家内添购缝纫机等物。此外，商业资本家用宕账、退股息、请工人吃大闸蟹等各种各样的方式抽取资金的情况，不胜枚举。

（2）有些营业困难和货源缺乏的商业存在着妒忌工业和急于合并联营的盲动情绪，妒忌工业、国营企业与合作社的发展。如卢湾区南货业区代表认为，只有那些领到工商登记证的工厂，才是真正享受到了国家资本主义的幸福者。因为他们不用愁货源、销路、资金等问题。同时他表示对国营商业与合作社这样的发展也是有所不满的，希望国营公司与合作社能够让其一步。该区煤薪炭业区代表也有同样含义，认为这个行业将来只能替国营公司合作社送送货、转转手罢了。国营与合作社发展得又如此的快，该业距离得又这样得远（指利润），看样子等不到国家资本主义就要垮台了。该区南货业区代表也认为，全市有合作社社员270万人，再加上一部分人到国营去买东西，剩下来的大约不到240万人来照顾该业的生意，好像配给糖似的无形中打了一个四六折，国营公司处处占便宜，货源又充沛，这样长期下去，以前的老主顾，都要被他们抢光了。上海私营商店又这样多，恐怕等不到国家资本主义了。

许多商业资本家存在着急于合并联营的盲动情绪。如常熟区恒元米店资方，在合作社曾与他洽谈有关受让该店房子之事，曾表示不答应，在听了报告后思想上就恐慌起来了，成天在外面动脑筋转业，并发动职工想办法转业。这类情况尤以卢湾区表现得最普遍。如该区米业、百货业、南北货业、食油业等几个营业较差的行业存在得更为严重。据该区工商科调查，该区永源泰、公平两家米店和公和泰煤炭店要转轧铁工业，该区6家百货店与嵩山区3家百货店及另外5家其他行业现正在洽谈并准备在嵩山区开设1个117个工人的搪瓷厂；大有余南货店准备并入手工摇袜厂；广大腿行想转为缝纫机工场；一些珠宝首饰店都想以其所具备的一些技术转为制造工业仪器的轻工业，其他如该区的东方药房也准备转入制药工业；该区南货业区代表的反映是很有代表性的，提议由同业公会把他们组织起来实行联营，将来再以此条件来争取公私合营。

（3）部分资金有困难、劳资关系不正常的商店，有严重的丢包袱思想。如华昌汽车材料行资方，曾以书面向政府要求给予代购代销业务，而实际上其负债早已超过资产，其之所以要这样做，无非是叫政府来替他背包袱而已。北站区南货业资方听了总路线报告后，表面上看起来非常拥护，但实际上他们的出发点是：今后发生困难了，政府横竖要来接管，改为公私合营的。该区南货业区代表的思想，又是这种思想的典型代表者，他们认为，根据很多同业的反映，国营与合作社的职工，一天到晚手忙脚乱还来不及，相反地私人商店的店员，却一天到晚闲着无事，如果能将私人商店的店员转一部分到国营去，这样岂不是既符合增产节约的精神，又做到了公私两利吗？此外，该区中小型商业的资方都听进了实行社会主义改造后，生活资料还是归私人所有的，所以都在想尽办法地解雇工人，认为能够变企业为夫妻老婆店后，自己的资金就可以保牢了。

（4）部分商业资本家在听过报告后表现得非常消极，发牢骚、挖苦，顾虑重重。如榆林区的飞达米店，资方在听过报告后，未经政府批准即擅自增加工人工资与提高其个人酬劳。其态度是反正今后只有总路线总任务一条路，不要说这一点，如果职工要加100个单位，也完全同意。邑庙区中华理发店资方认为，在今天的日子里，应该是抱着今日有酒今日醉的态度才对，再不用钞票，更待何时。该区同兴水果行资方则认为总路线就是要革资方的命。新成区罗兰、锡兰、皇后等一些实力比较差的时装店资方表现得更为消极,据区工会了解,这些资方的态度是反正要收场,对资方无利的事,谁高兴去做它。并对业务采取不闻不问的态度,企图申请要求歇业关店。其他如东昌区的小型工商业中也普遍地反映,过渡时期实际上是早已实现了,由于过去中国共产党和政府控制不了,现在有力量了,就要搞合营化、合作化,反正他们没有资金,吃光后大不了做工人算了。

发牢骚的情况在商业中是比工业严重而普遍的。如鹤丰米店资方当政府去检查其存米时,公开地发牢骚,不要检查了,要没收,要封门,随便,好在已看到总路线了。合兴文明钟表店资方认为,现在的总路线总任务也只不过是要钞票罢了。卢湾区有些商业资本家听到"利用"二字后,他们就自说是"废物利用",并说共产党真厉害,一点不隐瞒地直截了当地说要消灭资产阶级。东昌区有些资本家则认为,既然说资产阶级是四大阶级之一,拿"利用"二字对他们来说,实在是太不客气与太不够朋友了,还是干脆地将国旗中代表他们的一颗星取掉算了。

讽刺与挖苦的情况在商业中表现得更为突出。如常熟区米业中的恒元米店老板对职工说,标准米营养好,大家吃了饭量增加,政府真是弄巧成拙,目的要节约,反而更浪费。目前标准米利润这样低,看样子在总路线下迟早资产阶级总是要僵了的,真可以说资本家是四等老板,职工是四等工人。该区另一个米店老板讽刺政府的公私兼顾政策,说《共同纲领》中很明确地规定"公私兼顾",现在是有公无私了,政府在那里唱三步曲,公私关系调整时,是让人透一口气,现在又抓紧了,如果这样,《共同纲领》应该修改了。榆林区胜利百货商店老板挖苦社会主义改造,"改造"二字究竟是怎样说法,"提篮桥"是改造,劳动改造还不是也是改造。

自总路线贯彻后商业资本家中空气紧张,顾虑重重。如常熟区万昌煤号资方听了报告后,情绪非常紧张,回到乡下去做坟墓了,据说不但为自己与妻子的坟墓做好了,并且替其中年媳妇的坟也做好了。邑庙区米业中的资方，听了从北京出席全国工商联会议回来的某资本家说北京已实行计划供应了，工人每人配购粮食12两，而老板只能配给8两。因此情绪上非常紧张，顾虑也很多。嵩山区恒丰参行资方很猜忌地问同业，怎么资方听的报告与职工听的不一样，听说职工听的报告中有孙悟空翻筋斗，翻来翻去逃不出如来佛的手掌。这些顾虑情绪也同样表现在资资之间，如北站区铁路以北举行总路线总任务传达报告大会时，许多小户资本家不仅本身参加，而且还拉了股东一起去听，没有接到通知的，纷纷要求补听。静安区有些不参加劳动拿干薪的资方，害怕公私合营后拿不到干薪与25%的利润。该区有些中小型企业甚至恐慌到认为社会主义就是革他们的命，担心不知要到什么地方改造一个时期了。

（三）工人阶级与资方代理人的思想动态

工人阶级对总路线极大多数是拥护的，并且情绪很高，一般认为公私合营后，劳保福利可以得到进一步地改进，并且再也不会受资本家的气了。惟有些老年工人则存在着公私合营后是否会减低工资或调外埠工作等顾虑，对政策模糊，个人目前利益与集体长远利益不能结合起来的及劳动纪律松弛的落后工人，则认为公私合营后行动不自由了，并尚有部分工人在总路线提出后积极地向资本家争取加工资的现象产生，具体情况分述如下：

1. 听了总路线报告后，一些工人存在不正确思想与盲动急躁情绪，资本主义思想严重与经济观点浓厚。有些工人由于思想模糊，故在听了报告后不能将个人的目前利益与集体长远利益很好地联系起来。如工业方面的勤丰电机厂中的部分工人，在听了总路线报告以后，思想非常模糊，同时还将包活拿到厂中去做，并错误认为总路线来了，大家应趁机捞一票。天华橡胶厂工人，错误地领会总路线的精神即是要向厂里争取福利，因此向资本家提出，要分盈余，造三五座宿舍，并要求每人发一套棉制服。新成区的时代表壳厂工人也向资本家提出要每人普加工资20个单位。

听过报告后，部分工人的劳动纪律表现得更为松弛。如工业方面的华孚新造纸厂某青工公开说，以后就没有自由了，要收骨头了，要下棋的（生产时间）快点下，公私合营后就不可以了。又如商业方面的虹口区某布店的劳方对总路线非常消极，在营业时间睡觉、下棋。该区荣大祥布店的劳方不但每天晚上"赌钱"，而且还说现在乐得舒舒服服，将来到国营企业后，就没有这样舒服了。常熟区有几家较大的商店店员，"保店思想"非常浓厚，他们觉得到国营合作社去请假不自由，现在工作时间虽为10小时，其实做8小时也无所谓，而国营商业和合作社中，名义上工作时间是8小时，但加上开会加班，则往往要超过10小时以上，同时工资又不可能有现在这样高。

在部分店员工人中还存在着相当严重的模糊思想与急躁情绪。如蓬莱区林万泰木器店组织员认为，什么总路线总任务，他们根本不懂，一天到晚做生活也够忙了。常熟区一般小商店的工人，在听报告时，情绪很高，但是当他们回到店中后，想到自己无技术，穷得连衣服都买不起，思想上又开始怀疑起来了。这类思想特别是在青工中表现得更混乱。根据虹口区劳动科反映，该区店员工人中（特别是困难商店）普遍认为今后小厂小店是要垮台了，怕失业，但又不知怎样进行改造，因此希望早日解雇，便可早日转业到国营企业中，有的店员已在学习技术、读书，为今后转业准备条件，有些店员工会的在业干部甚至于怕影响学习，连工会工作都不想搞了。但在店员中也有一些工人认识正确，而对总路线很表示拥护的。如常熟区隆大米店某老年工人正确认识到，现在的米店中工人福利是谈不到的，营业时间又是这样长，连生病还要自己掏钱买药吃，公私合营后，工作时间有规定，工资80—100单位，还有集体福利享受。该店青工也希望早点公私合营。

2. 老年工人消极无信心，顾虑很多。工业中的老年技术工人，特别是工资高的，对公私合营顾虑甚多。如华孚新造织厂领班工资

115万元，如果能这样拿到社会主义，那就开心了（意即公私合营后拿不到115万元了）。也有些老年工人认为社会主义虽好，但担心自己赶不上，看不到了。虹口区义记五金店一个老师傅认为迟早要关店的，据说他最近已在乡下买好了地，并还准备再卖房子，打算在没有办法时再回乡下去。其他像邑庙区的有些老年店员对总路线总任务不感兴趣，他们认为做主人翁要多搞一些工作，实在吃不消。

3. 高级职员顾虑多。如虹口区商店中的高级职员，怕到国营企业后太苦吃不消，担心今后多做工作少拿工资，因此抱着"观望态度"并存在着留恋私营企业的情绪。邑庙区南货业中一部分下乡采购的高级职员，因自政府在农村进行总路线总任务的宣传后，农民觉悟提高，看到他们下乡后，不但不肯将货物售给他们，并当面说他们是奸商，因此使他们很尴尬，思想上非常苦闷，从而对总路线的贯彻有顾虑。还有一些高级职员担心公私合营后是否会调到外埠工作或参加体力劳动等。

资方代理人一般说来对企业改为公私合营后是拥护的，但还有些顾虑，担忧转入国营后对其个人的待遇、地位及阶级成分是否会发生改变等。如中国钟表厂资方代理人在常熟区工商联关于总路线的学习小组上表示，希望本厂早点公私合营，便能早一些走到革命的大家庭里发挥工作积极性。但他代表资方代理人提出两个问题：（1）今后资方与资方代理人两者之间有何区别？（2）公私合营后，资方代理人可以做高级职员，是否其阶级成分也改变了。又如正泰橡胶二厂某资方代理人在学习总路线后反映，目前是大势所趋，完全拥护总路线，但有三点顾虑：（1）怕调动工作，私营厂人材多，过去一向没有调动过，怕以后是否会调动工作；（2）怕降低待遇；（3）今后自己子女是否可以进厂来工作。静安区有些拿干股的资方代理人担心公私合营后是算劳方呢？还是算资方呢？如果仍为资方代理人则感到责任负不了，要是算劳方则顾虑到待遇是否仍照旧。

总而言之，通过总路线的宣传教育，劳资双方在思想上虽然还或多或少地存在某些顾虑，但双方对于中国共产党和人民政府的相关政策的认识水平有了不同程度地提高，愿意接受改造的人也在逐渐增多。

第二节 社会主义改造初期劳资关系的变化

一、资产阶级对国家的扩大加工订货进行反限制活动

（一）反限制活动表现

在国民经济恢复时期，加工订货这种初级形式的国家资本主义"主要是作为恢复生产和国家掌握日用工业品的手段，作为调整工商业、加强国营经济领导、促使资本主义经济改组的手段，而发展起来的"。① 从1953年下半年起，为了加强对资本主义工业的改造，并扭转1953年上半年由于资本家追逐自由市场的暴利以及国营商业片面压缩库存等所造成的加工订货减少的情况，国家进一步扩大加工订货的范围。从主要行业发展到一般行业，从大城市发展到中小城市，从大型企业发展到小型企业。1953年加工订货产值已占全国私营工业总产值的61.84%。

然而，各地在加工订货中，仍然发生了一些成本过高，产品不合规格，到期不交货，私商挪用或盗骗贷款等现象。上海工业资本

---

① 中央工商行政管理局、中国科学院经济研究所资本主义经济改造研究室合编：《中国资本主义工商业的社会主义改造》，人民出版社1962年版，第157页。

家在这方面表现尤为典型,而且其反限制的活动方式也跟着政府限制与管理逐步加强而有了新的发展。根据各有关部门反映与初步检查,其主要表现为:违反和破坏公私合同,盗窃国家资财,腐蚀职工,个别的甚至发展为政治性的破坏生产。①

1. 违反和破坏加工订货合同。首先表现为资本家对生产不负责任。国营包销以后,次货增加,如内衣业次货率为30%,个别厂有100%全出次货,但自产自销次货仅2%。五金榔头加工厂143家,全部产品都是次货,国营公司销不出去,积压资金达70亿元。热水瓶工业初包销时,正号货占65%,1953年3月降至20%,5月份则减为10%。次货增加,不仅浪费了国家原材料,而且将国家不收购的次货,转入自销,又破坏了国家销售计划。

其次表现为延期交货。电工器材加工订货厂415家中,1953年上半年延交的有181家,共773次,延交天数共达7875天,罚款达11.5亿元。另据上海市劳动局1953年4月份检查材料,造纸、搪瓷、手帕、电工、热水瓶、制钉等业413家中有105家延期交货,占总厂数的25%;发生退货的122家,占总厂数的29%。

再次是破坏包销合约,私开后门,追逐自销。制钉工业中即有26家工厂违反包销合约,私行自销,破坏国家计划。如庆成木螺丝厂,1954年一季度私行自销数量占销售量的34.8%。

部分资本家并相互勾结,对付国营经济。如水道杂件业内有8家厂,经常在五金公司附近东亚饭店开聚餐会,名为技术交流,实则研究五金公司各仓库验收特点,步调一致,对付国营公司。

---

① 上海总工会、有关区委、工商局党组、团市委等:《关于资本家对社会主义改造的思想动态、情况报告》,其中之《关于私营工业资本家反限制活动的情况及加强加工订货工作的报告》,上海市档案馆,档号:A38—2—252。

2. 盗窃国家资财。不法资本家在国家总路线公布以后,盗窃国家资财情况也很严重。仅就上海市劳动局统计,1953年上半年收到的工业方面违法案件即达1051件之多。以纺线工业为例,全业盗卖剩余纱线达120大件棉纱之多(已在陆续收回)。不法资本家表面上接受加工订货,而在加工订货中即大施盗窃伎俩,主要关键是盗窃原料,虚报费用,在用料上有套用、换用(以次换好)、少用、搭用(搭用劣质原料)、不用(减去部分不易检验的用料)、代用(以贱价的代贵重的、盗窃资财并影响品质)、改用(更改配方等)、虚用(虚报用料定额或虚报原料价格)等8种方式,在虚报费用上有虚报工时、张冠李戴(成本转借)、虚列开支等主要方式。

3. 腐蚀职工。资本家不仅腐蚀职工,并进一步挑拨离间,造成职工内部不团结,或挑拨职工与政府关系。如荣昌汽车材料厂老板娘死时,资本家放假请工人到玉佛寺吃饭,最近订婚又请吃糖。振兴厂一工人死了老婆,资方送礼100万元。国华五金厂工人结婚,资方也送礼金100万元,用小恩小惠模糊工人思想。中华制服厂经常挑拨工人与政府关系。也有个别资本家反抗工人监督,殴打杀害职工。

4. 政治性的破坏。有的抽走资金,拖垮企业;有的卷款潜逃;个别的甚至有毁坏机器的情况发生。如求文钢笔社资方蓄意拖垮企业,先拒接生意,然后拆卖机器,工人阻拦时,即破口大骂将机器摔在地上,并举榔头将其他3部机器破坏。最严重的是广大电业行虚报成本,以旧充新(高价暴利,如锰铜皮每斤1万元买进,以34万元1磅卖出)等手段,盗窃国家资财达10亿元以上。在厂中对工人说什么"白天总路线,晚上黑路线。"并引诱厂中工程师及工场主任背叛祖国,取道香港,进日本工厂工作。

(二)劳资争议具体表现

1. 由于资本家的反限制活动违反了国家政策法令,情节比较严重，社会影响也比较恶劣，给国家、工人和相关债权人带来了巨大损失，直接由人民法院处理。

如北京市庆源恒铁工厂因拖欠工资，违反合同，情节严重，违反政府法令，直接由北京市人民法院院审理。

该厂于1953年开业，独资。在经营业务期间，承包国家加工订货时，以偷工减料，高估成本，挪用公家订货款等手段，窃骗国家资财。其违法事实如下：

（1）1953年5月间，承做故宫博物院房架铁活订货时，被告未按协议书的规定履行，有意识地对该项订货多估原料铁，因此所制成的铁棍大部分不合规格（其中长1寸的及1.5寸的不等），严重地浪费了国家财产，结果部分订货误期，并趁机窃取碎铁料120斤，合人民币84万元。

（2）1953年8月，向华北直属第一建筑公司及第二工程处承做电门盒2万个，协议书规定，应用3.3厘米厚的新铁板制作，但被告用破汽车铁板做了6000个（占整个协议书的30%）。因铁质低劣，每个可省700元，共盗窃公款420万元。

（3）1953年7月，向华北直属公司第一建筑公司第一工区承做加工活时，高估了100万元，共盗窃国家公款290万元。

其盗窃行为总计使国家遭受的直接损失为人民币794万元。经法院审核，该厂所有资产价值为5156630元，现尚欠工资15848500元，欠税款及其他公款11536700元（包括偷工减料，应退赃款794万元），欠私人外债2164万余元，资产负债相差悬殊，此外又别无其他财产，现在其所有财产，不足于偿还实欠工资的1/3。工人工资为劳动所得的报酬，不能与一般债务相比，应优先偿付。所欠公款大部分是盗窃国家的财产，因资方无财产可供执行，故予以折服劳役。私人外债则更无法清偿。法院根据《中华人民共和国惩治贪污条例》第八条，参酌第三条、第十七条之规定，判处资方徒刑2年，所欠公款11536700元，以2万元一天折服劳役（刑期自扣押之日起算）；资方厂内所有财产总值为5156630元，应全部偿付工人工资，并先行处理，所欠私人债务，不予处理。①

2. 由于在"五反"运动后在私营企业中较为普遍地建立起了工人监督机制，对资本家的反限制活动有权向政府有关部门给予检举和揭发。被检举、揭发的资本家自然对工人心怀不满，采取借故解雇、拖欠工资等方式来报复工人。这类争议案件在1953年国家进一步扩大加工订货时期比较常见。

如1953年10月，北京市义信铁工厂发生停工解雇纠纷。义信铁工厂于1953年3月间开业，专营铁文具柜等，资金2亿元。颜某、刘某等7名工人即在该厂做计件工。于10月9日该厂业务主任（经理的侄子）找工人颜等7人商谈改长期工，定固定工资，后来经过该厂工会组织与业务主任会同评定了工资，并叫工人把户口都造到该厂了。该厂开业虽不到一年，但偷工减料现象很严重，工人向资方提议不听，工人刘即于8月23日向市检察署提出检举。资方发觉后乃借口劳动纪律不好提出解雇。此时市检查署即进行调查，工人颜、刘等即背着资方向政府作成本计算，揭露资本家盗窃事实，资方便设法拉拢工人，被工人拒绝。于是资方即以不知改长工为由，停止工人颜等7人工作，并停止工资。经过工人帮助，市检查署及区工商科向该厂进行检查，结果发现盗窃国家资财甚巨，约1.9亿多万元。资方则以报复手段停止工人工作，不发工资，经过宣武区人民政府劳动科与区工商联再三教育，资方坚不接受复工意见，并从10月起未发工资，在厂内对工人拉拢，建议和工人到小饭馆去谈，什么问题都能解决。并威胁工人，如果劳动科叫工人工作，工人可以叫劳动科给活做。

后与资方谈话时，资方竟以不言语态度拖延。宣武区劳动科调

---

① 北京市劳动局：《1954年私营企业劳动争议工资、复工等案件》，其中之《庆源恒铁工厂拖欠工资、违反合同案》北京市档案馆，档号：110—1—514。

解无效，即呈送至北京市人民法院。法院依据资方违法事实，判决：①工人颜、刘等7人，确为义信铁工厂长期工人；②工人从1953年10月11日起至复工时止，争议期间工资照发；③资方违法部分另行处理。①

二、公私合营由一种经营方式转为改造方式

上述私营工业资本家对加工订货进行反限制活动的情况表明，加工订货等初级形式的国家资本主义虽然在一定时期内对于发展生产、稳定市场和推动资本主义经济的社会主义改造，都起到了重要作用。但是，加工订货等初级形式的国家资本主义仍停留在对私营企业的外部调控阶段，未能深入企业内部进行控制，只能间接地将其生产纳入到国家计划。因此，随着社会主义改造的加深，资本家必然产生消极经营，不问生产的情况，必然还有少数不法资本家，坚决反抗国家的利用、限制、改造的政策。

同时，由于这种国家资本主义的初级形式其资本主义所有制还未得到改变，企业仍为资本家私人所有，企业基本上仍由资本家按照资本主义的方式经营管理，企业的资本主义性质基本上仍未改变。因而在公私之间、劳资之间，仍然存在着一定的矛盾。就劳资关系方面而言，由于企业内部依然保留着资本主义的生产关系，劳动力的商品性质也就继续存在，工人仍然是被剥削的雇佣劳动者，劳资双方仍处于直接对立地位。这种情况不仅在一定程度上会妨碍工人生产积极性的充分发挥，而且也使其难以全面深入地监督资本家履行加工订货合同。同时，由于资本家仍掌握着企业的经营管理权，工人的劳动条件也难以得到彻底地改善，不合理的工资制度、工时制度以及职工福利也不可能得到根本改变。在企业遇到困难

---

① 北京市劳动局：《本局关于私营企业复工等案件》，其中之《义信铁工厂停工解雇纠纷》，北京市档案馆，档号：110—1—398。

时，一部分资本家便以停工、停薪、停伙的"三停"手段来对付和威胁工人，使劳资矛盾更趋尖锐。一部分资本家因对刚刚过去的"五反"运动仍心有余悸，劳资关系又呈现出另一种情况。资本家在企业中的威风扫地，工人不服管，职员不敢管，资本家或消极放任、完全不管，或辞职甚至卷款逃跑，或故意给工人加工资，意图把厂子搞垮，让政府去收拾乱摊子。结果导致企业中开支不减反增，浪费严重，生产潜力难以充分发挥。

而在过渡时期总路线公布以后，随着第一个五年计划的实施，国家已经进入大规模的经济建设中，原料、资金等均处于短缺状态，国家必然要把有限的原料和资金向国营企业或公私合营企业进行倾斜，不可能也难以照顾到私营工商企业，处于内外交困的私营企业选择接受公私合营就成为其解脱困境的惟一可行的办法。

公私合营最初是一种经营形式，即政府与私人共同投资合作经营。在建国初期，在没收官僚资本和敌伪财产的过程中，经过国家清理、整顿和改组，一批企业成为公私合营企业。同时，一部分财务发生困难的大型私营工厂也要求国家投资而实行公私合营。还有一部分是在1952年"五反"运动以后，将资本家违法所得转为公股而合营的。

1949年至1952年，公私合营工业企业由193家增加到997家，公股所占比重，1949年为70.7%，1952年为60.7%。另据对695户公私合营企业的调查，公股中来自没收官僚资本及敌产的占62.18%，解放后国家的新投资占31.14%。[①] 公私合营企业基本上都是股份制企业，其经营管理机构是董监事会领导下的厂长（经理）制。国家将企业中公股的监督管理权委托给交通银行。在企业的具体管理上，由公私股代表组成的董监事会负责。公股代表的

---

① 《李维汉选集》，人民出版社1987年版，第268页。

人数由股份的多少决定，一般由交通银行、工商管理部门和业务主管部门三方选派。公股代表与私股代表协商共同决定经营计划和财务计划。

在过渡时期总路线公布之前，国家对实行公私合营是很谨慎的，严格遵循迫切需要发展、符合国家投资计划、资本家真正自愿这三个原则。1953年5月，时任中共中央统战部部长的李维汉在向中央提交的《资本主义工业中的公私关系问题》的报告中提出，"公私合营是最有利于将私有企业改造和过渡到社会主义去的形式。"中共中央接受了这个建议，并把公私合营这种经营方式作为对资本主义工商业进行社会主义改造的高级形式。

1954年1月，中央人民政府政务院财政经济委员会（简称中财委）召开了1954年扩展公私合营工业计划会议。会议经过讨论形成了《中财委（资）关于有步骤地将有10个工人以上资本主义工业基本上改造为公私合营企业的意见》。3月，中共中央批转了这个《意见》。同年9月，政务院公布了《公私合营工业企业暂行条例》，对实行公私合营的方针、政策和有关清产核资、人事安排、经营管理、盈余分配等原则作出了明确规定。各地根据这些原则拟定了扩展公私合营工业的具体方案，有计划地扩展公私合营的工作随即迅速展开。

三、资本家对实行公私合营的反映和动态

从总体上来看，私营工商业资本家对公私合营的态度大体上可分为三类。一类是自愿接受改造，主动申请公私合营。在这一类中，极少数人（主要是资本家中的上层分子和积极分子）是对中国共产党和政府的改造政策有正确的认识，愿意接受改造，绝大多数人是根据个人条件而抱有各种不同的动机：有的是鉴于大势所趋，认为迟合营不如早合营，想借合营来提高自己的政治地位；有的是企图通过合营来解决企业的困难，趁机丢包袱；有的是怕其他

的同业实行合营后，影响到自己企业的业务，因此不得不申请公私合营。一类是对实行合营存在一定的疑虑和抵触。他们担心的主要问题是公私合营后的自身权益问题。如合营后的地位、职权、清产核资中的资产估值等是资本家最为关心的问题，采取各种手段如安插亲信、隐匿账外财产等，企图在万不得已实行公私合营时多保存个人的权益。还有一类就是坚决拒绝改造，进行破坏活动。这类人是少数，眼看资本主义所有制即将被改造，有的用非法手段从企业中抽逃大量资金，有的则故意向职工寻衅闹事，甚至有个别人进行各种破坏生产的违法活动。

具体来说，以上海市虹口区为例，上海市虹口区劳动科通过区协商会，邀请了较有代表性的大、中、小工商业资本家40余人，分别举行了4个座谈会，他们对实行公私合营的看法和动态具体如下。①

（一）工业资本家

对于公私合营，企业规模较大的工业资本家，大体可分三种情况。

1. 企业情况较好，本身有技术的资本家，表示准备争取公私合营，其中在同业公会担任职务的上层分子似早有准备。如光化药厂资方在会上系统地发表了从新药业到他本厂如何进行改造的"初步意见"，提出了"五种办法"、"十大困难"，对政府派员下厂十分敏感，对本区有哪几家厂有人下来很感兴趣。还有部分资方在合营动机上是意欲争取，想在合营前扩大地盘，提高身价，以利合营后争取自己的地位和职权。如中国自动厂资方表示，工厂要合营，"条件尚待创造"，准备制造新产品自动交换台，该项产品国

---

① 上海总工会、有关区委、工商局党组、团市委等：《关于资本家对社会主义改造的思想动态、情况报告》，其中之《关于本区部分资本家对社会主义改造的若干反映（上海市虹口区）》，上海市档案馆，档号：A38—2—252。

内尚没有出品而需求却很大，如工商局核准，则厂扩大 10 倍至 20 倍不成问题。公用电机厂资方对合营后职权颇关心，曾向相关人员打探已合营企业中经理与公股多少是否有关系。

2. 企业情况较差，资本家本身虽无技术但表示要争取合营，在动机上则想少担风险早些丢包袱，也就乐得漂亮。富华织造厂代理人表示，工厂经理已去香港，其他资方都不大负责，由他一人负责，既吃力又搞不好企业，厂内又有劳劳纠纷，听说上面有两个人下来，正好合营后丢包袱。

3. 企业情况较好、思想较落后的资本家，对合营尚有顾虑。如新华电机厂资方，当其他资本家谈到公私合营问题时避不接触，保持缄默。

中型工厂的资本家，和上述大厂则有不同，他们认为尚不具备条件，一般都想联营并厂，而动机不一而足。有和国家抗衡的：如标准工业社资方认为，合并就是争取不了合营，也可争取为自行计算户，可以跳出民评。有丢包袱的：如中南茶厂资方在会上发牢骚，表示接受改造愿意给国家利用，希望政府指导，但政府总拿其踢皮球。而在企业情况较好的，表现就不同前，他们怕并厂受拖累，基本上有两种态度：一种以条件不够有困难为借口，能躲就躲。如国光胶木厂资方表示，该行业中厂都很小，无动力，合并不知合到什么时候，该厂虽较大，但也不是全能厂，还是中级形式。陆永兴厂资方则表示，本人学生意出身，合并后可以做活，职员倒是问题，用不着这么多会计、跑街，他们不会答应，还是不并。另一种对"大势所趋"有所认识想单独争取，如久昌电机厂资方表示，他如有六七亿元资金，早就去敲门（指申请公私合营），至今未有信息，现在吸收投资，扩大厂房设备创造条件再去敲门。也有人对他如此积极大为不平，认为实际不会这样便当。

由于中型工业资本家多系独资经营，又为学徒出身居多，技术和文化都不高，对合营后的职位、薪金、资产估值都很关心。如久昌电机厂资方的反映很具有代表性，担心自己文化低，现在厂中每月拿300万元，公家干部最多不过100万元而已。家里有8口人，将来怕有困难（意即怕合营后工资降低，难以养家糊口）。又听说有一厂合营后原本值20亿元的资金，在合营时却仅估5亿元，虽极力表白自己本就是贫农出身，不在意资产被低估，但对资产的估值还是很担心。

小型工厂资本家普遍表现彷徨，认为合营够不上，合并并不好，带又没人带（指大厂合营时并入）。如一新印刷所资方反映，想走总路线，但不知如何走法。

(二) 商业资本家

一般都认为商业无前途。大体上有两种情况：一种是目前资金较足或营业情况尚好的，想转业或做专业代销，希望政府辅导。如五金业资方表示，该业资金足，近来企业因营业成问题月亏45亿元，人力资金浪费可惜，做代销不敷开支，唯一出路由商转工，但困难很大，职工薪水大，对象难找，希望政府能辅导转业。棉布业考虑全业走上代销，当前打算组织联合管理处，但同业各有打算，存在一定的困难。脚踏车商业想转业，但转脚踏车制造工业整体过剩，转别业是外行怕吃亏，希望得到政府指导。

另一种是企业资金不多而营业不良，一般都突出表现出失望、悲观，认为前途茫茫，不知出路何在，思想上充满怨天尤人的情绪。百货业资方表示，走国家资本主义道路仅自愿一条，无需要也无可能，要想好好经营吧，现在人心向上谁都不上私商门。想歇业也不成，一家煤炭行负债达2亿元，确实没法维持，工商科至今未批准，这社会主义关不知怎样过。工商联主任也曾反映，将来不知怎样办，到社会主义时，政府顶多给其做个科长，说不定只能做个科员或办事员，就算给个科长能拿几个钱一月，日子如何过。同时，对社会主义改造尚认识不足，以为社会主义改造就是枪毙或劳动改造。

四、消除资产阶级对公私合营的疑虑

从上述资本家对实行公私合营的反映和动态来看,他们对于中国共产党和政府扩展公私合营仍然存有很大的疑虑,特别是涉及资本家的自身权益时,更是如此。为了消除其疑虑,中国共产党和政府除了在私营工商业者中继续有领导地、大张旗鼓地和普遍深入地进行关于过渡时期总路线和对私营工商业利用、限制、改造政策的宣传教育,树立公私合营积极分子的榜样进行现身说法外,1954年7月,中财委总结了几年来公私合营工作中的经验,制定了《公私合营工业企业暂行条例》(以下简称《条例》),并于同年9月2日经政务院审定公布,以法律形式明确和完备了有关公私合营的政策原则。

时任中财委副主任的李维汉对该条例进行了专门说明。《条例》和说明的基本精神就是确立社会主义成分对公私合营企业的领导地位,同时保护资本家的合法权益。其主要内容规定:公私合营企业不是普通的合股企业,而是在社会主义经济直接领导下的、社会主义成分与资本主义成分直接合作的半社会主义企业。在企业中公方居于领导地位,私方接受公方的领导。私方代表应在公方领导下合理地行使其职权,尽职守责,公方代表应重视私方代表的职责,积极耐心地帮助其在工作上做出成绩,并使其在思想上、作风上逐步获得改造。私方代表如有损公私合营和其他违法行为,要进行必要的斗争并依法处理;对企业原有的实职人员,应量才使用,使之各得其所。对于工程技术人员和其他专家,应充分加以爱护,发挥其专长,并通过其生产和技术的实践,耐心地帮助其进行自我教育。对丧失工作能力的老弱人员,参照劳保条例或其他办法给予适当照顾;合营企业吸收工人代表参加管理,企业管理制度的改革要稳步进行,逐步代之以先进的经营管理制度;私股的股息、红利加上董事、经理和厂长的酬劳金,总共可占企业年利润的25%左右。私股所得由个人自行支配；合营企业的董事会是公私双方的协商议事机关，应定期举行，对企业的生产经营、盈余分配及有关公私关系等主要事项进行协商。

这个条例及其说明的公布和实施，使原先对实行公私合营存有很多疑虑的资本家吃下了一颗定心丸，减轻了合营的阻力。

五、公私合营企业中的劳资关系发生变化

1. 资本主义企业实行公私合营后，企业的生产关系发生了重要变化。首先是企业的生产资料所有制发生了变化，即企业由原来的资本家所有改变为公私双方共有。

资本主义企业的生产资料原来属于资本家所有，公私合营以后，资本家所有的资产经过清理核算成为合营企业的私股，国家投资则作为公股。私股部分仍具有资本的性质，公股部分则属于全民所有。但是，这两种不同的所有制在企业中并不居于同等的地位。由于国家政权的无产阶级专政的性质和社会主义国营经济在国民经济中的领导地位，在企业中居于领导地位的不是资本主义成分，而是社会主义成分。因此，资本家的私股尽管还没有失去资本的性质，但已失去了独立的地位，服从于社会主义资金的运动。企业的生产经营在社会主义成分领导下能够按照国家计划、主要是为了满足国家和人民的需要来进行，同时也给私人资本生产一部分剩余价值，但已改变了原来私营时期一味为了追求剩余价值而经营的状况。

2. 随着生产资料所有制的变化，在公私合营企业中，工人和资本家的地位及其相互关系也发生了变化。在初级形式的国家资本主义企业中，工人是既处于国家的领导阶级、又受雇于资本家的双重性的地位。公私合营后，虽然企业的财产还有一部分属于资本家所有，资本家还要分取企业盈余的一部分，工人的劳动还有一部分为资本家创造剩余价值，他们还没有最后摆脱雇佣劳动者的地位。

然而，由于企业内部社会主义成分的存在并居于领导地位，公方代表同工人结合在一起成为企业中的领导力量，企业的生产已经直接纳入到国家的计划，工人的劳动主要是为了完成国家计划并为国家创造社会主义的积累，因此工人已经在很大程度上不再是雇佣劳动者。原来在企业中担任实职的资本家和资本家代理人，在企业实行公私合营后，经过国家的任命，在公方代表的领导下，参加企业的管理工作，但已改变了他们在私营时期支配企业的地位。在此种情况下，劳资矛盾虽然并未完全消失，却已经有可能不表现为工人同资本家之间的直接对立，而通过公私关系来体现，并由公私双方通过协商的途径进行处理。

3. 企业生产资料所有制的改变，使企业的分配关系也随之起了一定程度的变化。

工人的工资开始具有了新的内容，即按劳分配的内容。在企业私营时期，由于生产资料为资本家私有，他们借此对工人阶级进行剩余价值的榨取，不可能有按劳分配。公私合营后，所有制发生了变化，企业经过一系列改革，逐步向国营企业的经营管理制度看齐，工资制度也将逐步进行调整，具备了按劳分配的条件。当然，在这个阶段的公私合营企业中，由于还有资本存在，按劳分配原则还要受到很大限制，突出表现在随着工人劳动生产率的提高，资本的剥削量也加重。

公私合营企业的盈余分配虽仍然是按照四个方面的原则进行分配，从形式上看，和国家资本主义初级形式的分配办法相同，但在实质上已有所不同。作为被分配的盈余本身，已有了性质上的变化。此时的盈余不仅是资本运动的结果，而且也是社会主义资金运动的结果。即公私合营企业的盈余是由性质不同的两个部分组成，一部分与资本相联系，是剩余价值；另一部分与社会主义资金相联系，是社会必要劳动，是社会主义积累。与此同时，在企业盈余分配中，由过去资本家单独占有改为按公私股份比例分配，资本家所能占有的比例已经相对地缩小了。在分配中，除所得税、企业奖励金是国家和工人所有外，在初级形式中，公积金部分是归资本家掌握的，并且在再生产过程中起着资本的作用。但在公私合营后，企业公积金，应当以发展生产为主要的用途，由合营企业依照国家的计划投入本企业，或者投入其他合营企业，或者依照《公私合营工业企业暂行条例》第二条的规定，投入私营企业实行公私合营。这表明，公积金的所有权属于合营企业，使用权归国家，必须按照国家计划使用，成为社会主义积累的一个部分。从企业盈余中提存的职工福利奖金，在私营时期，是按照资本家的意图处理，往往难以得到合理使用。公私合营后，公方代表根据国家规定，把其用之于举办职工集体福利设施和奖励先进职工，使其能发挥应有的作用。

正是由于公私合营企业有上述变化，以及社会主义经济规律基本上在企业中居于主导地位这一事实，使得合营企业具有国家资本主义初级形式所难以比拟的优越性。突出表现在四个方面：首先，由于工人阶级以主人翁态度对待企业的生产经营，由于合营企业在公股代表的领导下，逐步向国营企业看齐，建立了各种先进制度，并不断改善生产技术。因此，企业的设备有可能得到充分利用，企业的潜力得以发挥，企业的劳动生产率迅速得到提高。其次，合营企业改进了生产经营管理，在增加生产、节约原材料、降低成本上呈现了显著的成绩。再次，公私合营厂扩大了积累，扩大了再生产。据统计，从1950年到1955年这6年间，全国公私合营工业的利润额总计达12.073亿元。[①] 合营企业的积累远较私营企业为大。在积累扩大的基础上，不少合营厂根据国家需要，扩大了再生产。最后，公私合营企业中的资本家和资方代理人在公方代表的领导下进行工作，这就使他们有了直接受到社会主义实践教育的机会。公

[①] 中国社会科学院经济研究所：《中国资本主义工商业的社会主义改造》，人民出版社1978年版，第217—218页。

方代表和工人结合起来,形成改造资产阶级的领导力量和监督力量,从而能更有效地教育、改造资本家及其代理人。同时,由于社会主义基本经济规律和国民经济有计划按比例发展的规律已经在企业内部发生了直接和主导的作用,使得原来在加工订货等初级形式的国家资本主义企业中存在的公私之间、劳资之间的矛盾能获得进一步地解决。具体来说,主要表现在劳资争议案件减少,劳资间签订合同的数量上升了。如据上海市劳动局统计(见表5-1和表5-2),在1954年实行公私合营后,1954年劳动局受理的劳动争议案件数比1953年下降1845件,下降了21.80%;1954年劳动合同签订数量比1953年上升了6622件,上升了52.46%。

表 5-1　　　　上海市劳动争议受理情况比较①

	1953年		1954年		1954年比1953年增(+)减(-)			
	受理案件数	关系职工人数	受理案件数	关系职工人数	受理案件数	%	关系职工人数	%
总　计	8462	93258	6617	60245	-1845	-21.80	-33013	-35.40
解雇	1977	7508	1260	6468	-717	-36.27	-1040	-13.85
工资	2542	52061	2564	31490	+22	+0.86	-20571	-39.51
其中:增加工资	744	10217	415	2422	-329	-44.22	-7795	-76.30
恢复工资	87	1042	28	354	-59	-67.81	-688	-66.03
减低工资	72	873	70	989	-2	-2.77	+116	+13.29
拖欠工资	1105	12022	1676	19476	+571	+51.68	+7454	+62.00
奖励	31	1717	13	623	-18	-58.06	-1094	-63.72
停工停薪停伙	402	3455	581	6374	+179	+44.53	+2919	+84.49
其他	3541	30234	2212	15913	-1329	-37.54	-14321	-47.37
备注	本表之数字系发生劳动争议申请市、区劳动部门处理的案件。							

---

① 上海市劳动局:《关于1953—1954年上海市劳动情况统计表》,上海市档案馆,档号:B127—1—50。

表5-2　　　　　　上海市劳动合同签订情况比较①

	1953年		1954年		1954年比1953年增（+）减（-）			
	签订案件数	关系职工人数	签订案件数	关系职工人数	签订案件数	%	关系职工人数	%
总　计	12622	467219	19244	189717	+6622	+52.46	-277502	-59.40
解　雇	6402	17940	7212	22144	+810	+12.65	+4204	+23.43
工　资	3897	278512	9880	92480	+5983	+153.53	-186032	-66.79
其中：增加工资	3065	36407	7823	34470	+4758	+155.24	-1937	-5.32
恢复工资	62	666	156	2144	+94	+151.62	+1478	+221.92
减低工资	47	818	912	9968	+865	+1840.43	+9150	+1118.58
拖欠工资	10	75	31	1083	+21	+210.00	+1008	+1344.00
奖励	60	3453	11	295	-49	-81.66	-3158	-91.46
其他	2323	170767	2152	75093	-171	-7.36	-95674	-56.03
备注	本表之数字系双方经协商后签订的劳动合同申请市、区劳动部门审查备案的案件。							

第三节　全行业公私合营发展中的劳资关系

一、未实行公私合营企业的劳资关系状况

（一）中小厂店的劳资矛盾日趋尖锐

少数资本主义企业在实行公私合营后，企业中的劳资关系发生

---

① 上海市劳动局：《关于1953—1954年上海市劳动情况统计表》，上海市档案馆，档号：B127—1—50。

了上述变化，使劳资矛盾能得到比较好地解决。但资本主义工商业中大多数的中小厂店还未实行公私合营，在国家总路线公布后，经过一年多的利用、限制、改造之后，劳资之间的斗争出现了一些新的问题（以武汉市江岸区为例）。①

1. 资本家为达到解雇工人的目的。采取故意拖欠工资、消极经营或有意制造困难、冷言冷语等方式迫使工人自动离开。

（1）以拖欠工资达到解雇工人的目的。资本家故意消极经营，造成企业困难，有心积压工资，企图逼走工人。如江岸区联昌杂货号，国家银行主动给其贷款 800 万元，资方坚决不要，并说反正税务局早晚要把钱拿走，倒不如拖垮台为妙。有的资本家有意拖欠，如江岸区皮货业源昌号每年有盈余，但资方习惯性的总要积压工资2个月。

（2）因为企业本身的腐朽，行业没落，或受到季节影响业务的限制，人浮于事，开支庞大，资本家信心消沉，甚至丢下店子不管，自己逃之夭夭。

（3）个别资本家唆使其妻冷言冷语、指桑骂槐，造成营业清淡而迫使职工离店。

（4）甚至还有资本家为逼走职工，不惜上演"苦肉计"。如江岸区吴义兴肉铺的资本家夫妇故意打架离婚，将店内资金作为离婚费，进而解雇停业；但工人走后，资本家夫妇又重新和好。

（5）用过高的解雇费及其他办法哄骗走职工。

通过使用上述这些手段，使工人为生活所迫自动要求解雇。在签订《解雇协议书》时，满口答应保证工资按时付清，解雇费自动提出给 3 个月工资，等协议签订、政府批准解雇后，工资和解雇费到期不执行，但是资本家已达到解雇工人的目的。

---

① 武汉市劳动局审调组：《本局对资本主义企业进行社会主义改造劳动情况调查材料》，武汉市档案馆，档号：47—92—1。

2. 用各种手段腐蚀工人。资本家抓住了部分工人的经济观点和愿到国营的弱点，向工人进行诱骗、腐蚀，其方法是多种多样的。有的以金钱物质，有的以花言巧语等手段来腐蚀工人，最终达到解雇的目的。有的资本家对工人说，店里生意不好，迟早总是垮台，早点歇业还可拿点解雇费，否则拖长了连吃饭都成问题，你们登个就业登记，还愁无事做。也有的说，现在国家大规模的经济建设，需要的是人才，在这个小店子里把大家的前途都耽误了。这些话从表面来看好像是很有道理的，资本家则以工人要歇业来解雇工人，因而促成工人要歇业解雇的现象不断发生。

3. 抽逃资金，变生产资料为生活资料的手段更为隐蔽。资本家采用将职工变相工资均改为正式工资，普遍增加工资、分未经政府批准的红利，送衣料，用过高的解雇费及其他办法等骗走职工，从而达到抽逃资金和关门的目的。还有些资本家踊跃购买公债，其背后则是另有所谋。从表面来看是爱国买公债，实质是把店子买垮，今后公债就成为自己的生活资料，私人所有。如江岸区公利麻袋号流动资金只450万元，但资方却要买600万元的公债，买了公债店子就可以垮台。工人虽未同意，资方就消极经营至擅自歇业关门。

4. 挑拨工人与政府和工会的关系，引起工人对政府不满。有些资本家经常采用各种各样方式来挑拨职工内部或职工与工会之间或职工与政府之间的关系，自己则在旁边做"好人"，致使工人对政府不满。

（1）多发解雇费，乱加福利，造成工人向国家争夺财产。如江岸区西药业华昌、海昌两家，负债已大于资产数倍，特别是欠国家银行、税款、赃款、房租等数额极大。仅就华昌一户来说，欠国家债务达12亿多元，全部资产约值2亿元左右。在解雇时，资方答应工人账面借支一律不扣，还自动发给解雇费8个月工资，外加双薪、奖金、升工、棉衣、川资、假期工资等费，累计起来需要

1亿2千余万元支付，5个职工平均每人可得1年的工资收入。与此同时，海昌药房劳资间也达成同样协议，一并要求迅速批准。经劳动局深入调查，原来资本家抱着"尽在壶中，听客自便"的思想，反正财产不是资方的，做顺水人情，何乐不为？批准了是国家的钱，如果不准，工人不会斗争资方。结果在资方的这种手段与策动之下，工人整天跑工会、找政府，认为资本家慷慨大义，政府却小理小气。

（2）利用政府帮助工人转业之机，擅自添雇临时工，造成新的矛盾。为了便于对资本主义工商业进行社会主义改造，政府组织了过剩劳动力的转业工作。工人在店内时，资方就消极经营，工人走了，资方的经营信心就高了，投机取巧雇佣临时工，造成新的失业现象，并挑拨工人与政府的关系。如承和印书馆原有工人11人，后调走了8名工人参加基建，不到一星期，未经劳动部门批准，就请了2个临时工，后到劳动部门备案。劳动部门不同意雇佣，资方回去后向临时工挑拨说，不是我们不请临时工，而是政府不批准，导致工人对工会和政府不满。

（3）表面积极缴税，实则挑拨工人对政府不满。如武汉照相馆的资本家说，今年营业不坏，可发双薪，但税一复查，一个钱也没有了。又如正明电料行老板对工人说，税一定要完，税不完要坐牢，工资丢两天没什么。

5. 分散生产资料，采用"三停"等手段威胁工人，公开谩骂共产党和人民政府。部分厂店的资本家借淡季为名，大肆活动，在短短20多天，解雇案件达30余户，涉及职工有80余人。也有少数资本家对职工采取了"三停"、硬抗、谩骂等来与职工进行斗争，从而达到逼走职工的目的。如合生土产号的资本家把仅有的资金还了外债，后即告停业、停薪，吃饭则将时间错开，资本家10点钟便吃了饭，留点稀饭和烂腌菜给职工12点钟吃，结果造成歇业解雇。又如大光明服装店资本家将生产工具分散，后即采取

"三停"的办法威胁职工离店;还有资本家因怀恨工人参加防汛而影响了营业,竟明殴青工。这些情况大多发生在中、小厂店中。还有个别资方甚至故意违法造成垮台关门。如新发祥麻袋号资方有意将发票撕掉,税务局罚款 1200 多万元,把店子罚垮了,趁机解雇工人丢掉包袱,达到歇业关门的目的。更严重地是有资方公开谩骂共产党和人民政府,如永和祥老板说共产党没良心,税收太重。这些恶劣行为也影响了部分坚持生产的工人的生活与思想情绪,并在某些程度上使得前方工人(武汉市政府组织部分工人参加防汛工程建设的工人)惶恐不安。

在职工方面,大部分职工不安心于资本主义工商业厂店中的工作,希望去国营或公私合营;另外还有少数职工只从个人眼前利益着想,因而在劳动问题上还不能自觉地遵守政府法令。如建新面粉厂的临时工在歇业解除关系时,政府介绍工作不去,硬要 2 个月的解雇费,并说问题一天不解决,就要资方供给伙食和拿全薪,自己白天则在外面做零散搬运,每天收入数万元。这一问题一直起诉到中南最高法院而不能达到目的时,工人才停止其过高要求。又如群力水果行有职工 51 人,因人员过剩,动员了 20 人参加基本建设工作,后生意较好时店内工人将 800 万元的资金分了,参加基建的工人听到这个消息后,回来每人要了 2 个月的欠薪,在店工人又复要 1 个月的工资,这样就把店子搞垮了。

由于一些厂店的生产和营业状况不好,工人生活遭受威胁,造成部分工人在思想上产生了各种不同的混乱情况与看法。有的认为企业前途不大,欠薪也拿不到手,长此下去影响家庭生活,不如趁早另做打算,自动地与资本家协商,甘愿离店。如江岸区百货业、瓷器业工人执协商书请求工会批准,或另调工作。这种情况一般地说来较为普遍,特别是青年工人比较突出。也有的工人由于欠薪不能圆满解决,采用过"左"的办法把资本家软禁起来,甚至有的不经过协商把资方的生活资料拿走作为抵付。如江岸区星星化工厂的职工在被解雇时，拿了资本家的小钢锅、铜茶壶、热水瓶、铅桶、火灶以及菜刀、斧头、马桶等物件。

与此同时，一部分工人（特别是由武汉市政府安排参加防汛、已经上堤的工人）要求付清欠薪的情绪很急躁。有的要求歇工请假回店催索，有的写信通知工会代为追清，有的叫配偶登门索取，整天盘算着如何把欠薪要到手。因此，不安心工地工作。而资本家认为上堤工人可以搪塞推诿，推迟一天是一天。

此外还有一种相反情况，特别是年龄较大的工人，害怕失业，认为现在占着工作岗位比失业要好，多得少得，反正要找（资方）那几个人，于是主动地展开增产节约运动，降低工薪，或者暂时不给工资，用来充实店内周转，扩大营业，力图维持一个时期。然而资本家并不存心善意搞好营业，反而抓住这一弱点，进一步威胁工人，动辄要歇业解雇，而工人顾虑失业，只好无可奈何，迁就一番，其目的在于维持下去。

（二）劳资争议特点

如前所述，在1954年实行公私合营后，劳资争议案件数比1953年减少了很多。但由于私营企业中绝大多数的中小厂店尚未实行公私合营，其劳资关系随着社会主义改造也日趋尖锐，劳资纠纷也层出不穷。这一时期的劳资争议突出集中在拖欠工资和解雇问题上。

据统计，上海市1954年半年来拖欠工资的争议案，占私营企业全部争议案件的17%；天津市6月份受理的188件争议案中，拖欠工资的占28%；太原市受理的拖欠工资的争议案，占私营企业全部争议案件的45%；沈阳市4月份拖欠工资的有1137户，较3月份增加了33%；北京市木器业258户中拖欠工资的总额达26亿余元；鞍山市铁工业拖欠工资的户数，占全行业总户数的56%；营口市棉织业至4月底拖欠工资的户数，占全行业总户数的81%。拖欠工资的时间，最短者为半个月，最长者达 11 个月。① 可以说是继"五反"运动之后的又一个拖欠工资的高峰。除了一部分资本主义企业本身的腐朽落后,不能适应国家和人民的需要而必遭淘汰,或行业的季节性淡季等原因之外,这一时期的拖欠工资主要是资本家为了达到解雇的目的而故意采取的一种手段。

如 1954 年 8 月,上海市江宁区长城制钉工艺社发生劳资争议。该厂共有职工 11 人,制造螺丝,由于该厂设备较差,工人邵某劳动纪律较差,因此在 1954 年 8 月份次品较多,资方代理人认为是劳方对生产不负责,将厂内存货 3000 多万元全部售出后,首先偿还自己的薪金及垫款等计 1000 余万元,余款也由自行抵付债务。随后即实行"三停",要求全部解雇,最后要解雇 3 人。11 月,资方又擅自到别的工厂工作,置工人欠薪、生活于不顾。目前资方借口无资金,未经江宁区人民政府工商科批准,结束自己企业,并有黄浦区生源祥五金号资方并入该厂经营,但资方还坚持解雇意见,同时在生源祥五金号转入长城厂后,即发生源祥五金号劳方工资高于长城厂劳方的工资,很难协议解决,而对合并产生困难未解决。

长城厂产品是中百公司包销,利润很好,在 1953 年不但已将"五反"期间欠薪付清,且有盈余。本可维持,只因资方有意搞垮企业、抽逃资金,造成生产停顿,企业陷于破产状态,严重地危害到工人的利益,经工会、同业公会协助协商,及江宁区人民政府劳动科调解,未能达成协议,转劳动局处理。经劳动局召集劳资双方说服教育后,劳方邵某已检讨其错误,决心今后搞好生产。但资方始终坚持原来意见,不肯负责业务。该厂资方经营作风是一贯投机取巧,乘工人对生产稍有缺点时,便发生"三停",抽出企业资金 1000 余万元,最后以"找投资人"、"结束企业"等借口一再拖

---

① 中国社会科学院、中央档案馆合编:《1953—1957 中华人民共和国经济档案资料选编》(劳动工资和职工保险福利卷),中国物价出版社 1998 年版,第 301 页。

延,这是不对的。最终,"三停"已达4个多月,欠薪约2000多万元,职工伙食靠借救济米维持,严重影响职工生活。

为此,上海市劳动局检送长城制钉工业社资方实行"三停"威胁职工接受解雇案件至市法院,呈请依法处理。上海市人民法院判决:清理长城制钉工艺社,所有资产除优先偿付工人欠薪11807500元外,余款应全部缴纳税款,并判处资方徒刑1年6个月。①

又如1954年1月,北京市庆源恒铁工厂发生欠资纠纷。该厂于1953年开业,资本500万元,独资,有工人18名,工资75万元到39万元,营业尚可,1953年纯收益为2330万元,并不赔钱。该厂发生争议原因主要是资方想把营业搞垮,以便把所有的工人挤走后,自己组织一部分亲友和临时工来生产,不要劳资关系。因此资方就用拖欠工资方法想把工人挤走。资方吃喝玩乐,每月除拿薪资以外,还长支350万元,应活时随便估价,结果赔钱,原来流动资金较少,拿工人的工资作周转金,自1954年1月就没发工资,共欠1600多万元,还有很多外债,该厂已资不抵债。工人屡次要工资,资方总是拿话威胁,如果要工资就关门,所以一直拖到现在,目前工人生活无法维持,申请政府调解处理。

在调解时,工人知道该厂已资不抵债,所以工人为了照顾厂子的营业搞好,向资方提出先发一部分以解决目前困难。但资方坚持现在要发钱的话,必须将一部分成品卖出后才能发,而且也得3个月才能卖出去,因此双方未能达成协议。

区劳动科对资方威胁工人的态度进行了批评教育,动员资方先

---

① 上海市劳动争议仲裁委员会劳动争议处:《本市私营五金、机器企业及机关团体单位有关歇业解雇问题的争议申请书及本局调处报告》,上海市档案馆,档号:B128—2—1188。

发一部分，但资方坚持不发，非常狡猾。目前公司大活不多，一般小活还是有的，资方如改变经营管理，主动应活，还是可以维持下去的。但资方不主动去联系，故意不接活，也不到别处去揽活。如华直公司有800多个电门盒订货任务，于1月15日该公司梁同志去庆源恒铁工厂联系活，资方当时未在厂，梁向工人言明叫资方明日下午在家等他。但工人把话告诉资方明日下午在家等着，资方知道华直要订货，资方第二天下午却故意避而不见。区劳动科调解无效，呈送至市劳动局处理。

市劳动局调解依然无效，现该厂已资不抵债（欠工资和外债共计7500万元，资产现值1500万元），资方无心经营，仍企图挤走工人，要求破产还债，而工人生活成问题。鉴于此，转呈法院以破产还债处理。①

解雇问题也是比较严重的。其情况一般是：商业比工业多，小厂店比大厂店多，转业紧缩解雇比歇业解雇多，协议解雇比争议解雇多。据统计，华东地区上海、南京、杭州等9个城市1954年上半年度共调处解雇案件923件，解雇工人3345人；协议方面共审查案件5699件，解雇工人14253人。湖南省1至5月份共受理解雇案563件，占全部争议案件的54.6%；天津市1月份解雇工人395人，6月份增至778人。②

很显然，资本主义工商业中未实行公私合营企业的劳资之间的矛盾斗争还很尖锐，如果这些矛盾得不到及时和有效地解决，既不利于社会主义改造的顺利进行，也不利于企业本身的发展和生产。而且由于工人生活困难，家境痛苦，又讨薪无望，可能在某些情况下产生过"左"、过急的斗争倾向，影响社会稳定。

---

① 北京市劳动局：《1954年私营企业劳动争议工资复工等案件》，其中之《庆源恒铁工厂欠资纠纷》，北京市档案馆，档号：110—1—514。
② 中国社会科学院、中央档案馆合编：《1953－1957中华人民共和国经济档案资料选编》（劳动工资和职工保险福利卷），中国物价出版社，1998年，第302页。

二、个别企业公私合营后难以完全克服劳资矛盾

与此同时，个别企业公私合营虽然有着国家资本主义初级形式所难以比拟的优越性，使原来在加工订货等初级形式的国家资本主义企业中存在的公私之间、劳资之间的矛盾能获得进一步的解决，但仍然具有一定的局限性，还存在着自身难以克服的一些矛盾。

1. 公私合营企业中阶级矛盾依然存在，公私矛盾、劳资矛盾无法完全获得解决。在合营企业内部存在着两种经营思想、两种经营方法的斗争，资本主义道路和社会主义道路两条道路的斗争。许多资本家仍坚持要求走资本主义道路，继续执行资本主义的经营方法，有利的干，无利的不干，利高的干，利小的不干，个别合营企业甚至变质为资本主义企业。

2. 在公私合营这种形式中，两种所有制即资本家所有制和生产资料的全民所有制这个根本矛盾，还没有完全解决。私股仍然存在，并仍然具有资本的性质，占有剩余价值。四个方面分配利润的办法固然在一定程度上限制了资本剥削，企业利润的主要部分不归资本家所有，大部分成为国家的积累，但这种限制是相对而有限的。资本家仍然按照一定比例分配企业盈余。因此，利润增长，资本剥削也就随之"水涨船高"。这就必然引起工人不满，也影响社会主义积累，成为进一步发展生产力的障碍。

3. 公私合营企业与未合营的资本主义企业之间也存在着矛盾。在个别企业实行公私合营阶段，主要是对规模较大、设备较好的厂实行合营。这些厂在合营后，很快就显示出其优越性。加之随着企业性质的改变，国家在分配生产任务、分配原料等方面也给予了更多地照顾和倾斜，一般都发展较快。而多数没有实行公私合营的工厂，就显得相形见绌，甚至在产供销等方面发生困难。这些厂因加工订货任务不足而只能停工减产，这不仅使私营工厂和公私合营工厂之间的关系很紧张，而且还影响到这些厂与国家的关系。

4. 单个企业实行公私合营不能改变资本主义行业生产组织上的不合理状况。中国私人资本主义工业从历史上遗留下来的生产组织存在着很不合理的状况，最为典型的如生产设备占全国毛纺工业70%的上海私营毛纺工业，内部生产设备和生产组织极不平衡，染大于织、织大于纺，纺、织、染整的全能工厂很少，单纺、单织、单染整的工厂则较多。工艺过程分散，一件产品的完成，需要经过几个工厂往返加工，浪费严重，亟需在行业内进行适当地经济改组，而单个企业的公私合营无法改变这种工业生产组织上的不合理状况。

三、资本主义工业生产发生困难，劳资关系再度趋于紧张

正是由于资本主义工商业中未实行公私合营企业的劳资之间的矛盾斗争还很尖锐，个别企业公私合营后仍然具有一定的局限性，还存在着上述这些矛盾，再加上我国的私人资本主义工商业是从旧中国发展起来的，绝大部分设备简陋、技术落后、规模很小、生产分散，经营管理腐败落后，劳动效率低下。建国后，虽经过几年的改造，在生产经营等方面有了一定程度地改进，但基本没能改变其落后状况。

同时，一部分资本主义行业盲目发展，以致行业户数过剩，产品供过于求。如1953年因多种原因市场上一些商品供不应求，部分资本家在暴利刺激下，盲目扩充设备或开设新厂，结果造成产品大量积压，既浪费了资金、原材料和人力，又增加了国家安排生产任务的困难，并且给私营企业本身也造成了困境。随着社会主义国营经济的日益发展和国家大规模经济建设的需要，一些私人资本主义行业如制革、五金、钢铁等原料的取得与产品的销售产生困难。在1953年下半年，私人资本主义经济发展的困境就已开始露头了。到1954年下半年，更多的资本主义工业的生产经营发生困难，尤其是未合营的中小厂店。如上海资本主义工业1954年第四季度，

共有 29 个行业中的 4571 家工厂遇到了不同程度的困难，关系职工 52250 人。① 部分困难行业的厂店产量产值下降，资金周转困难，欠税欠薪现象严重，部分工厂甚至发生了停工停薪等情况。北京市的私营工业也自 1954 年发生困难，从第一季度至第三季度，私营工业生产总值较 1953 年同期减少约 11%；第三季度比 1953 年同期减少了 31%；私营工业停工半停工的达 2 千余户，其从业人员约 1.3 万人，其中职工约 1 万人，约占北京市私营工业职工总数的 1/10。这些停工半停工的私营企业中，有许多户拖欠工人工资的现象十分严重。据北京市总工会 1954 年 8 月间调查，拖欠职工工资两个月以上的即有 470 户，被拖欠工资的职工达 6700 多人，使这些工人的生活受到很大影响。② 因此而造成部分工人对政府和社会主义改造产生不满情绪，资本家则趁机进行挑拨。而且部分困难行业厂店的劳资争议不断，劳资关系再度趋于紧张，具体表现如下（以上海市为例）。③

（一）挑拨工人与国营企业、政府、工会的关系，推卸责任

如慎泰钢笔厂资方，因 1954 年第三季度中百公司加工任务减少，拖欠职工工资 40 多天，职工要求资方发给欠薪，资方则以企业困难主要是中百公司任务减少为由，因此而挑拨工人与国营企业（中百公司）之间的关系，声称要发欠薪，须看中百公司第四季度任务多少决定，资方毫无办法。又如五育机器厂资方，对企业经营一贯不负责任，经常脱期交货，造成企业负债超过资产，停工、停薪，虽有部分任务，职工督促资方设法承接，资方也百般推卸责

---

① 上海社会科学院经济研究所：《上海资本主义工商业的社会主义改造》，上海人民出版社，1980 年，第 172 页。
② 北京卷编辑组编：《中国资本主义工商业的社会主义改造》（北京卷），中共党史出版社，1991 年，第 179 页。
③ 上海市劳动局市劳动争议仲裁委员会劳动争议处：《关于过渡时期总路线公布后本市劳资双方思想情况的报告》，其中之《最近资本家在劳资争议方面的一些动态情况》，上海市档案馆，档号：B128—2—1236。

任，要工人去问区委意见如何，人行是否肯贷款等，资方完全不想办法承接任务。

（二）分散、抽逃资金，置职工生活于不顾

如时代文化模型厂资方在 1954 年 7 月、8 月份，乘职工疏散期间，将收到账款 1300 万元全部还了私债及自己挪用，职工疏散期间回厂，要求资方解决问题，资方则已将钱用完，以没有办法为借口来搪塞工人。锦昌笔尖厂 1954 年第三季度业务清淡，生产停顿，资方将家属及家里用具等全部安置到乡下去了，对应收账款 6000 万元推说收不到，但又不主动提出解决办法，对职工生活置之不顾。陆锦记缫丝厂资方 1953 年净赚 9000 万元，资方拉拢少数高级职员和工会主席，借给每人 300 万、500 万不等，自己抽逃资金 2000 万元；对五金公司（1954 年）8 月份任务不负责任，至今尚未完成；收到加工费还私人债务，积欠职工工资不发，致使厂内生产停顿，资方却抱着"横竖横"的态度，置职工生活于不顾。

（三）消极经营，抗拒改造，抱拖垮企业算数的态度

如成祥织造厂一贯自产自销，1954 年开始由中百公司加工，资方不顾企业经济困难，宕用账款 500 万元（"五反"后至 1953 年年底先后抽逃资金 6000 万元），对生产不负责任，不及时供应原料，致使任务经常脱期，中百公司任务稍有减少，资方表示仍无法完成，抱搞垮算数的消极态度，对抗社会主义改造。

（四）故意加深企业困难，企图扩大事态，要政府背"包袱"

如胜德印花厂资方曾以开假发票等手段抽逃资金 8000 万元，致使企业资金薄弱。1954 年 5 月间，因花纱布公司加工任务减少，企业发生一定困难，资方非但不积极设法维持，反盗卖花纱布公司加工布匹 20 匹潜逃，置职工生活于不顾，写信叫工人自行维持，经公安部门将其找回厂后，资方辩解称企业困难，资方无法解决，跑掉之后，事情扩大，才能引起有关单位重视，问题

就容易解决了。

此外，有不少资本家在企业情况较好的时候，支取高额薪金，抽逃企业资金，一旦企业困难，即不负责任。如中南电线厂资方及其从业人员，每月支取酬劳共1400万元，相当于全体36个职工的工资，并借给亲戚5000万元，变相抽逃资金，今年（指1954年）生意减少，积欠职工工资3个月不发，也不积极设法解决职工问题。

上述情况，在若干困难行业中是相当普遍的。由于不少资本家在企业发生一定困难后，不积极设法，尽力克服困难，实事求是地提出切实可行的办法，并与工会进行协商，反以挑拨离间、推卸责任、消极经营、抽逃资金、故意夸大困难、置职工生活于不顾等手段，对抗社会主义改造，引起部分职工情绪高涨，劳资关系趋于紧张，这样不但不利于合理地迅速地解决问题，对社会秩序也有一定影响。

四、单个企业的公私合营转向全行业公私合营

资本主义工业生产发生困难，劳资关系趋于紧张。资本主义工业的困难，还造成大量工人生活困难，增加政府负担。而部分资本家则利用工厂的困难来对抗社会主义改造。如果听任私营工厂停工关厂，工人失业，必然会导致社会混乱，国家计划建设和社会主义改造无法继续进行。因此，1955年初，国家要求各地统筹兼顾，适当地照顾私营工商业。

但是，由于经过近两年的"吃苹果"，剩下来的私营企业多是规模很小、技术设备落后、产品标准化程度和产量都很低中小的企业。在当时原料缺乏、资金紧缺的情况下，地方政府和国营商业机构，都不会将有限的原料和资金投向这些私营企业，使其难以摆脱困境。而与之形成鲜明对比的是，公私合营企业则可以得到国家在原料、资金、销路等方面的扶持。因此，这些中小私营企业主为求摆脱困境,也自然乐意顺水推舟,表示愿意公私合营。

1955年4月,中共中央批转了《关于扩展公私合营工业计划会议和关于召开私营工商业问题座谈会的报告》,提出对资改造应实行"统筹兼顾,全面安排"的方针。也就是在合营过程中,着眼于整个行业,采取以大企业带中小企业,以先进带落后的办法,根据不同情况进行改组、合并,然后再进行公私合营。"这种按行业对私营企业进行整体改造、统筹安排的设想,实际上是全行业公私合营的开始"。① 1955年下半年,中国农村出现了一个农业社会主义改造高潮。农业改造高潮的出现,消灭了农村中的私有制经济,使城市私人资本主义完全孤立了,也促使资本家进一步感到社会主义已是大势所趋。同时,农业改造高潮的出现还促使中国共产党和政府改变了先前对资本主义工商业改造的节奏,产生了提前完成社会主义改造的急躁心态。

1955年10月,毛泽东邀集全国工商联执委会的委员们举行座谈会,希望私营工商业者认清社会发展规律,接受社会主义改造,走社会主义道路,只有把自己的命运与国家的前途结合起来,才能掌握自己的命运。紧接着,陈云又在工商联会议上,对实行公私合营、实行定息和继续贯彻赎买政策等作了说明。随后会议通过的《告全国工商界书》,号召全国工商业者积极地接受社会主义改造。同年11月,中共中央召开资本主义工商业改造问题座谈会和七届七中全会,确定了实行全行业公私合营的方针、政策和计划。根据会议部署,从1956年1月起,在全国掀起了资本主义工商业的社会主义改造高潮。

---

① 武力:《中国共产党与当代中国经济发展研究(1949—2006)》,中共党史出版社2008年版,第205页。

第四节 全行业公私合营中及其以后的劳资关系

一、全行业公私合营中劳资双方的思想动态

（一）资本家阶级的思想动态

在社会主义改造高潮中，中国共产党和人民政府及时宣布对资本家继续实行赎买政策，在经济上付给定息，保留高薪，并在政治上、工作上给以适当安排。与此同时，资本家阶级中的大多数人经过建国以来的一系列政治运动和社会主义改造的实践教育，早已认识到反抗社会主义改造是没有出路的，企业得不到政府的扶持也无法继续维持经营，进一步改造势在必行。再加之"农村的社会主义高潮一来，工人群众又在底下顶他们，逼得他们不得不"赞成社会主义改造，敲锣打鼓，勉强地表示拥护全行业公私合营。[1]

当然，全行业公私合营毕竟是一场彻底改变生产资料资本主义所有制的深刻的阶级斗争。资本家虽然表面交出了生产资料，内心却很痛苦。有的人则在合营高潮中乘机抽逃资金，安插私人亲信，或擅自增加自己的薪金，甚至暗中阻挠别人申请公私合营。还有极少数资本家坚决抗拒社会主义改造。还有些企业的资本家则存在着消极等待的思想，甚至对中国共产党和人民政府的赎买政策仍然还有不同程度的疑虑，经常盘算或顾虑今后的职位安排、薪金的多少等，而无心也不愿意积极主动地去搞好业务。如有的工厂、商店等待政府安排，等待公股代表的到来，不积极采办原料或批进商品，应该接受的加工订货也不去承接；有的商店迟开门、早关店；有的

---

[1] 《毛泽东选集》第5卷，人民出版社1977年版，第324页。

工厂个别工人纪律松懈，无人管理。再加上全行业公私合营的步子太快，在几天之内全部实行公私合营，时间仓促。且相互间原有的进货、订货等协作、供销关系被打乱，原来习惯性的赊购、赊销、借料、寄售等业务也都产生了个别中断的现象。若干企业的生产经营甚至出现了某些暂时的脱节现象，更加重了这些资本家的消极情绪。

（二）工人阶级的思想动态

广大的工人群众对实行全行业公私合营是热烈支持和坚决拥护的。全行业公私合营后，他们的积极性空前高涨，坚持合营、生产（经营）两不误。许多工厂和商店还开展了在私营时期所不能设想的社会主义竞赛。如上海市全市有6万多名青年工人组织了3500多支青年突击队，在生产经营中发挥了巨大推动作用。不少资本家在工人群众的鼓励和帮助下，也积极参加搞好企业的生产经营，使这些企业的生产经营都出现了前所未有的新气象。如中国实业染织厂在被批准公私合营后，士林布正品率迅即提高到100％，并消灭了两年来无法解决的碱斑；中央香皂厂在公私合营后，由于烧皂工人改进了操作，加强了烧皂工段的薄弱环节，烧皂时间每锅缩短3小时，1个月可增产皂胚30％左右。[①] 许多公私合营的商店也普遍地增加了经营品种，并改善了服务态度，受到了广大消费者的欢迎。

但也有少数厂店的工人劳动纪律不好，在生产时间内表现消极和不负责任的现象。尤其在生产任务不足的工厂表现更为严重。如据北京市劳动局调查，1955年第一季度以来，北京市各厂加工任务不足，尤其是在铁工业中更为普遍，因此在劳资关系上也表现出不够正常。在20户中进行了调查，工业户17户（均系大型工

---

① 上海社会科学院经济研究所：《上海资本主义工商业的社会主义改造》，上海人民出版社1980年版，第246页。

业),其他为手工业、服务业3户,主要问题如下:①

1. 在生产任务不足的工厂中普遍存在着生产时间内闲谈闲跑、说笑打闹或是提前下班的现象,在个别的工厂中工人在生产时间内打扑克、养鸽子,都或多或少地影响了生产。如信昌轴承工厂(81人)半停工,所以工人们在4点以后就不再生产了(规定5点下班),甚至有活也不做了。有时开着60马力的马达带电动机空转,或者因资方不能即时满足工人增薪的要求,全体工人即不生产。平日即端着茶碗闲谈闲遛,1个人最多1天浪费了3小时之久。又如舜力铁工厂工会主席带头在生产时间打扑克、看小书、喂鸽子、套鸽子、打电话与别人换鸽子,明知停电,资方未当面通知而还生产,结果不得不停工。又如钢都铁工厂因只有1/3的任务,经常不等摇下班铃,工人早就自动下班了,甚至有的工人在3点半就开始收拾洗手等吃饭了(实际5点下班)。

2. 在任务正常的各户中,劳动纪律也存在很多问题,严重地影响了生产。如燕京漂染厂工人为了春节前回家,不顾产品质量好坏,提前半个月完成了任务,又因大多数工人(占全厂工人的68.8%)逾假不归,也不请假,旷工总计达449天。因此2月份残次品达16%(平时平均只达5%至6%)。还有1人至今仍还未到岗生产。又由于工人生产不负责任,在生产时间不坚守生产岗位,闲谈闲遛,拉宽机将布拉破130多匹才发现,染坏了13匹,又有个别人破坏生产,往染槽内倒炉灰渣,损布很多。总之由1955年1—2月共损布900多匹,约计人民币3000元左右(以天安门蓝布计算)。又如元顺长米粮加工店,本来加工粮食的人少,任务多,而工人在回家时既不向资方请假,又不把工作安排好。因而停止1盘磨的生意,该店劳动纪律也十分不好。会计每天只上二三个钟头

---

① 北京市劳动局:《目前劳资关系情况的报告》,北京市档案馆,档号:110—1—630。

班，有时上午在十一二点来上班，也许午后三四点来上班。资方由油柜往加工车间调动工人时，工人不服从调动，并以工资低（实际工资35.8元）为由，拒绝资方调动其工作。又如国光制药厂自从全勤奖取消后，每天经常有20多人在生产时间内去看病，平均每人须3小时左右，又经常有几个人迟到二三十分钟（在有全勤奖时小病不看了，或者在11时下班后再去看）。还有的个别工人旷工达18天之多，没有人过问。这些情况已经严重地影响了产品质量，给厂子也造成了不应有的损失。由于工作马虎，有的工人甚至把洁净品也当废品给扔掉了，因而对资方的经营信心也产生了一定影响。

3. 干涉资方经营管理权。在个别的厂子里，工会存在对基层工会的基本职责认识不清，因而干涉资方经营管理权的现象。如舜力铁工厂工会主席（组联会主任）强迫本厂会计给开支票（不取得资方同意），并威胁厂会计：如果走工人阶级道路就给开，如果走资本家的道路就别开，就是资本家的狗腿子，开除会籍！吓得会计十分不安。更严重的是把厂方存在银行的存款任意冻结，不顾资方意愿。

4. 关于劳资协商会议的情况，很少谈生产问题，谈的多是关于工资、福利待遇问题。如舜力铁工厂1953年以来共开了五六次协商会，每次都是谈工资福利问题。个别厂店职工还随意支款、分钱，如宝祥园饭馆工人私自分掉每月赚的钱，约计1200多元，相当于该号资本近10倍，资方眼看这样下去非垮台不可，打算干脆将买卖交给工人干。

由于生产不正常，劳资关系存在问题，也未能得到很好地解决，甚至在个别户内劳资间竟发生了殴打事件。如吉盛昌制斗厂，工人与资方两次发生殴打，都经法院判决。又如德盛兴织布厂工人代表由于不请假即回家住了半个多月，被叫回来后情绪不好，又加上资方屡次提降低工人工资福利，更增加了他的不满情绪，因此把资方小孩打了。

由于存在以上这些问题，或多或少地影响了厂内生产，对生产及今后有计划地对资方进行社会主义改造都增加了阻力。

二、纠正劳资关系中出现的错误偏向

在公私合营的过程中，部分中共党员干部和工人群众在掌握和执行政府的劳资政策方面存在着一些错误的偏向。如有的中共党员干部丧失了立场，被资本家所腐蚀，同化于资本家；有的中共党员干部则不愿做公私合营的工作，怕同资本家接触，担心再来一次"三反""五反"运动，被人怀疑"拉出去"、"打进来"，再来"斗一通"，因而对资本家采取若即若离的态度，"敬鬼神而远之"；有的中共党员干部不相信可以用和平赎买的办法去改造资本主义所有制和资产阶级，企图用"挤垮"的简单办法以回避改造资本主义工商业的艰巨任务。而公私合营企业中的一部分落后工人如上所述劳动纪律很差，生产情绪低落，还有一部分工人为了到国营企业中上班，甚至希望厂子早垮掉。

而资本主义工商业的社会主义改造成功与否，除了取决于中国共产党和国家的路线方针政策正确与否外，更重要的还取决于中共党员干部的政策水平和私营企业中工人群众的思想倾向。针对这些错误认识和做法，中国共产党对党员干部和工人群众进行了政策教育。中共中央首先要求各个部门的领导干部思想上要搞通，要把对资本主义工商业的改造工作看成是一件重要的事情，并作为自己工作的一个重要组成部分。要找出既不怕被资本家腐蚀，又能够依照政府的政策办事的干部作为典型，对与私营企业接触的政府工作人员进行广泛地教育，要使其懂得如何去做统战工作。全党应该明确认识到：对于改造资本主义工商业，不是放弃领导，而应该全面规划，加强领导；不是放任自流、若即若离、"敬鬼神而远之"，而是应该采取主动的积极认真的态度，提出一整套关于改造私营工商业的宣传教育办法，使私营企业和资本家尽可能广大地、迅速地获得改造。

教育工人群众的任务主要是由在中国共产党领导下的工会组织来进行。工会在工人群众中大力开展宣传活动，使其进一步认识到社会主义改造的新形势和自己的任务，整顿劳动纪律，提高生产情绪，促使其以积极生产的实际行动去迎接全行业公私合营的高潮。

三、全行业公私合营后企业中劳资关系的变化

在社会主义改造高潮中，政府是先承认和接受了全行业公私合营的申请，企业内部的关系还来不及进行调整。在实现全行业公私合营之后，中国共产党和人民政府对资本家继续贯彻赎买政策，在一定时期内给他们以定息和适当安排他们的工作，较为妥善地调整和处理了企业内部的各种生产关系。通过这番调整，结果使在全行业公私合营后企业中的劳资关系发生了根本变化。

就资本家而言，在全行业公私合营和实行定息制度以后，又经过人事安排，使得他们在企业中具有了双重身份。一方面他们还在拿定息，其资本主义立场和思想意识不可能随着社会主义改造的基本完成而彻底去除掉，仍然是资本家的身份。另一方面，他们又已经把曾为自己私人占有的生产资料交给了国家，私股也已经不再起职能资本的作用，他们本人也不能再以资本主的身份去控制企业的经营管理，而是以国家任命的企业工作人员的身份，在公方代表的领导下参与企业的经营管理。这就使得资本家又具有了公务人员的身份。这样一来，资本家在企业中的地位和权利，与过去相比就有了很大的不同。在私营企业中，甚至在个别公私合营企业中，资本家的权利实际上是在执行资本的权利，即资本家作为资本主，对企业拥有绝对的经营管理权，具体来说，就是拥有"三权"（财产所有权、经营管理权和人事调配权）。当然，在历经一系列政治运动和经过初步改造后，资本家的这些权利受到了一定程度的限制。但

在全行业公私合营后,"公私合营企业中资方人员的有职有权,它的内容,已经不是公私合营以前的三权,而是国家给予他们的一种普通工程技术人员和管理人员的职权,这不是资本家的职权,而是公务人员的职权"。①

就工人而言,首先在于其劳动性质发生了根本变化。在公私合营企业中由于已经不再存在资本的运动过程,因此工人也就摆脱了先前的雇佣劳动者的地位,他们基本上是为自己、为社会而进行劳动,虽然在定息还存在的条件下,他们还要为资本家生产一部分定息,但这部分定息的数量和比例都只占整个企业利润很小的一部分。工人的劳动直接体现为社会劳动,成为整个国民经济中有计划地组织起来的劳动的一部分,因而国家就可以最充分地利用劳动资源,如可以统一调配各合营企业和国营企业的劳动力和技术力量。其次,工人在合营企业中的地位进一步发生了变化。公私合营企业已由国家管理,企业的工人也和国营企业的工人一样,是企业的主人。他们和公方代表结合在一起,共同参加对企业的经营管理。而且很多有技术的一线生产工人被提拔为领导干部和管理干部,从而充分发挥和调动了其劳动积极性和创造性,极大地提高了劳动生产率。

在全行业公私合营后,企业中的劳资争议"基本消失"。② 而劳资双方地位的变化,又使企业中产生了一种新的关系,即公私共事关系,公方代表、工人群众为一方,与私方人员之间的关系。

四、调整公私共事关系

(一)公私共事关系的性质

如上述分析,公私共事关系是在全行业公私合营后,实行了定

---

① 《新华半月刊》,1956 年第 21 号,第 64 页。
② 上海市劳动局:《上海市劳动局关于 19955—1956 年的工作报告》,上海市档案馆,档号:B127—67—28。

股、定息和人事安排以后新建立起来的。公私共事关系具有两重性质。公私共事关系一方面是共同工作的关系，性质上是社会主义的互助合作关系。因为资本家作为私方人员具有公务人员的身份，其工作客观上是为社会主义服务的。另一方面又是阶级对立的关系。因为私方人员仍然具有资本家的身份，定息虽很少，但还是属于剥削收入。

公私共事关系包括企业职工、公方代表和私方人员三个方面。其中工人群众和公方代表在企业中居于领导地位，居于矛盾的主要方面，对于搞好公私共事关系具有领导的责任。当然，公私共事关系是否正常，在很大程度上也取决于私方人员的态度。

在企业的劳资争议"基本消失"后，公私共事关系就成为劳资关系的另一种表现形式。因此，搞好公私共事关系不仅有利于发挥私方人员在政治上和工作上为社会主义服务的积极性，帮助他们逐步进行政治思想改造，而且也有利于对企业进行改革改组，充分发挥公私合营的优越性，提高公私合营企业的生产经营水平。

（二）公私共事关系的状况

在全行业公私合营后，公私合营企业中的公私共事关系，除少数关系良好外，大多数很一般，或多或少地都存在一些问题，少数企业公私共事关系还不够正常。

造成公私共事关系不够正常的原因，一方面是由于公方代表对资本家的双重身份以及对公私共事关系的两重性质认识不足，缺乏处理公私共事关系的经验，既不敢积极领导，又不敢放手大胆地使用私方人员。有的公方代表只看到了资本家的消极一面，对其要求进步的一面和积极作用估计不足，甚至有的害怕被资本家"腐蚀"，尽量在工作中不与其接触，自然也就不可能放手使用私方人员，并给予其与职务相称的应有的职权；即使不得已有所接触，也是以训斥、教训的口吻和态度对待私方人员，信奉"宁左勿右"，惟恐别人说右倾，个别公方代表甚至不尊重私方人员的人格和职权。也有少数公方代表又只看到资本家积极的一面，对于其消极的一面缺乏应有的警惕，没有坚持正确的原则，对资本家的错误思想和行为未能进行及时和必要的教育帮助。另一方面，资本家的政治立场和思想意识还未完全改变，一部分人对于交出企业并非完全发自内心，对于工人群众的领导也还未完全心服口服，对于社会主义的经营管理不仅完全陌生，而且还有不同程度的抵抗情绪。在公私共事关系上则具体表现为对企业漠不关心，对公方代表的领导不服气，在工作上怕负责任，缩手缩脚，不敢积极协助公方代表搞好企业的生产和经营管理，少数资本家更是消极敷衍。而工人群众长期以来受资本家的剥削和压迫，历史上遗留下来的对立情绪，难以在很短时间内消除。全行业公私合营后，工人群众对资本家有反感，而私方人员中也有不少人对工人群众的态度依然没有根本转变，也不太主动同工人群众接近。因此而造成许多公私合营企业的公私共事关系不够正常，有的企业公私双方有一定距离，彼此"相敬如宾"；有的则互有成见，相互强调对方的缺点，公私双方难以达成共识，协调一致；有的还闹派系，分成好几派相互斗争，严重地影响了企业正常的生产经营。

如据北京市工商联合会了解，私方一般地与公方团结比较好，但也有个别厂公私之间搞得不够好。① 如汽车保养厂七车间私方人员反映该车间主任（劳方）在工作上不团结私方人员，对修理部的私方人员有歧视，私方人员为学习问题与其研究时不置可否。每次开会回来后也不向私方人员传达，在评奖时也不提管理人员及私方，导致私方人员有意见。

又如证章类型瑞丰工厂资方负责人与驻厂员在工作中团结不够

---

① 以下所举例子均来自于北京市人民委员会对资本主义工商业改造办公室：《市工商联合会关于各行业公营后存在问题的情况反映》，北京市档案馆，档号：33—2—57。

好，私方提出劳方在生产纪律不好时，驻厂员并未提出解决办法，为了医药费问题该厂因过去无此项制度，私方向驻厂员提出应如何解决，而驻厂员不做商量，反当着工人叫资方盖章支付医药费，因此而造成公私之间不团结。

京门医疗器械厂资方反映，该厂党、政、工、团的负责人在意见上有时不一致，同时党支部书记的职权也往往越过行政的职权，如专业公司人事科找其要调一个人去，就很主观地答应了，事前并没有向私股提过此事。在工作上公股也有不事先与资方研究的情况，如在人事安排时，党支部书记、工会和公股正在开会，资方进去时他们就不谈了，但是第二天党支部书记就把一个人事单子交给资方，征求资方意见。资方指出其人事安排有缺点，如把不会记录的分配担任记录，资方不同意。党支部书记则以政治问题反驳资方，使资方无话可说。对资方的社会活动公股也不太支持。

（三）对公私共事关系进行调整

针对不太正常的公私共事关系，中国共产党和人民政府于1956年下半年进行了调整工作。

1. 加强公方干部和工人群众对共产党的统一战线政策的教育，使其明确认识共产党的统一战线政策，要求以正确的态度与私方人员合作共事。即一方面要热情地团结私方人员，尊重其职权，在工作中要与其多接触、多商量，及时地向他们交代和讲明中国共产党的有关政策，并要帮助其了解工作情况，帮助其学习新的工作方法和工作作风，以充分发挥其积极作用。另一方面，又要从团结的愿望出发，采取适当的方式方法，对私方人员的缺点和错误提出诚恳坦率的批评和意见，帮助其学会批评和自我批评，并帮助其更好地进行思想政治的改造。

2. 加强对私方人员的政治思想教育。要教育他们积极工作，努力做到尽职守责。同时，还要教育他们在公私共事关系中采取积极正确的态度，主动地接近公方干部和工人群众对资本家阶级，接受公方代表的领导，努力向工人群众学习，争取改变工人群众对资本家的反感。

3. 为搞好公私共事关系，还要建立起一些必要的制度。如在中共党委和公方代表的领导下，应该明确私方人员的分工范围，吸收私方人员参加企业的民主管理机构，让其批阅他们职责范围内所需要批阅的文件，让其参加职责范围内应该参加的会议等等，以让他们感受到公方代表对他们的信任和尊重。

在采取了上述措施之后，公私合营企业中的公私共事关系逐步得到改善。当然，公私共事关系的改善是一项长期性的工作，不可能一次完成，而是随着社会主义改造的继续深入，而要不断地加以调整。

本章小结

社会主义改造时期，中国共产党和人民政府的主要精力放在如何顺利实现对私人资本主义工商业进行社会主义改造工作上，因而就比较关注资产阶级对实行社会主义改造的思想动态与反映。为确保改造的顺利进行、社会生产的正常发展，以及社会秩序的稳定，中国共产党和人民政府在调处劳资关系时，尽量维持私营企业中正常的劳资关系状况，避免激化劳资矛盾。

经过国家资本主义对私营工商业实行社会主义改造是一场深刻的社会主义革命，必然会在私营工商业者中引起很大的震动。在过渡时期总路线公布初期，资产阶级中的上层分子和积极分子对总路线表示拥护。因为这些人本身在政府、工商联等机关中任职，比较了解中国共产党的政策，与中国共产党和政府接触也比较多。一些落后分子，出于阶级本性，则对过渡时期总路线表示不满，甚至有个别资本家希望保持新民主主义现有的秩序，继续走资本主义道路,对国家的改造进行种种对抗或破坏。绝大部分资本家在经历了建国以后历次的运动,特别是经过"三反""五反"运动后,认识到除了接受社会主义改造之外没有别的选择,只能无可奈何地被动接受。当然,内心对社会主义改造存有很多的顾虑甚至惧怕心理。工人阶级对总路线极大多数是拥护的,并且情绪很高。不过,经过对总路线的深入学习和卓有成效的宣传教育工作,资本家阶级对总路线的认识有了很大程度地提高,愿意接受社会主义改造的人也越来越多。

"对于私营企业来说,1952年主要是受'五反'运动影响,劳资关系紧张,1953年以后则是内外交困。就外部来说,原料、市场被国家控制,原料短缺,销售渠道不畅。"[①] 就企业内部来说,由于企业内部依然保留着资本主义的生产关系,工人仍然是被剥削的雇佣劳动者,劳资双方仍处于直接对立地位。这种情况不仅在一定程度上会妨碍工人生产积极性的充分发挥,而且也使其难以全面深入地监督资本家履行加工订货合同。同时,由于资本家仍掌握着企业的经营管理权,工人的劳动条件也难以得到彻底地改善,不合理的工资制度、工时制度以及职工福利也不可能得到根本改变。在企业遇到困难时,一部分资本家便以停工、停薪、停伙的"三停"手段来对付和威胁工人,使劳资矛盾更趋尖锐。一部分资本家因对刚刚过去的"五反"运动仍心有余悸,劳资关系又呈现出另一种情况。资本家在企业中的威风扫地,工人不服管,职员不敢管,资本家或消极放任、完全不管,或辞职甚至卷款逃跑,或故意给工人加工资,意图把厂子搞垮,让政府去收拾乱摊子。结果导致企业中开支不减反增,浪费严重,生产潜力难以充分发挥。处于内外交困的私营企业选择接受公私合营就成为其解脱困境的惟一可行的办

---

① 武力:《中国共产党与当代中国经济发展研究(1949—2006)》,中共党史出版社2008年版,第200页。

法。

　　由于资本主义工商业中未实行公私合营企业的劳资之间的矛盾斗争还很尖锐，个别企业公私合营后仍然具有一定的局限性，还存在着自身难以克服的矛盾，再加上从旧中国发展起来的资本主义工商业，绝大部分设备简陋、技术落后、规模很小、生产分散，经营管理腐败落后，劳动效率低下。建国后，虽经过几年的改造，在生产经营等方面有了一定程度地改进，但基本没能改变其落后状况。同时，一部分资本主义行业盲目发展，以致行业户数过剩，产品供过于求，部分资本家在暴利刺激下，盲目扩充设备或开设新厂，结果造成产品大量积压，既浪费了资金、原材料和人力，又增加了国家安排生产任务的困难，并且给私营企业本身也造成了困境。而1954年，农业因严重自然灾害大幅减产而无法提供充足的工业原料，更使私营工业，特别是那些规模小、技术落后的企业陷入了更大的困境之中，劳资关系再度趋于紧张。

　　为此，1955年4月，中共中央批转了《关于扩展公私合营工业计划会议和关于召开私营工商业问题座谈会的报告》，提出对资改造应实行"统筹兼顾，全面安排"的方针，即按行业实行公私合营。1955年下半年，中国农村出现了一个农业社会主义改造高潮。农业改造高潮的出现促使中国共产党和政府改变了先前对资改造的节奏，迅速在全国掀起了资本主义工商业的社会主义改造高潮。

　　在全行业公私合营后，企业中的劳资关系发生了根本变化。就资本家而言，在全行业公私合营和实行定息制度以后，又经过人事安排，使得他们在企业中具有了双重身份。一方面他们还在拿定息，仍然是资本家的身份。另一方面，他们又已经把曾为自己私人占有的生产资料交给了国家，私股也已经不再起职能资本的作用，他们本人也不能再以资本主的身份去控制企业的经营管理，而是以国家任命的企业工作人员的身份，在公方代表的领导下参与企业的经营管理。这就使得资本家又具有了公务人员的身份。就工人而言，首先在于其劳动性质发生了根本变化。在公私合营企业中工人摆脱了先前的雇佣劳动者的地位，基本上是为自己、为社会而进行劳动。虽然在定息还存在的条件下，他们还要为资本家生产一部分定息，但这部分定息的数量和比例都只占整个企业利润很小的一部分。其次，工人在合营企业中的地位进一步发生了变化。公私合营企业已由国家管理，企业的工人也和国营企业的工人一样，是企业的主人。他们和公方代表结合在一起，共同参加对企业的经营管理。而且很多有技术的一线生产工人被提拔为领导干部和管理干部，从而充分发挥和调动了其劳动积极性和创造性，极大地提高了劳动生产率。劳资双方上述地位的变化，使企业中产生了一种新的关系，即公私共事关系，公方代表、工人群众为一方，与私方人员之间的关系。

结束语

一、历史经验教训

(一) 中国共产党和人民政府在调处新民主主义制度下的劳资关系中居于主导地位

从 1927 年 7 月新民主主义经济在革命根据地内萌生开始,到 1956 年底新民主主义经济走向终结为止,在近 30 年的时间里,中国共产党和人民政府在调处新民主主义制度下的劳资关系中始终居于主导地位。这具体表现在三个方面:一是处理或调整劳资关系的基本原则和方针政策都是由中国共产党和人民政府制定的;二是政府部门对劳资关系的处理或调整具有最终的裁决权;三是协调和疏导劳资关系的具体工作都是在政府的主导下展开的,并对劳资双方进行教育、宣传其劳资政策。

在多种经济成分并存的较为复杂的经济关系中,新民主主义的国家政权能在一定程度上超脱于工人阶级短期利益的局限,从国家和工人阶级的长远利益着眼,制定出具有全局性和前瞻性的劳资政策。与此同时,在新民主主义制度下,工人阶级的基本权益得到了国家政权的保护,避免了其遭受西方工人阶级在早期资本主义发展阶段所受的无情压榨和过度剥削。因此,在调处新民主主义制度下的劳资关系时,中国共产党和人民政府发挥主导作用是非常有必要的。

(二) 以发展生产为中心,一切从生产出发是新民主主义劳资政策的根本着眼点

革命的目的是为了解放和发展生产力,"中国一切政党的政策

及其在中国人民中所表现的作用的好坏、大小,归根到底,看它对于中国人民的生产力的发展是否有帮助及其帮助之大小,看它是束缚生产力的,还是解放生产力的"。①

在经济文化十分落后的半殖民地半封建的中国,阻碍社会生产力发展的因素是外国资本—帝国主义、本国封建主义和官僚资本主义,而不是一般的私人资本主义。私人资本主义是一种比较进步的生产关系,对于促进中国社会生产力的发展具有积极作用。为了反对资本—帝国主义和封建主义的压迫,为了促进落后中国的经济发展,中国共产党和根据地政府还必须利用一切于国计民生有利而不是有害的城乡资本主义因素,团结民族资产阶级,共同发展生产。因此,在处理劳资关系时,首先必须面向生产,以发展生产为中心,从而促进经济的发展和社会的进步,便利革命根据地的生产发展与物资交流的通畅,并为最终夺取全国政权以及在夺取政权后建设新的国家而积累坚实的物质基础。

新民主主义革命取得胜利后,新生政权的当务之急就是尽快地恢复和发展生产。为了恢复生产,就必然还要允许私人资本主义经济的存在和发展,允许资产阶级对工人阶级进行一定程度地剥削。当然,在新民主主义社会,"人民民主政权的国家是要维护无产阶级根本利益的,限制资产阶级对无产阶级的过度剥削,在教育工人努力生产的同时,支持工人要求改善待遇的斗争"。② 因此,首先"要联合资本家使生产发展,"③ 在生产发展的基础上再来改善工人阶级的待遇。

(三)"劳资两利"原则是新民主主义劳资政策的基本原则

在新民主主义经济制度下,虽然资本家与工人之间的剥削关系

---

① 《毛泽东选集》第3卷,人民出版社1991年版,第1079页。
② 李占才、张黎:《中国新民主主义经济史》,安徽教育出版社1990年版,第339页。
③ 中国人民解放军政治学院党史教研室编:《中共党史参考资料》(7),人民出版社1980年版,第9页。

依然存在,并且得到承认,允许甚至鼓励资方赚钱、图利,但剥削程度受到限制,不允许过分地剥削工人。工人的劳动工资和福利待遇得到新民主主义政权下的民主政府所颁布的相关法规的保护,不再完全由资本家按照劳动力的价格决定。资方所取得的合法利润仅仅是企业利润中的一部分。也就是说,在"发展生产,繁荣经济"的总前提下,必须同时兼顾劳资双方的利益,而不能只顾劳资任何一方的权益。如果只顾工人阶级的"一利"而不顾资本家之利,要求过高的工资福利待遇,超过资本家承受能力,使之无利可图,连简单再生产都无法运转下去,企业商店就会倒闭歇业,工人也就失业了,更谈不上扩大再生产。如果片面强调资方利益,纵容资方违犯法纪,侵犯工人的法定权益,甚至牺牲工人的基本权益,也是完全错误的。

"劳资两利"是中国共产党和人民政府处理劳资关系政策的基本原则。如果偏离了这个原则,就会犯右倾或者"左"倾的错误。从历史经验教训来看,主要是犯片面维护工人阶级利益的"左"的倾向。

1. 从深层原因来看,在于中国共产党人对资本主义罪恶的一面印象深刻,部分中共党员干部不能较为理性和深刻地认识到资本主义促进生产力大发展的先进性。而在半殖民地半封建的中国,私人资本主义相比较于本国封建主义和外国资本—帝国主义而言,是一种比较进步的生产关系。拿私人资本主义的某种发展去代替外国资本—帝国主义和本国封建主义的压迫,不但是一个进步,而且是一个不可避免的过程。但在具体处理劳资关系问题时,很多中共党员干部特别是基层干部看到的是资本家对工人阶级的剥削和压榨,而很难真正深刻领会和掌握中国共产党和人民政府对资本主义、资产阶级的正确路线和政策,容易犯片面维护工人阶级利益的"左"倾错误。

2. 一些中共党员干部不能正确认识革命战争与经济建设的关

系。革命战争是中心任务,经济建设事业是为着它的,是环绕着它的,是服从于它的。因为只有进行经济建设,大力发展生产力,才能使革命战争得到相当的物质基础,才能巩固革命根据地,才能适当地改善人民的生活,从而使他们自觉自愿地做各项革命工作。而革命根据地的经济是相当落后的,并且受到敌人严密的经济封锁,力图破坏根据地的经济建设工作。没有强有力的物质基础作保障,革命战争是不可能取得胜利的。因为战争不但是军力和政治的竞赛,还是经济的竞赛。而要发展根据地的生产,必然需要资本。但新民主主义政权下的根据地政府却又苦于没有足够的资本来经营大规模的生产,因此就不能不利用私人资本来发展根据地的经济。但一些中共党员干部却把革命战争与经济建设对立起来或割裂开来。

3. 虽然在历次的纠"左"中,每次也都强调要使资本家有利可图,工人的工资和福利待遇不可提得过高,确保不侵犯工商业者的利益,但每次纠正不是特别彻底,而且在大规模的群众运动中,群众一旦被发动起来以后,容易走得过火。

(四) 新民主主义制度下的人民政府提倡劳资合作

新民主主义制度下的劳资关系具有两重性。一方面劳资关系对立,在私营企业中,"工人有两重地位:一是被剥削者的地位,'劳方'的地位;一是社会主人翁的地位,国家政权的领导者的地位"。[①] 作为被剥削者,工人要受私人资本家的剥削;作为社会的主人翁,新民主主义政权的领导者,必然会利用自己的政治优势地位争取减轻以至彻底消灭剥削。私人资本家作为生产资料的占有者,资本的本性就是要尽可能多地榨取最大剩余价值。另一方面,劳资关系又可以协调,为发展生产,繁荣经济,支援革命战争的胜

---

① 中央档案馆编:《中共中央文件选集》第14册,中共中央党校出版社1987年版,第31页。

利，促进根据地和中国社会生产力的大发展，就务必使工人阶级明白：为了自己的长远利益，在一定阶段内（资本主义私有制尚未完全消灭之前），就必须忍受一定限度的剥削，使私人企业能够进行生产，获得正当利润。

正是基于此，中国共产党和人民政府提倡劳资合作。"这一点马克思是从未说过的。列宁说过一次，但也是为了谴责这种行为。在一些较老的资本主义国家，这样的合作对工人的利益是一种背叛，而在像中国这样的半殖民地国家，工人和本国的资本家在反对外国垄断资本方面却有着共同的利益。在我国的民族工业中，工人应该增加生产，资本家应该改善工人的条件。只有这样，我国的民族工业才能够在同外国的竞争中生存……"。①

（五）处理劳资争议问题有待于法制化和规范化

新民主主义革命战争时期，中国共产党和根据地政府的劳资政策散见于中共中央文件、中国共产党领导人的著作以及各根据地政府颁布的施政纲领或劳动法中，没有一部系统的专门处理劳资关系的相关法律。调解和处理劳资关系也很少通过法律程序解决，而且法庭判决多以中国共产党或根据地政府所颁布的文件为依据，没有建立起相关的法律依据和司法程序。同时，根据地政府也没有设立专门的负责处理劳资问题的管理机关，没有规定解决劳资争议的某些必要而又可行的统一标准和手续。在劳资纠纷发生以后，一般由根据地政府和下级工会做主解决。虽然在解放战争后期有些地方成立了市一级的劳动局，但不受理劳资争议仲裁的请求，责令双方自行协商了事。这种无政府状态，导致各行其是、人自为政，随意或任意处理劳资纠纷，混乱就不可避免。新中国成立以后，中国共产党和人民政府迅速制定和颁布了一套劳动法规以及相关指示，以指导和规范私营工商企业中劳资关系的处理，初步走上了程序化的正

---

① 斯特朗：《斯特朗文集》（3），新华出版社1988年版，第268页。

轨。但法制化和规范化的水平还有待于提高。

（六）慎用群众运动的方式调处劳资矛盾

为了充分发动工人和店员与资本家进行坚决的斗争，中国共产党和人民政府习惯于使用群众运动的方式来调处劳资矛盾。最为典型的就是在"五反"运动中及其之后，政府较多地运用了群众运动的方式来调整当时紧张的劳资关系。诸如在召开的各种群众性大会上，采用控诉、声讨等方式让工人群众揭发资本家的剥削或违法行为；发动工人群众对私营企业的生产和经营过程实行监督管理等。"而群众运动的实际效果往往是激化劳资矛盾，使劳资关系失衡，很难使劳资关系调适到'劳资两利'的既定轨道"。[①]

（七）要依据市场经济原则来协调劳资关系

在调整新民主主义制度下的劳资关系方面，政府的积极干预是完全必要的，但不能过于依赖行政干预。因为在新民主主义制度下，既有计划经济，又有市场经济，市场调节和计划调节同时并存。其中私人资本主义经济的运行主要靠市场调节，在调整其劳资关系时，就应该依据市场经济原则，遵循客观经济规律，而不应过分强调和依赖行政干预。

二、借鉴西方发达国家处理劳资关系的成熟经验

虽然中国的国情与西方发达资本主义国家的情况有很大的差别，而且中国新民主主义制度下的劳资关系从及中国现阶段的劳资关系与西方发达资本主义国家的劳资关系也并不完全相同，但还是存在着一些共性的东西。如劳资关系就是劳动与资本的相互博弈的关系。在劳动与资本博弈的过程中，"社会经济发展状况，政治制度的民主化程度以及劳资双方的实力对比，始终影响和制约着劳资

[①] 洪明、张德鹏：《我国解放初期私营企业的劳资关系及其调整》，《华中理工大学学报·社会科学版》1997年第1期，第34页。

关系的状况与格局，决定着劳资关系发展不同阶段的内容与特征。"① 劳资间相互博弈的最终结果是使劳资关系从初期的利益冲突型转变成利益协调型，从无序化、放任化转变为有序化和法制化，并为其经济社会的发展进步和国家政局的稳定创造了良好条件。因此，通过对当代西方发达国家劳资关系的历史演变过程作一个粗略的考察，有助于本书更深入地研究劳资关系问题。

从资本主义生产关系产生之日起，劳资矛盾、劳资斗争就一直没有停止过，始终贯穿于西方国家发展的各个历史发展阶段。根据经济史学对资本主义社会经济结构的产生、形成和发展过程的不同阶段的划分，并结合各个不同阶段劳资关系的表现方式和内容特征的差异，大致划分为资本主义原始积累时期的劳资关系、自由竞争资本主义时期的劳资关系、垄断资本主义时期的劳资关系、国家垄断资本主义时期的劳资关系和第二次世界大战后的当代资本主义时期的劳资关系。

资本主义原始积累时期的劳资关系。在资本主义原始积累时期，虽然劳动者无产者的阶级意识尚未形成，但已作为一个与资本家阶级对立的阶级而客观存在了，劳资关系也随之产生了。由于资本原始积累的残酷性，使得此阶段的资本主义劳资关系赤裸裸地表现出一种剥夺关系和暴力强制关系。但由于此时的资本主义制度还处在形成阶段，无产阶级与资产阶级之间的阶级斗争尚处于潜在状态，或者只是在个别现象上表现出来。

自由竞争资本主义时期的劳资关系。从产业革命开始至19世纪中期，伴随着西欧国家资本主义生产关系的迅速成长壮大，进入到了自由资本主义时期。在此一阶段，尤其是产业革命完成后，由于资本主义生产关系已经稳固并占据了统治地位，劳资双方真正成

---

① 陈大柴：《西方市场经济国家劳资关系的历史发展及其趋势》，《中共南京市委党校南京行政学院学报》2004年第5期，第35页。

了两大直接对立的阶级,使得此阶段的劳资矛盾主要表现为两大阶级的尖锐对抗和激烈冲突。

兴起于18世纪中期的产业革命,极大地推动了社会生产和人类社会的进步,并直接为当时的资本家阶级带来了巨额利润,但却使工人们的生活状况急剧恶化。大机器的使用,使工人日渐成为机器的附属物;并把剥削对象由成年男工扩大到女工和童工。资本家在追求最大剩余价值的本性驱使之下,还采用最残酷、最原始的剥削方式,使工人的劳动条件日益恶化。残酷的压榨和急剧恶化的生活劳动条件,激起了工人们的强烈反抗。工人们的反抗由最初的捣毁机器、焚烧厂房到有组织地联合起来进行罢工、示威游行,甚至用暴力对付工厂主。

但是,当时代表工厂主利益的资产阶级政府通过立法禁止工人阶级结社、罢工和示威游行等。对劳资关系采取名为自由、实为放任、纵容雇主、限制和打击劳工的所谓"自由放任"政策。

总体来看,此阶段的劳资矛盾的焦点主要集中于劳动者最基本的劳动条件的改善方面;工人运动总体上处于分散、个别和局部状态,工人阶级有组织的联合进程受到来自资产阶级政府和工厂主们的巨大阻力;劳资双方处于严重的不对等地位,资方占有绝对优势,劳方处于绝对劣势,劳资矛盾常以激烈对抗和尖锐冲突的方式呈现,劳资关系处于不稳定状态;资产阶级政府不干预劳资矛盾的处理,但政府立法及其政策是明显倾向于资方而不利于劳方。

垄断资本主义时期的劳资关系。从19世纪下半期至20世纪初,西方资本主义国家开始从自由竞争时期过渡到垄断时期。

垄断资本为了攫取最大限度的利润,进一步加重了对工人阶级的剥削,使得劳资矛盾依旧尖锐和突出。但是,工人阶级坚持不懈地进行有组织的斗争,迫使资方和政府作出一些让步,从而在一定程度上改善和缓解了劳资矛盾。

在工人运动的强大压力下,西方国家政府被迫相继废除了禁止工人结社的法律，工会组织因而在各国广泛建立。同时，社会主义运动也因一大批社会主义政党在这些国家的纷纷建立而得到蓬勃发展，进一步增强了工人阶级的力量，并使劳资双方的力量对比发生了变化。与此同时，随着社会经济的发展和政治民主化的推进，劳资斗争的方式也出现了一些变化，通过工会代表工人与雇主展开谈判的方式来解决劳资矛盾；一些雇主也开始改变策略，对工人作出一些让步，以一种不同于以往的激烈对抗的传统方式，而是力图用较为平和的方式来处理劳资矛盾。

面对这种变化了的形势，西方各国政府调整和改变了其先前的"自由放任"劳资政策，转而采取建设性的干预政策。首先表现在各国政府通过了保护性劳动立法和其他劳动法律法规。1802年，英国通过了第一个现代意义上的劳动法《学徒健康和道德法》。此后，各国相继通过了类似的立法，并陆续出台了其他的劳工立法，如工厂法、劳动保护法、劳动保险法、工会法、劳动争议处理法等。同时，还建立起了与之相配套的劳动行政管理机构。1871年，英国颁布了世界上第一个工会法，1875年又颁布了《企业主和工人法》，规定工人团体可与企业主签订契约和合同。1904年，新西兰出台了第一个比较规范的集体合同法。从此，集体谈判制度开始得到西方各国国家法律的认可和保护。西方国家的劳资关系的调整开始向有序化和法制化方向发展。

国家垄断资本主义时期的劳资关系。20世纪上半期的两次世界大战期间，为了应付深刻的经济危机和战争局面，西方国家和政府全面介入经济生活，"垄断资本主义逐渐转变为国家垄断资本主义。"[①] 这一段时期的劳资关系处于一个过渡时期，即从初期的国家干预过渡到下一阶段全面进入制度化、法制化时期。

在此阶段，世界经历了两次世界大战和资本主义有史以来最严

---

① 《列宁全集》第24卷，人民出版社1972年版，第277页。

重的经济危机。工人阶级不仅继续要求改善劳动和生活条件,而且要求参与生产经营和管理。在巨大的社会压力下,西方各国政府进一步加强劳动行政管理工作,完善劳动立法,健全相关机构,扩大劳动监察的领域和范围,更加全面地干预劳资关系的各个方面。

20 年代末 30 年代初期的空前严重的经济危机,使大量企业破产倒闭,大批工人失业,使劳资关系再度紧张起来。为了缓解失业,迫使政府加强对劳动力市场的宏观干预。同时,经济萧条的严重后果促使强制社会保险的原则得到越来越多的国家的认可,并且由于存在就业高风险,保险的范围日益扩大直至覆盖全社会。社会保险制度的出现和发展,成为缓和劳资关系的一道有效的社会安全网。

在战争和经济危机之后,由于进行了大量的固定资本更新,经济发展呈现新的高涨,进而对劳动过程的管理提出了新要求。在此基础上,开始兴起了以工人参与企业管理为主要内容的产业民主化运动。劳方、资方和政府三方性协商原则在这一阶段开始出现。起初,只是由政府劳动部门安排雇主和工人代表参加一些会议,讨论某些问题。后来逐渐发展成为政府主动征求劳资双方意见,并在工作中与之配合。三方合作有两种方式:一是以集体方式处理劳资关系;二是雇主组织和工人组织共同参与劳动法律法规的制定与实施。

自 1904 年新西兰的集体谈判立法出现以后,集体谈判和集体协议制度就在各国逐渐兴起。由劳资双方通过有组织的交涉来确定工资和其他就业条件,政府则为双方谈判提供调节、仲裁和其他服务。迫于工人运动的强大压力,在劳动立法过程中,政府从最初只邀请雇主代表转变为也邀请工人代表参与协商。三方格局的雏形开始产生。一些国家还成立了由三方参加的机构,如劳资协议会等。

第二次世界大战后的当代资本主义时期的劳资关系。第二次世界大战以后战时的国家干预政策并没有随战争的结束而消失,而是在不同形式下继续存在,为了缓解资本主义社会的基本矛盾,缓解经济危机,第二次世界大战后西方各国采取不同的方式对国民经济生活实行全面干预和调节,使资本主义经济进入到了一个新阶段,即当代资本主义时期。在这一时期,由于第三次科技革命和社会改革浪潮的推动,西方发达国家的劳资关系发生了重大的转折性的变化,劳资关系协调体制从法律规范到制度机制,都日益健全和完善,劳资关系的总趋势是缓和中有对抗,对抗中求合作、求制衡。

第二次世界大战后,世界范围内的人民革命运动风起云涌,对西方各国政府形成了巨大的社会压力,为了维持国内产业和平,消除潜在的革命情绪,缓解社会的不稳定因素,西方国家采取了一系列措施,政府进一步加强对劳资关系和劳动力再生产的全面干预,并由此形成了一整套规范化、制度化的法律体系和调整机制。与前一阶段相比,此阶段的劳资关系发展的总态势是日趋缓和,劳资之间大规模的激烈对抗冲突大大减少,取而代之的是日常的、规范化的、有组织的行为,如劳资协议制、集体谈判制度、三方协商等等。但是,在某些历史阶段、在某些国家因劳资矛盾激化而引发一些大规模的劳资冲突事件是不能完全避免的,如1968年法国的五月风暴,20世纪80年代英国的煤矿工人大罢工等就是例证。

第二次世界大战后,在本国工人运动的强大压力下,在现代生产力社会化和市场高度发展的客观规律作用下,工业民主化运动即工人民主参与管理运动不断扩大,工人参与权从经济领域的生产经营管理的低层面进一步延伸到政治领域的国家劳动立法和社会政策制定的高层面,力争从源头上维护和发展工人阶级的根本利益。

三方性原则在第二次世界大战以前虽在西方国家中已出现,但还不普遍。战后,三方性原则在西方国家得到广泛推行,成为其产业关系的基本格局和主要运行机制。所谓三方性原则,就是制定劳动法律法规、调整劳资关系、处理劳资争议等方面,政府、劳工和雇主三方代表共同参与决定,相互博弈、相互制衡、相互磋商、相互协调。这一原则通过三方性机构的日常活动体现出来。

对于劳资关系，政府介入所起的作用就是规范劳资双方的行为，相对平衡双方实力。劳资双方具体的矛盾和冲突，则更多的是由当事者双方依法解决，即"主体自主协商，政府适时调整"。

在20世纪80年代以来，特别是80年代末期90年代初以来，随着全球经济一体化、信息革命等，进入后工业时期的西方发达国家的劳资关系又呈现出了许多新的特征，尤其是欧洲国家。欧洲国家的劳资关系在80年代以前以力量强大的工会组织为基础，以集中完善的集体谈判制度为核心。但在80年代以后出现了重大变化：工会会员数量不断减少，工会的力量受到削弱，集体谈判的鼎盛时期已经过去，劳资关系的核心逐渐向企业一级分散。在这种背景下，重视和突出政府在劳资关系体制中的作用，强调建立由政府、雇主团体和雇员团体共同构成的三方机制的"合作主义"得到了突出。

从资本主义原始积累时期直至今天当代资本主义时期，西方国家的劳资关系经历了几个世纪的发展演变，并伴随着工业化进程的发展，在不断的矛盾、斗争和调整中，经过劳资间的长时间较量与博弈，西方国家劳资关系的运行机制和基本格局基本适应了以商品经济为主要内容的现代生产力社会化、市场化、民主化发展的要求，而且逐步形成了一整套比较完善的制度和比较规范的体系，从而使这些国家的劳资关系从利益冲突型转变为利益协调型，为社会的经济发展进步和国家政局的和谐稳定创造了良好的条件。西方发达国家处理劳资关系的成熟经验对于解决我国当前阶段劳资关系中存在的问题，具有重要的参考价值和借鉴意义，实出体现以下四个方面：

（一）健全完善的劳动法律体系使劳资关系的协调制度化、法制化

经过多年的不断补充和完善，西方发达国家都已经建立起了一整套的劳动法律体系。其劳动立法大致分为两类：一类是有关劳资关系的各种标准，如最低工资、工作时间等的规定；另一类则是有关劳资关系调整的机制或方法的立法，如集体谈判的代表权的确认、劳资关系调整机构的职责和运作方法等。这些立法形式适应了劳资关系调整的需要，为调整、处理和建立良好的劳资关系提供了较为完善的法律依据。

（二）成熟完善的劳资关系协调机制使劳资争议能得到及时和有效处理

集体谈判和集体合同制度是当今西方发达国家协调劳资关系的主要方式。通过集体谈判，以劳资关系双方共同协商的形式来确定集体合同，沟通意见，解决纠纷。由政府劳动部门、工会组织和雇主组织组成的三方协调机制则是西方发达国家劳资关系的基本格局和主要运行机制。政府劳动行政部门一般不直接参与企业内部的劳资关系，也不直接参与劳资关系的处理，但并不是不作为，而是采取各种措施为劳资关系的良好发展创造外部条件，促进劳资关系的和谐、稳定，起到规范劳资双方的行为、相对平衡双方实力的作用。

（三）独立又强大的工会组织是工人利益强有力的维护者

西方发达国家的企业中一般都建有劳工组织或工会组织，工会领导人也是劳工的一部分。工会只代表劳工的利益，与资本家进行合法斗争、维护劳工阶级自身的合法权益，而不听命于任何其他组织或机构。同时，工会还是协调劳资双方利益、解决劳资矛盾与纠纷的机构。作为劳工集体的工会使劳方在与资方交涉和谈判中处于相对平衡的地位，改变了单个劳工在劳资关系中明显处于弱势的不利局面。另外，西方发达国家的工会还在社会的经济政治生活中发挥着重要的作用。工人运动和工会组织对资产阶级政府制订有关政策和法律也能起到重要的影响作用，从而能使一些对劳工不利的政策和法律难以出台。

（四）追求公平的利益平衡系统保持劳资双方力量均衡

劳资双方任何一方力量过于强大或过于弱小都不利于劳资关系的和谐与稳定，只有维持力量均衡，劳资关系才能稳定。一般而言，资方总是处于强势地位。西方发达国家通过实行累进制税率对高收入者课征高税收进行调节，同时利用行政和立法手段，实行由社会保险、社会福利和社会救济构成的较为完善的社会保障制度，以避免贫富过分悬殊。社会保障制度的受益者是所有劳动者和低收入者。西方发达国家还普遍实行职工持股制度，直接分配或协助职工购买本公司股票。这样，职工可以分享公司利润，与公司形成利益共同体；在企业内部管理上实行劳资平等共决的企业组织制度，职工参与企业管理，对公司的经营拥有一定的参与和决定权，从而缓和了劳资矛盾。

三、启示

通过前述分析和研究，我们可以得到如下启示：

（一）和谐的劳资关系是社会和谐、经济发展的基石

西方国家的劳资双方经过长期的博弈，劳资关系由激烈对抗趋向缓和，从而为资本主义社会的经济发展和国家政局的基本稳定创造了良好的条件。因为劳资关系是社会关系中最基本的一种关系，劳资关系是否和谐影响着社会的稳定，也决定着企业的生存与发展。也正因为如此，西方发达国家高度重视本国的劳资关系稳定问题，普遍采取有利于劳资关系缓和的做法，如集体谈判制度、工人参与的民主管理制度、三方协商机制等等。

同时，通过本书对中国新民主主义制度下的劳资政策与劳资关系的历史考察，不难得出结论：紧张的劳资关系既不利于私营工商企业自身的生产和经营，也不利于整个社会经济的活跃和发展，甚至会危及人民政权的稳固和社会的稳定；而和谐的劳资关系则可以为社会的经济发展和人民政权的稳固创造良好条件。

在中国现阶段，劳资矛盾比较突出，劳资纠纷频发，劳资关系呈现出比较紧张的状态，如若处理不当，有可能转化为激烈的社会矛盾与冲突，不仅会严重影响到社会稳定，还会影响和制约社会经济的发展。而只有稳定和谐的劳资关系，才有可能实现经济的快速发展与和谐社会的建构。因为只有建立起和谐的劳资关系，才能最大限度地激发起劳方生产的积极性和创造性，极大地提高劳动生产率，企业才能获得最大的经济收益，社会经济才能向前发展。由此可见，和谐的劳资关系是社会和谐和经济发展的基石。发展和谐的劳资关系，是构建社会主义和谐社会的题中之意，也是市场经济国家社会发展的共同趋势。

（二）坚持按照"劳资两利"原则来协调劳资关系

在新民主主义革命和建设时期，以毛泽东为代表的中共第一代领导集体从当时中国生产力发展水平极端低下、资本主义发展十分落后的现实国情出发，正确认识到劳资双方是一对矛盾共同体，既是对立的，存在着利益冲突和矛盾，但又存在着共同利益；劳资矛盾是可以获得调节的；劳资合作是有利于发展新民主主义的经济和建设新民主主义的国家的。据此，中国共产党和人民政府提倡劳资合作，按照"劳资两利"的原则来处理劳资关系，并在实践中取得了较为成功的经验。

与此同时，西方发达国家的劳资理论也强调劳资之间的合作而不是冲突（本文第一章导论中已有论述），认为企业与员工之间存在有利益一致的一面，劳资冲突只会导致劳资双方两败俱伤。因为如果劳资双方产生冲突就采取罢工、闭厂的方式，显然既影响企业信誉和企业利益，又不利于工人利益（雇主必然要报复，开除罢工的工人）。因此，解决劳资冲突和纠纷要尽可能地避免采用罢工等过激行为，而是寻求协商解决。

现时处于社会主义初级阶段的劳资双方同样既有对立的一面（作为劳动力的所有者期待工资最大化，而作为资本所有者则期待利润最大化,二者之间存在着不同的利益诉求),但又存在着相互依存、俱荣俱损的现实共同利益,以及高于各自特殊利益的共同的长远和根本利益,即大力发展生产力,共同建设有中国特色的社会主义。这就决定了劳资双方必须在平等和共建的平台上实现双方的各自利益。

具体来说,按照"劳资两利"原则来解决现阶段的劳资矛盾,首先要确保劳资双方实体力量必须大体对等。在劳资双方的博弈中,"资强劳弱"的格局未能得到有效抑制,甚至在"效率优先"、优先发展经济、优先解决就业等理念的推崇下被不断加以强化,致使劳工权益屡遭侵犯而无处申诉,最后逼得个别工人在无奈之下不得不铤而走险,以非常极端的方式捍卫自己的权益,如媒体多次报道农民工以跳楼、跳塔等以性命相搏的极端方式讨要欠薪的事例。当然,"抑资扬劳"也是不正确、不理智的。但是,纠偏是必须的,劳动者的合法权益要给予落到实处的切实关注和保护。兼顾劳资双方的合法利益,不偏袒其中的任何一方。

其次,要努力促进劳资双方实现共识、共谋、共建、共享的双赢意识。所谓共识,是指工会或政府等相关组织要促使劳资双方增强互惠互利、互谅互让的意识,建立起劳资互信机制。所谓共谋,就是在具体利益问题上,促进双方通过集体协商来解决。所谓共建,就是劳资双方共同参与劳资矛盾的化解,共同构建和谐的劳资关系。所谓共享,就是劳资双方共同分享企业发展的成果。也就是通过促进劳资双方积极、主动的参与意识,最终实现"劳资两利"或双赢。如果资方一味追求利益最大化、成本最低化而不顾劳方最基本的权益,资本就会雇佣不到劳动力,企业自身难以发展,如2008年年初开始的自东向西凸显的"招工难"、"用工荒"现象。而如果片面强调劳方一利而资不利,则工厂就要关门,工人就要失业。因此,只有劳资两利,才能实现双赢,才能有生产的发展和社会的进步。

（三）政府应在劳资关系的协调中发挥主导作用

在西方发达国家，经过劳资双方长期的博弈，相关法律法规体系的不断完善以及劳资双方高水的组织化，尤其是工会组织的独立性，劳资关系的协调已形成非政府组织调整为主（政府只是在必要时适当监管和干预），基本上法制化和规范化了。但在中国目前阶段，很显然尚未具备发达国家较为成熟的条件，因此政府介入劳资关系的力度要比西方国家更大。与此同时，中国是共产党执政的、以工人阶级为领导的社会主义国家，中国共产党的执政理念就是执政为民，保护广大人民的根本利益。中国共产党和政府的这个执政理念使得政府在协调劳资关系的作用更具有决定性的意义。

然而，就目前来看，政府在介入协调劳资关系的过程中却存在着严重的缺位与错位，对于政府应该扮演的角色定位、地位作用、政府怎样介入劳资关系、介入程度如何等基本问题不明确，结果导致政府在劳资关系的协调方面无所作为。要使政府有所作为，必须首先转变政府职能，从经济型政府转向公共服务型政府。按照马克思主义的国家学说理论，国家职能就是对内的管理职能和对外的捍卫国家主权的职能。而政府作为执掌国家权力的国家机关，其职能与国家职能是完全一致的。因而，政府应当把自己的基本职能（对内职能）明确定位为：以公共利益的代表来管理国家的政治、社会和经济生活，通过控制和缓和社会矛盾，保证社会的持续、平稳发展。也就是说，不能因为以经济建设为中心，政府成为单一的经济型政府，片面追求经济快速增长，过于重视经济建设的投入回报，而严重忽视社会事业和公共服务职能的投入和提供，简单地以改革的旗号推向市场和社会而毫无作为。就协调劳资关系而言，政府应切实树立执政为民的理念，明确自己应有的责任，充分认识到政府就是社会公众利益的代表者和弱势群体利益的维护者。具体来说，政府的主导作用应体现在五个方面：

1. 政府应强力保护劳动者的基本权益不受侵犯。在社会主义的人民民主专政国家,这应是题中之意。除了通过立法和执法形式保护劳工的基本权益外,还应逐步建立起完善的、覆盖面广泛的社会保险体系和社会保障体系。

2. 政府应不断完善和健全劳动法律法规体系,并加大执法与督察的力度。政府应及时出台和完善各项有关劳动法律法规体系,提供有法可依的制度和规则,把劳资双方的行为限定在法律和制度的框架内。法律法规要具有操作性,避免流于形式化、空洞化。要切实维护劳工权益、确保劳动法规落到实处,还必须加大政府相关专职部门的监察力度,成立专门的或兼职的稳定的监督队伍,定期或不定期的检查劳动法规的执行落实情况,并给予明确的奖惩。如对执行落实情况较好的企业,可以减免税;对于反面典型则可多部门配合,对其实行摘牌甚至停业整改等等。

3. 政府应积极介入劳资争议的调停和预防。劳资双方发生冲突与争议时,作为第三方依据相关法律条文为双方提供调解与仲裁,积极促进双方当事人通过协商与谈判到达利益的均衡与和谐。在调停过程中,本着高效便捷、公平正义、成本低廉的原则进行有效处理。同时,政府及其相关专职部门还应未雨绸缪,摆脱传统的"救火者"角色,建立起相关的预警机制,把劳资矛盾化解于初始阶段,防止冲突扩大。

4. 政府还应提供积极的就业保障,以及规划和科学管理人力资源。实现充分就业是我国政府的目标之一。而在目前阶段低端劳动力供大于求的情况下,政府尤其要注意解决好促进就业与执行劳动标准的矛盾问题。政府毫无疑问应多创造就业岗位,促进就业,而决不能以降低劳动标准为代价,听任资本对劳动力权益的侵犯而不管。政府可以联合工会或其他机构对劳动者(包括在职和下岗的)进行形式多样的教育培训,有序开发和科学管理人力资源,变不利为有利。

5. 政府应积极为集体谈判创造条件,促进集体谈判、集体协商的普遍推行。作为集体谈判的促进者,政府首要任务是制定和颁布适合中国目前实际情况的有关集体谈判的法律制度,为劳资双方进行集体谈判提供法律制度保障;其次是通过强有力的执法监督确保集体谈判达成的各项决议真正落到实处;再次,政府可以积极推动和影响集体谈判,如政府可以向谈判双方提供有助于制定谈判方案和达成协议的各种信息和数据;政府也可以限制和约束集体谈判的内容,甚至在特殊情况下可以进行直接干预。最后,要积极促进劳资双方的集体谈判,政府还要有意识地培育谈判组织(代表工人的工会组织和代表资方的雇主组织),为集体谈判创造条件。

(四)充分发挥工会在协调劳资关系中的主体作用

在西方发达国家,作用强大而独立的工会组织是一支重要的社会力量,不仅在劳资关系的协调中有着不可替代的重要作用,而且还能对资产阶级政府制订有关政策和法律起到重要的影响作用,如使一些对劳工不利的政策和法律难以出台等。

中国的工会产生于半殖民地半封建社会,虽然也强调代表工人阶级利益维护工人的合法权益,但主要中心在于阶级斗争和政治斗争。新中国成立后,经过社会主义改造,我国的工会组织成为社会主义的工会组织。但在计划经济体制下,更多的是把工会当成是中国共产党和人民政府的外围组织和行政副手,成为其管理职能的一种延伸工具。进入到了市场经济体制后,原先国家与企业和职工利益的一致性失去了存在的基础,劳资矛盾凸显出来,而工会组织的缺位、维权的乏力甚至是不作为,使得劳资冲突不能得到有效地处理和预防,劳资纠纷越演越烈,和谐社会的构建更无从谈起。因此,当下实现劳资关系和谐的基点在于要充分发挥工会在协调劳资关系中的主体作用。

1.明确工会的定位。工会是工人群众自发组织的群众组织,在中国共产党的领导之下,但不是中国共产党和政府的附庸组织,而是共产党和工人群众之间联系的桥梁和纽带,是协调劳资关系的一个重要的社会支柱,是工人维护自身权利和表达意愿的重要渠道。也就是说,工会必须依照工会章程独立自主地进行活动,既不能成为中国共产党的一个办事机构,也不能成为企业或行政的附庸。只有工会具备独立性,才能更好地协调劳资关系。

2. 明确工会的职能。工会的天职就是代表和维护劳工的合法权益,其核心作用是把工人联合组织起来与用人单位进行集体谈判,通过平等协商,指导和帮助工人签订集体合同。工会的主要职能包括经济职能、民主职能、整合职能和社会民主职能。经济职能就是优化组合工资与就业人数,确保就业水平。工人加入工会首先考虑的是利益,即加入工会能否得到好处。因此工会的目标是使会员的经济收入最大化,努力实现会员的各项公平待遇(如工作负担、晋升、裁员等)。工会唯有如此才能吸引工人积极入会,如美国工会通过同资方谈判,工人只要加入工会,就能够享受每年增加5%工资的好处。民主职能就是把民主原则积极引入劳资关系,依法维护工人的民主参与权。如基层工会组织代表和职工通过职工代表大会制度、厂务公开制度、职工董事或监事制度等各种形式的民主参与制度,参与企事业单位有关职工切身利益问题的民主决策、民主监督,从而实现职工的民主参与管理权。整合职能就是要使会员具有团体感、稳定感和归属感,有助于会员发挥其才能。同时,工会应在劳资双方之间进行积极沟通,减少或消除彼此之间的对立与不信任,增进理解与合作,从而实现企业的高效管理。社会民主职能,即工会不仅要求改善薪酬结构,而且主张消除企业内部与企业之间的工资不平等,不仅代表会员利益,而且代表全体工人阶级和所有弱势群体的利益,积极主动地参与涉及职工切身利益的法律法规、政策的制定和修改,参与社会协调与执法监督,从宏观和源头上维护职工合法权益等。

3. 提高工会工作人员和干部的整体素质。工会职能的转变亟待工会干部素质的提高,不能像过去那样,上级工会人员忙于起草文件、收集各种数据等行政性事务，下级基层工会则搞搞"吹拉弹唱"等活动或简单的收发传达。工会工作人员首先要具有高度的责任心和使命感；其次要成为协调劳资关系的专家，多引进和培育法律人才、政策人才和理论人才，提升现有工会工作者的整体素质和能力，如集体谈判能力、与人沟通的能力，以更好地胜任工会职能的转变。

4. 积极健全工会组织。中国工会目前的组织率不高，尤其是在非公有制经济企业中工会组织不健全，截止到1999年6月，私营企业工会组建率仅为5.2%，外资企业甚至是知名的大型跨国公司在中国的分公司拒建工会组织的现象比较普遍。"三资"企业建立工会组织的不到10%，乡镇企业建立工会组织的仅为2.3%。虽然国有和集体企业的工会组建率比较高（传统优势），但在转型期也面临着组织不健全、会员流失严重等诸多问题。造成这些问题的原因很多，但最根本的就是工会没能很好地维护工人的基本权益，加不加入工会没有多大利益差别，而工人加入工会就是为了利益。与此同时，工会要积极地在企业尤其是在私营企业中组建组织。具体办法可以借鉴浙江台州温岭的成功做法：基本原则是以"党建带工建，工建促党建"（即把工会组建工作纳入党建工作的总体目标，在党委领导下，全方位地推进企业工会组建工作）、组建方法则是"整体推进，不留空白"、"边组建、边规范"（即在工会组建过程中，引导其逐步加强规范化建设，首先是组建起来，让职工有个组织，然后再逐步规范，发挥工会作用），以乡镇、村为单位，整体推进工会组建工作，形成纵向到底、横向到边的工会组织网络，在组织形式上，要求25人以上的企业单独建立基层工会，25人以下的企业以行业或地域为单位，建立联合基层工会。

（五）健全和完善既适应市场经济体制又符合中国国情的劳资关系协调机制

目前在中国虽然已经建立起了以集体合同制度为核心的三方协

调机制，但流于形式，不能有效地解决劳资矛盾。原因在于生搬硬套西方国家的做法，忽视中国国情的特殊性，如中国目前的实际情况是规模小的企业数量众多，工人的流动性比较大，工会组织不是很健全、缺乏独立性，工会干部素质和集体协商、集体谈判的能力不高，而劳动力尤其是低端劳动力供过于求，资本相对稀缺、处于绝对的强势地位，劳资双方力量不均衡，相关的法律体系不健全；加之中国现有的劳资协调机制的具体规定只适用于企业，而并不适用于整个行业，也缺乏监督其履行的有效机制，结果造成在西方国家行之有效的劳资关系协调机制在中国并不奏效，或效果不明显。如集体合同签订率低、覆盖率也很低，集体协商走过场、搞形式，无法起到平衡劳资双方力量、规范双方行为的作用。因此，健全和完善既适应社会主义市场经济体制又符合中国国情的劳资关系协调机制已刻不容缓。

1. 架构起实行集体谈判、三方协调机制所必备的完善的法律体系框架，健全配套法律法规，并细化法律规则。中国现已颁布执行的《中华人民共和国劳动法》、《中华人民共和国工会法》、《集体合同条例》、《工资协商办法》等为三方协调机制的实行奠定了基本的法律框架，但原则性的规定多，实际操作的具体规定则明显不足。而劳资关系的复杂化和多样化又需要法律规则细化和便于实际操作。因此，有关三方协调机制如集体谈判、集体合同等都急需提升立法层级，并细化法律规则，如集体合同法应当对各种所有制和不同形式的企业作出统一的基本规则，具体规定劳资双方的合法代表主体、谈判和合同事项、磋商、签订以及变更程序、政府干预的时机和干预程度、合同的效力等等内容。

2. 增强参与协调劳资关系的劳资双方代表主体的独立性。工会和雇主组织（在我国称为中国企联，是中国企业联合会、中国企业家协会合署中文的简称）的独立性是决定三方协调机制能否顺利实现的基本保证。工会的独立性就是要改变传统计划经济体制下工会仅仅是共产党和政府的分支机构的角色，上文已有相关论述，在此不赘言。雇主组织在中国算得上新鲜事物，组织比较薄弱，基层组织很不健全。在区县、乡镇和街道级的协调劳资关系的三方机制中由其他组织如工商联、个体劳动者协会和私营企业协会等代替。劳资双方代表主体的独立性由于受到多方因素制约而大打折扣，在"资强劳弱"的格局下，三方协调机制自然就难以真正起到应有的作用。

3. 加强宣传，完善三方机制基层组织体系建设，扩大三方机制的社会影响力。三方协商机制早已被西方发达国家广泛采用，而中国直到2001年8月才正式建立，应该说是一个新鲜事物，在社会和企业中的宣传还很不够，因而企业、职工、政府相关部门和有关社会团体还不是很了解何为三方机制。再加上目前中国的三方机制协调的范围还不够宽，所起的协调作用也不是很明显，造成三方机制在中国的社会影响力不大。为此，要积极展开宣传，使各方充分认识到建立三方协调机制是经济和社会发展的必然要求，是社会主义市场经济条件下协调劳资关系的一条有效途径。首要的任务就是加强和夯实三方机制的基层组织建设，积极推进三方机制向市（地）、县（市）、乡镇（街道）、村（社区）延伸。其次就是要大力推动产业级三方机制的建立，以及时发现和处理产业内尚处于萌芽状态的劳资矛盾，避免大规模群体性事件的发生。除此而外，还应积极探索建立三方协商的调控和应急机制以及三方专业委员会，如国家就业促进委员会、劳动合同和集体合同委员会、劳动标准委员会、职业安全卫生委员会等。

4. 拓展三方机制职能，增强三方协商的时效性和针对性。三方机制的协调范围应该纳入诸如就业、工资、收入分配、社会保险等一系列相关问题，并成立相对应的专门的三方组织，由三方代表专门针对上述问题进行协商讨论，以增强针对性。各级三方机制在职能上还可以结合当地实际情况而有所侧重，不必雷同。还可以针对不同时期劳资关系领域中的突出问题，探索建立临时性的专门机构，如集体合同指导机构等，整合社会力量，吸纳专业人才，专职负责协调劳资关系方面的重点和难点问题。

（六）健全和完善劳动法律体系，加强劳动执法力度和监察力度

经过上百年的不断补充和完善，西方发达国家建立起了一整套的劳动法律体系，为劳资关系的协调提供了比较完备的法律依据。

在民主革命时期，由于多种原因，中国的法制建设的进程比较滞后。虽然也颁布过有关的劳资政策法令，但总体来说，没有一部系统的专门处理劳资关系的相关法律。劳资政策法令散见于中共中央文件，中国共产党领导人的著作，各根据地政府颁布的施政纲领或劳动法中。调解和处理劳资关系也很少通过法律程序解决，而且法庭判决多以政府所颁布的文件为依据，没有建立起相关的法律依据和司法程序。新中国成立后，才颁布了有关的劳动法律法规，向法制化迈出了第一步。

现阶段，根据中国社会主义市场经济条件下劳资关系的新变化，并参照西方发达国家劳动立法的原则和经验，相继颁布和实施了诸如《中华人民共和国劳动法》、新《中华人民共和国工会法》、新《中华人民共和国劳动合同法》等一系列法律法规，但不仅这些基本法需要进一步修改和完善，而且还有许多与之相配套的单项劳动法规亟需出台，如集体合同法、工资法、工伤事故赔偿法、疾病与残废保障法等等。首先是要根据中国现阶段劳资关系的实际状况，借鉴发达国家劳动立法的成功经验，并结合完善社会主义经济体制的需要，对《中华人民共和国劳动法》等基本法进行具有前瞻性的修改和完善。其次是要加强与《中华人民共和国劳动法》相配套的专项法律法规的建设，尽快形成包括劳动法的子法系统的法律群。再次，协调各项法律法规的衔接，避免法律条文的简单重复、脱节甚至相互矛盾的现象。例如可以把《中华人民共和国劳动法》、《中华人民共和国工会法》和《中华人民共和国企业法》、

《中华人民共和国公司法》等法律衔接起来。基本法的有关条文可以比专项法律抽象一点，专项法规则可针对实际情况更具体、更具有操作性，而不是简单的语义重复。对于同时有效的新旧不同的劳动法律文件或条文规定出现自相矛盾的现象，应及时给予说明或纠正。

  国家和政府也不能只限于埋头颁布一部又一部的法律，更重要的是要执行法律、依法协调劳资关系，不断加强劳动执法力度和监察力度，使法律真正成为维护工人利益的强有力武器，而不能成为镜中月、水中花，并且对于一些企业故意规避法律的行为要有针对性的惩罚措施，避免其钻法律空子。如2007年底为规避新《中华人民共和国劳动合同法》的规定（劳动者在用人单位连续工作满十年的，应当签订无固定期限劳动合同）实施，许多企业纷纷采取"应对"措施，尤其是深圳华为公司大规模"裁撤"员工引起各方广泛关注。针对"华为员工集体辞职"事件，全国总工会立即介入调查，国家相关部门也即刻予以明确规定，使其有意规避法律的行为成为徒劳。对于违背劳动法律、侵犯工人权益的各种行为，更要采取多种手段、加大打击力度。

  此外，还必须简化法律程序，提高办事效率，降低劳工法律维权的成本，增强法律条文的现实操作性。同时，还要组织专门的宣传队伍普及劳动法律宣传，增强劳工尤其是流动性比较大的农民工的法律维权意识。如很多农民工社保意识淡漠，宁愿要现钱也不要社保。根源就在于对于维护自己的合法权益没有深刻认识，完全不知道自己应享受的社保待遇以及发生劳动争议时经济补偿金如何计算，只看到眼前拿到了一点现钱，而没有考虑年老体衰退休之后的生活保障。因此，必须花大力气普及劳动法律法规，让劳动者明白自己应该享受哪些法律规定的权益，增强其法律维权的意识。

（七）注重运用中国传统文化调节劳资关系

  构建和谐劳资关系的途径和手段除了上述所论及的之外，还应该充分认识到文化调节也是劳资关系的调整方式之一。因为文化能够影响人们的思维方式和行为方式,因而必然会对劳资关系的管理产生重要的影响。在不同的历史文化传统下,劳资关系的管理模式也会不尽相同。在西方发达国家劳资关系的历史发展过程中,文化因素在调节劳资关系中的作用是不可忽略的。与此同时,文化调节较之法律制度调节具有主动性、内生性和事前性的优点,在协调劳资关系中可以弥补法律制度调节的被动性、外在强制性和滞后性。

劳资关系中的文化因素,"主要指的是人们在劳资关系中,对彼此价值关系的认识判断和处理彼此关系的方式"。[①] 应该承认,与西方发达国家相比,中国的劳资文化基础是比较薄弱陈旧的。中国的劳资关系理论缺乏如西方国家那样的历史文化积淀,而对迅速生成的当代中国的劳资关系仍按照封建的、原始资本主义的或计划经济体制下的落后理念来处理。这也是导致现阶段劳资矛盾日益增加的原因之一。为此,必须在借鉴发达国家处理劳资关系的先进理念的基础上,吸取中国传统文化的精髓,对劳资关系进行必要的文化调节。

首先要大力弘扬中华民族传统文化中的勤勉致富、诚信经营、敬业爱岗、忠于职守等精髓。我们不能在发展经济的大潮中丢掉了这些宝贵的传统美德,而应该结合社会主义市场经济的发展,在全社会大力提倡和尊崇这些美德。在中国香港、新加坡、日本、韩国等深受中国儒家传统文化影响的国家和地区,其和谐的劳资关系皆有赖于吸取了儒家传统文化中的这些精髓。如在日本,之所以能够实行终身雇佣制度、年功序列工资制和考核评分制度以及员工持股利益共享制等,就是与日本独有的文化分不开的。日本文化中很强调国家观念、家族主义、资历主义和集体主义等。而这些观念与中国传统儒家文化中强调的国家、社稷等集体观念,强调家庭伦理道

---

① 孟令军:《劳资关系的文化视角》,《工会理论与实践》2002年第16卷第1期。

德、长幼有序、以和为贵等观念完全一致。中国作为儒家文化的发源地，应该更好地把儒家传统文化中的精髓思想自觉融入劳资关系的协调中，讲究谦恭礼让、诚实守信、相互谅解、相互尊重，强调集体主义、团结友爱；在全社会引导形成正确的道德观、价值观；重视企业文化、社会文化的建设。现在，已有个别企业家在建设企业文化方面开始有所尝试，但为数还不多。

与此同时，还应及时清除陈旧落后的劳资关系理念，借鉴并引进其他国家处理劳资关系的先进理念。对陈旧落后的劳资关系理念，如封建式的人身依附观念、早期资本主义原始积累式的残酷压榨观念、计划经济体制下的吃"大锅饭"观念等等，都必须毫不留情地、大张旗鼓地给予批判和挞伐。同时，在吸取中国传统文化的精髓和结合当前实际情况的基础上，借鉴其他国家处理劳资关系的先进理念，形成新的、具有中国自身特色的劳资关系理念。在此基础上，建立和实施如同日本那样既有中国特有的文化基础，又有先进劳资关系理念作为基础的劳资关系制度。

参考文献

一、经典著作类：

［1］中共中央文献编辑委员会：《陈云文选》（1926—1949），人民出版社1984年版。

［2］《邓小平文选》第1卷，人民出版社1994年版。

［3］中共中央文献研究室编：《刘少奇论新中国经济建设》，中央文献出版社1993年版。

［4］中共中央文献文献编辑委员会：《刘少奇选集》（上卷），人民出版社1981年版。

［5］《毛泽东选集》第1至4卷，人民出版社1991年版。

［6］《毛泽东选集》第5卷，人民出版社1975年版。

［7］《张闻天选集》编辑组：《张闻天文集》第1卷，中共党史资料出版社1990年版。

［8］《张闻天选集》，人民出版社1985年版。

［9］中共中央文献研究室编：《陈云文集》（1949年10月—1955年12月），中央文献出版社2005年版。

二、中共中央文件、资料选编类：

［10］北京卷编辑组编：《中国资本主义工商业的社会主义改造》（北京卷），中共党史出版社1991年版。

[11] 薄一波：《若干重大决策与事件的回顾（修订本）》（上、下卷），人民出版社1997年版。

[12] 福建、江西、湖南省工商行政管理局史料编写组：《中华苏维埃共和国的工商行政管理：工商行政管理史料》，工商出版社1987年版。

[13] 革命根据地财政经济史编写组：《革命根据地财政经济史长编：土地革命时期》（上），（送审稿）1978年版。

[14] 国家工商行政管理局史料小组主编：《陕甘宁边区的工商行政管理》，工商出版社1986年版。

[15] 湖北卷武汉分册编辑组编：《中国资本主义工商业的社会主义改造》（湖北卷武汉分册），中共党史出版社1991年版。

[16] 晋绥边区财政经济史编写组、山西省档案馆合编：《晋绥边区财政经济史资料选编》（工业编），山西人民出版社1986年版。

[17] 中共中央文献研究室编：《刘少奇年谱》下卷，中央文献出版社1996年版。

[18] 中共中央书记处编：《六大以来》（上），人民出版社1981年版。

[19] 倩华等编著：《七年来我国私营工商业的变化1949—1956年》，财政经济出版社1957年版。

[20] 山西、山东、河北、河南省工商行政管理局合编：《晋冀鲁豫地区革命根据地的工商行政管理》，工商出版社1987年版。

[21] 陕甘宁边区财政经济史编写组、陕西省档案馆合编：《抗日战争时期陕甘宁边区财政经济史料摘编：第三编 工业交通》，陕西人民出版社1981年版。

[22] 赵增延、赵刚编：《中国革命根据地经济大事记》(1927—1937)，中国社会科学出版社1988年版。

[23] 中共中央文献研究室编：《毛泽东年谱》（1893—1949）

下卷,中央文献出版社 2002 年版。

[24] 中国社会科学院经济研究所现代经济史组编:《中国革命根据地经济大事记》(1937—1949),中国社会科学出版社 1986 年版。

[25]《中国资本主义工商业的改造》(中央卷),中共党史出版社 1993 年版。

[26] 中央档案馆编:《陕甘宁边区抗日民主根据地文献》,中共党史资料出版社 1990 年版。

[27] 中央档案馆编:《中共中央文件选集》第 6 册,中共中央党校出版社 1983 年版。

[28] 中央档案馆编:《中共中央文件选集》第 7 册,中共中央党校出版社 1983 年版。

[29] 中央档案馆编:《中共中央文件选集》第 8 册,中共中央党校出版社 1985 年版。

[30] 中央档案馆编:《中共中央文件选集》第 9 册,中共中央党校出版社 1986 年版。

[31] 中央档案馆编:《中共中央文件选集》第 11 册,中共中央党校出版社 1986 年版。

[32] 中央档案馆编:《中共中央文件选集》第 12 册,中共中央党校出版社 1991 年版。

[33] 中央档案馆编:《中共中央文件选集》第 13 册,中共中央党校出版社 1987 年版。

[34] 中央档案馆编:《中共中央文件选集》第 14 册,中共中央党校出版社 1987 年版。

[35] 中央工商行政管理局秘书处编:《私营工商业的社会主义改造政策法令选编》(上辑)(1949—1952 年),财政经济出版社 1957 年版。

[36] 中央工商行政管理局秘书处编:《私营工商业的社会主

义改造政策法令选编》（下辑）（1953—1956年），法律出版社1957年版。

[37] 中央工商行政管理局、中国科学院经济研究所资本主义经济改造研究室合编：《中国资本主义工商业的社会主义改造》，人民出版社1962年版。

[38] 中国社会科学院、中央档案馆合编：《中华人民共和国经济档案资料选编》（工商体制卷），中国社会科学出版社1993年版。

[39] 中国社会科学院、中央档案馆合编：《中华人民共和国经济档案资料选编》（劳动工资和职工福利卷），中国社会科学出版社1999年版。

[40] 中共中央文献研究室编：《建国以来重要文献选编》第1至9卷，中央文献出版社1992—1998年版。

[41] 中共中央文献研究室编：《朱德年谱》，人民出版社1986年版。

三、一般著作类：

[42] 常凯主编：《劳动关系·劳动者·劳权：当代中国的劳动问题》，中国劳动出版社2004年版。

[43] 常凯主编：《劳动关系学》，中国劳动保障出版社2005年版。

[44] 常凯著：《劳权论：当代中国劳动关系的法律调整研究》，中国劳动保障出版社2004年版。

[45] 陈恕祥：《当代西方发达国家劳资关系研究》，武汉大学出版社1998年版。

[46] 丹尼尔·奎因·米尔斯著，李丽林等译：《劳工关系》，机械工业出版社2000年版。

[47] 邓立群、马洪、武衡主编：《当代中国的天津（上）》

（当代中国丛书），中国社会科学出版社 1989 年版。

[48] 劳动和社会保障部劳动工资研究所编：《中国劳动标准体系研究》，中国劳动社会保障出版社 2003 年版。

[49] 劳动和社会保障部劳动科学社会研究所编：《中国劳动科学研究报告集》，中国劳动社会保障出版社，2000 年版。

[50] 李占才主编：《中国新民主主义经济史》，安徽教育出版社 1990 年版。

[51] 李薇辉、薛和生主编：《劳动经济问题研究——理论与实践》，上海人民出版社 2005 年版。

[52] 连玉明、武建忠主编：《中国国情报告》，中国时代经济出版社 2006 年版。

[53] 徐小洪：《冲突与协调——当代中国私营企业的劳资关系研究》，中国劳动社会保障出版社 2004 年版。

[54] 任扶善：《世界劳动立法》，中国劳动出版社 1991 年版。

[55] 任杰、梁凌：《中国政府与私人经济》，中华工商联合出版社 2000 年版。

[56]（日）哈纳米、（比）布兰佩因著，佘云霞等译：《市场经济国家解决劳资冲突的对策》，北京：中国方正出版社 1997 年版。

[57] 沙健孙主编：《中国共产党和资本主义、资产阶级》（上、下册），山东人民出版社 2005 年版。

[58] 上海社会科学院经济研究所：《上海资本主义工商业的社会主义改造》，上海人民出版社 1980 年版。

[59] 王炳林主编：《中国共产党与私人资本主义》，北京师范大学出版社 1995 年版。

[60] 王君南、陈微波编著：《劳动关系与社会保障》，山东人民出版社 2004 年版。

[61] 吴江：《中国资本主义经济改造问题》，人民出版社 1982

年第 2 版。

[62] 夏积智主编:《中国劳动立法问题》,中国劳动出版社 1991 年版。

[63] 约里斯·范·鲁塞弗尔达等著,佘云霞等译:《欧洲劳资关系——传统与转变》,世界知识出版社 2000 年版。

[64] 赵德馨主编:《中华人民共和国经济史(1949—1966)》,河南人民出版社 1989 年版。

[65] 赵效民主编:《中国革命根据地经济史》(1927—1937),广东人民出版社 1983 年版。

[66] 张彦宁主编:《雇主组织在中国》,企业管理出版社 2002 年版。

四、论文类

[67] 曹艺、王敏波:《新民主主义革命时期党的民族工商业政策的沿革和发展》,《哈尔滨金融高等专科学校学报》1998 年第 1 期。

[68] 陈大柴:《西方市场经济国家劳资关系的历史演变》,《厦门特区党校学报》2004 年第 3 期。

[69] 丁俊萍:《新中国成立前后党对发展私人资本主义的认识和政策》,《武汉教育学院学报》2000 年第 19 卷第 4 期。

[70] 洪安琪:《是"劳动关系",还是"劳资关系"?》,《工会理论研究》(上海工会管理干部学院学报)2000 年第 4 期。

[71] 洪明、张德鹏:《我国解放初期私营企业的劳资关系及其调整》,《华中理工大学学报》(社会科学版)1997 年第 1 期。

[72] 甘黎黎、任军利:《建国初期中国共产党处理劳资关系政策述评》,《求实》2007 年第 2 期。

[73] 高晓林:《建国前后中共对私人资本主义经济的认识和实践》,《当代世界与社会主义》2004 年第 2 期。

[74] 贾秀梅:《论"五反"运动对中国民族资产阶级的影响及启示——兼论对新民主主义制度的影响》,《北京行政学院学报》2008 年第 5 期。

[75] 雷云:《论劳资关系的文化调节》,《云南民族大学学报》(哲学社会科学版) 2006 年第 23 卷第 5 期。

[76] 李彩华、苏少之:《国民经济恢复时期劳资关系的调整与经验教训》,《中共党史研究》2007 年第 4 期。

[77] 李方祥:《"五反"运动后国家对私营工商业劳资关系的调整及其经济影响》,《西华大学学报》(哲学社会科学版) 2007 年第 1 期。

[78] 李方祥:《"五反"运动后国家对劳资关系调整的经济史分析》,《中国经济史研究》2008 年第 1 期。

[79] 李仁卿:《论建国前后毛泽东对资本主义认识的变化及其影响》,《毛泽东思想研究》2004 年第 4 期。

[80] 李文芳:《对刘少奇"天津讲话"的再认识》,《党的文献》1999 年第 4 期。

[81] 李占才:《建国初期共产党人的工商业经营管理思想》,《首都师范大学学报》(社会科学版) 2002 年第 5 期。

[82] 刘存朴:《按党的政策解决宏仁堂中药店的劳资纠纷》,《北京党史研究》1998 年第 4 期。

[83] 欧阳小华、郭少华:《毛泽东对中国私人资本主义的认识轨迹探析》,《井冈山学院学报》(哲学社科版) 2005 年第 26 卷第 2 期。

[84] 仇永民:《建国前后刘少奇利用私人资本主义的思想及其现实意义》,《岭南学刊》2004 年第 5 期。

[85] 任军利:《论"劳资两利"思想在建国初期的实践及启示》,《社会主义研究》2006 年第 6 期。

[86] 任军利:《新中国成立之初政府在劳资关系调节中的作

用》,《江西社会科学》2008 年第 5 期。

[87] 史莉芳:《简述抗日战争时期中国共产党处理劳资关系的政策》,《兰州学刊》2005 年第 5 期。

[88] 孙其明:《论建国前后党和政府对私营工商业的政策》,《安徽史学》2003 年第 3 期。

[89] 孙卫芳:《论建国前后毛泽东的私人资本主义经济思想》,《连云港职业技术学院学报》2003 年第 16 卷第 1 期。

[90] 陶用舒:《毛泽东关于中国资产阶级理论的形成和发展》,《石油大学学报》(社会科学版) 1997 年第 2 期。

[91] 王大庆、焦建国:《劳资关系理论与西方发达国家的实践》,《经济研究参考》2003 年第 51 期。

[92] 王强:《建国前后毛泽东关于私人资本主义经济的思想与实践》,《西华师范大学学报》(哲社版) 2003 年第 6 期。

[93] 王强:《毛泽东"劳资两利"思想新论》,《江西社会科学》2005 年第 3 期。

[94] 王强:《"劳资两利"中的国家利益——论毛泽东新民主主义劳资关系思想的精神实质》,《延安大学学报》(社会科学版) 2004 年第 26 卷第 3 期。

[95] 王强:《论解放初期党的"劳资两利"政策与实践》,《求索》2007 年第 1 期。

[96] 王强:《"劳资两利"思想新论》,《当代中国史研究》2008 年第 3 期。

[97] 王强:《毛泽东的"劳资两利"思想及其启示》,《中共天津市委党校学报》2005 年第 3 期。

[98] 王强:《刘少奇的"劳资两利"思想与实践》,《河南师范大学学报》(哲学社会科学版) 2008 年第 1 期。

[99] 王善中:《建国前后中国共产党对民族资产阶级的认识及其政策》,《当代世界与社会主义》2001 年第 6 期。

[100] 王世勇:《建国前后刘少奇保护和发展私营经济思想浅析》,《北京科技大学学报(社会科学版)》2004年第1期。

[101] 王毅武:《中国共产党对私人资本主义认识的历史考察》,《延安大学学报》(社会科学版)2002年第24卷第1期。

[102] 肖莉:《毛泽东在建国前夕对民族资产阶级问题的探索》,《广东社会科学》2001年第1期。

[103] 杨奎松:《建国前后中国共产党对资产阶级政策的演变》,《近代史研究》2006年第2期。

[104] 于蓓蕾:《建国前后毛泽东利用资本主义思想浅论》,《浙江树人大学学报》2004年第4卷第2期。

[105] 张建勤:《解放初对民族资本主义工商业的调整及启示》,《湖北大学成人教育学院学报》2003年第21卷第2期。

[106] 赵人坤:《过渡时期劳动关系的国家调节》,《当代中国史研究》2006年第4期。

[107] 郑桥:《西方市场经济国家劳资关系的历史演变及其特点》,《中国工运学院学报》1997年第3期。

[108] 周新军:《劳动关系与劳资关系:两种体制下的经济关系——中国转型期的经济关系研究》,《现代财经》(天津财经学院学报)2001年第12期。

[109] 周新军:《马克思主义劳资关系理论与当代社会》,《经济评论》2001年第5期。

[110] 诸葛达:《论毛泽东关于中国资产阶级的理论和政策》,《浙江师大学报》(社会科学版)1996年第2期。

[111] 卓爱平、黄如军:《论建国前后党关于利用和限制资本主义的思想》,《理论学刊》1999年第4期。

五、档案资料类

[112] 北京市劳动局:《1954年私营企业劳动工作总结》,北

京市档案馆，档号：110—1—509。

［113］北京市劳动局：《总路线公布以后资本家反限制活动情况报告》，北京市档案馆，档号：110—1—510。

［114］北京市劳动局：《目前劳资关系情况的报告（1955年)》，北京市档案馆，档号：110—1—630。

［115］北京市人民委员会对资本主义工商业改造办公室：《市工商联合会关于各行业公营后存在问题的情况反映》，北京市档案馆，档号：33—2—57。

［116］武汉市劳动局审调科：《武汉市五反后劳资双方思想动态及存在的问题》，武汉市档案馆，档号：47—1—87。

［117］武汉市劳动局审调科：《武汉市五反后劳资协商会议、劳动契约的情况报告》，武汉市档案馆，档号：47—1—87。

［118］武汉市劳动局审调组：《本局对资本主义企业进行社会主义改造劳动情况调查材料》，武汉市档案馆，档号：47—92—1。

［119］上海市劳动局市劳动争议仲裁委员会劳动争议处：《本处1951年有关检查工作执行劳资两利政策的总结报告》，上海市档案馆，档号：B128—1—29。

［120］上海市劳动局市劳动争议仲裁委员会劳动争议处：《劳动争议处关于过渡时期总路线公布后本市劳资双方思想情况的报告》，上海市档案馆，档号：B128—2—1236。

［121］上海总工会、有关区委、工商局党组、团市委等：《关于资本家对社会主义改造的思想动态、情况报告》，上海市档案馆，档号：A38—2—252。

［122］天津市劳动局调处科：《本局1949年劳资纠纷工作报告总结》，天津市档案馆，档号：84—1—3。

六、英文文献参考

［123］Carrel, M. R. & Hearing, Collective bargaining and labor relations: case, practice, and law, New York: Macmillan, 1991.

[124] Derry, S. Australian industrial relations (2nd ed.), Sydney: McGraw – Hill Book Company, 1986.

[125] Fisher, C, Innovation and Australian industrial relations: aspect of the arbitral experience 1945_ 1980, Cabrera: Croon Helm, 1983.

[126] Franken S. & Harrods J. (ED), Industrialization &labor relations: contemporary research in seven counties, Ithaca: ILR Press, 1995.

[127] Mills, D. Q: Labor – management relations (fourth ed.), New York: McGraw – Hill Book Company, 1985.

[128] Possum, J. A, Labor relations: development, structure, process (fourth ed.), Boston: Irwin, 1989.

[129] Welters R. S & Holley, W. H: Labor relations: an experiential and case approach, New York: The Dryden Press, 1988.

后 记

本书是在笔者博士论文《中国新民主主义制度下的劳资政策与劳资关系》的基础上修改而成的,在写作过程中得到了导师苏少之教授的悉心指导。

2005年,我有幸考上苏少之老师的博士研究生。由于我是在职读博,有一部分时间必须用于教学工作,因此,苏老师从我考上那一天起,即对我未来的学习提出了严格的要求和详细的规划。在攻读博士学位的四年时间里,苏老师在学习上是严师,严格要求,毫不含糊;在生活上却又如慈父,时刻关心我及我的家人。在论文资料的搜集查找阶段,非常耐心地给我提供线索,尽可能地给予无私帮助;在论文写作期间,又不厌其烦地耐心给予指导。论文答辩通过后,又详细地指出不足之处,希望我日后出书一定要弥补这些不足。老师的为人处事,学问人品,无不在这些点点滴滴中感动着我,并让我受益终身。在此,我要向苏老师致以我最诚挚的谢意!

在我攻读博士学位期间,导师组的赵凌云教授和姚会元教授在专业学习上给予耐心地指点,在生活上给予无微不至的关爱。两位老师的精深学识和诲人不倦的学者风范也让我受益终身。在此,对两位老师多年来的辛勤付出表示衷心的感谢!

我还要特别感谢我的同事和同窗好友们,没有他们的支持和帮助,我也难以按时完成我的学业。

最后,我还要特别感谢我的家人对我的大力支持。首先是我的婆婆和我的母亲。两位母亲先后承担了所有家务活，帮忙带孩子，免去了我的后顾之忧，让我有更多的时间去读书、学习。其次是我的先生，在读博期间，尽其所能地帮助和支持我，可以说没有他的帮助和支持，本书也不可能这么快地出版。

总之，是大家的帮助和支持，才使我能顺利完成博士学业，并能顺利将博士论文整理出书。在此，再次衷心地感谢大家的支持和帮助！

李彩华

2009 年 10 月